中国大历史

黄仁宇作品系列

黄仁宇 著

Copyright © 2007 by SDX Joint Publishing Company
All Rights Reserved.
本作品中文简体字版权由生活·读书·新知三联书店所有。
未经许可，不得翻印。
本书中文简体字版由联经出版事业公司授权出版

图书在版编目(CIP)数据

中国大历史/黄仁宇著．－北京:生活·读书·新知三联书店，1997.5 （2024.6重印）
（黄仁宇作品系列）
ISBN 978－7－108－01036－0

Ⅰ．中… Ⅱ．黄… Ⅲ．中国－历史－研究 Ⅳ．K207
中国版本图书馆 CIP 数据核字(97)第 02624 号

责任编辑	潘振平
封面设计	朱 锷
责任印制	董 欢
出版发行	生活·讀書·新知三联书店
	（北京市东城区美术馆东街22号）
邮 编	100010
图 字	01-2017-6493
网 址	www.sdxjpc.com
经 销	新华书店
印 刷	河北松源印刷有限公司
版 次	1997年5月北京第1版
	2007年2月北京第2版
	2024年6月北京第57次印刷
开 本	880毫米×1230毫米 1/32 印张 11.25
字 数	236 千字
印 数	1,224,301 - 1,244,300 册
定 价	35.00 元

（印装查询:01064002715；邮购查询:01084010542）

目次

为什么称为"中国大历史"？
——中文版自序 ———————— 1

第一章　西安与黄土地带 ———————— 1
第二章　亚圣与始皇 ———————— 11
第三章　土壤、风向和雨量 ———————— 23
第四章　兵马俑的幕后 ———————— 33
第五章　第一帝国：树立楷模 ———————— 45
第六章　名士成为军阀 ———————— 63
第七章　长期分裂的局面 ———————— 79
第八章　历史向侧面进出 ———————— 91
第九章　统一的途径 ———————— 103
第十章　第二帝国：已有突破，但
　　　　未竟事功 ———————— 115

第十一章	北宋：大胆的试验 —————— 139
第十二章	西湖与南宋 —————————— 161
第十三章	蒙古人的插曲 ————————— 181
第十四章	明朝：一个内向和非竞争性的国家 ——————————— 197
第十五章	晚明：一个停滞但注重内省的时代 —————————— 217
第十六章	满洲人的作为 ————————— 239
第十七章	1800年：一个瞻前顾后的基点 ——————————————— 253
第十八章	从鸦片战争到自强运动 ———— 265
第十九章	百日维新、民国成立和五四运动 ————————————— 283
第二十章	现代中国及其在世界上的地位 — 309
第二十一章	台湾、香港与澳门 —————— 343

为什么称为"中国大历史"?
——中文版自序

　　macro-history 这名词刻下看来由我创用。如果有前人用过,则恕我查访未周。其实此间之出处与是非已无关宏旨,因为这名词纵是新颖,已乏创意。经济学家以货币之流通影响到物质与雇佣之最基本的原则统称之为"宏观经济学"(macroeconomics),而以内部较精密之观察有如涉及物价指数与商业周期等详情称为"微视经济学"(micro-economics)由来已久,亦从未有人出面自称为始作俑者。宏观与微视亦不过放宽视界与计及精微之不同。改称大小,转用于历史,显系模仿而非发明。

　　至于我自己将宏观及放宽视野这一观念导引到中国历史研究里去,倒确经过一段长期间的周折。

　　大部原因出自命运之安排。我年轻时从军十年,解甲退伍之后,负笈于海外,可谓"学书未成先习剑,用剑无功再读书"。有了这样一段颠簸之经验,自己尚在憧憬于近身所见闻的事迹之真意义,而一旦授有学位,作为人师,在美国学子之前讲解中国历史,深觉得不能照教科书朗诵,尤其每次复习与考试之后,不免扪心自问:他们或她们须要理解井田制度到何程度？与他们日后立身处世有何用场？难道他们或她们必须知道与 Han Fei Tzu（韩非子）同受业者有 Li Ssu（李斯）其人，他曾鼓励 Shih-huang-ti（秦始皇）焚书，后又为宦官 Chao Kao（赵高）所构杀？Empress Wu（女皇武则天）的一生事迹仅是"秽乱春宫"？对我的学生讲，除了用她与沙俄的 Catherine the Great（凯瑟琳二世）比较，或与清朝的 Empress Dowager（慈禧太后）比较，这段知识尚有何实用之处？

当然我无从将数千年的历史内凡一人一时一事提出与今日之西方处处衔接，讲到午前之用场与黄昏之用处，提供建筑师与会计师应参考的地方，这样一来更感到综合的重要。

在1960年代，我就觉得我们应当广泛的利用归纳法将现有的史料高度的压缩，先构成一个简明而前后连贯的纲领，和西欧史与美国史有了互相比较的幅度与层次，才谈得上进一步的研究。

其实我们自己对中国现代史的看法，亦复如此。到目前为止，我们对蒋介石、毛泽东与邓小平的看法亦无非出自个人之爱憎。可是他们代表广大的群众运动，所得的成果又大都已成既成事实，不可逆转，那我们就应当考虑这些群众运动之积极性格及其前后连贯的出处，不能全以本人之恩怨当作历史之转折点了。

1970年，我得到哈佛大学东亚研究所的一笔研究费，前往麻省剑桥研究明代的财政税收，受费正清教授的督导。费教授对我个人和我家庭的善意照顾，我已在其他书刊里叙及。可是在治学方法上，我们却也有根本不能融洽之处。他重分析，我主张综合；他坚持以二十年为研究的范围，我动辄牵涉一个世纪或一个朝代，他用演绎法，我用归纳法。后来《明代十六世纪之财政与税收》书成，未交哈佛出版，而送至英国剑桥付梓，不得已也。

此中有一个明显的例子，作《财政与税收》时，我曾用明代方志39种，内中无不包括当日徭役税收的标准名词，有如"里甲"、"均徭"、"驿传"与"民壮"。如果用以分析，读者可以一眼看出当中毫无体系，可算杂乱丛芜，互相矛盾，我们可以斥之为官僚制度之无能，也可能责之为腐化。可是经过一段综合之后，所见又不同了。明代税收章程一方面包括着一种中央体制，一方面又顾及地方实况，内中有永久法则，亦有临时条款，总之即不明白区分，而系囫囵的套入，所以外表全国一致，实际当中则万别千差。因为如此，全朝代避免整体的改组而能支持276年。但是如此之中央管制产生一种负面作用：此体系不鼓励各地发展其特长，而制造一种人为的平衡。这种作用，是好是坏与我们今日所面临的问题仍然有关。所以历史学不专恃记忆，它本身也成为一种思维的方法。

日后我作《万历十五年》时注重官僚系统里以仪礼代替行政，维持各品级文官的协同和谐，不顾及各区内经济因素之公平而自由的交换，大致得益于研究明代财政与税收之心得。

1972年我去英国剑桥襄助李约瑟博士关于《中国科学技术史》当中一段的研究工作，有机会和这位"魁梧长者"接近。有人批评他古怪孤僻，在某些情形之下也确是如此。他的书籍与笔记就摆在学院里四五处不同的地方，分类的方法也全在他自己脑内，如果要寻觅某种资料，他不待说完就走，学院中的草地向来就禁人通行，他在此时常用做院长之特权，不顾禁忌，以最直线的途径大步跨践而去，使我紧随在后也只好跟着犯规。

我和他讨论辩论多次之后，发觉他治学的方法，也以综合为主，尤以他和我说及："在我看来，欧洲的宗教改革，文艺复兴，成立民族国家，进行资本主义是一成套的行动，一有都有。"那么就有一种归纳重于分析的趋向了。他又和我说起："即算阴阳五行，大家都认为是假科学。我们不要不加审问，劈头就说它错了。我们先要检阅此中逻辑，如果是错，我们也要追究错在什么地方。"我和李公相处一年，以后又在1974、1975和1978年重去剑桥。我受他启发的力量非一言可尽，事后想来，我写《资本主义与二十一世纪》采用一种综合的幅面，不随着别人去走牛角尖，其设计已肇始于1970年代与李博士在剑河河畔闲步纵论古今时。

迄至70年代的后期，我已将自己在课堂上的讲稿逐节修正，一步一步接近于现有布局。中国通史的原始资料不能脱离二十四史。可是这丛书篇幅浩繁。以北京中华书局所出标点本言之，虽醒目易读，也有七万六千余页，即一个学者不务他事专心每日读五十页，也要四五年，并且当中很多天文地理孝子节妇的记录与今人甚少关系。《资治通鉴》也用二十四史作蓝本，只是将分列在本纪、列传、志各处的节目再加以不见于上篇幅之资料剪裁连缀成书,其弊也仍是过于支持传统社会的价值。《资治通鉴》英译为 Comprehensive Mirror for Aid In Government,再直译回来即是"用以资助于行政的一面完全的镜子",这当然不放弃传统道德的立场,而司马光本人就卷入了王安石改革中的漩涡,他的观念免不了一个历史"应当如是"演进的偏见,而不及于我们亟欲知道"何以如是"展开的因果关系。

我已经迭次在各处发表:我写的历史是从技术的角度看历史,不是从道德的角度检讨历史。这并不是说道德不重要,而是新社会的道德要靠社会的结构而决定其内涵,不如过去农业社会里人与人之关系为单元,所有道德观念及其尺度可以亘世纪而不变,放大眼光说来,这也是说司马光等的道德观念有等于欧洲文艺复兴前之标准,尚未进入韦伯所说的"新教伦理"之境界。

作此书时我当然引用二十四史及《资治通鉴》等基本资料,也仍借重过去写中国通史诸大师如钱穆、邓之诚、周谷城各先生的见解,更参考西方的次级资料。但在多少情形下仍不免挂一漏万。我自己了解现代中国的基点仍在晚明。1960 年间我曾在教书之余读过《明实录》一遍,全书 133 册费时两年半,至今受益。至于本书特出之处则来自二十四史内之《食货志》。二十四史内有食货志十二篇,虽然内中繁简不同,作者的见解尤不能与今人相较,但其中六篇已有西方及日本学者详细译注,构成了今日治经济史者最好的线索。迄今我最大的困难仍是无法提供一种既适切而又不浮夸的"参考书目"。如果要广泛的张罗则虽四书五经西洋经典著作都应列入(文中即已提及《易经》三次,《孟子》九次),如要简短则虽费正清与李约瑟的基本著作也应舍弃不提。总之,既为一种大历史,又因综合归纳而成,则自作者束发受教以来所诵习之文件均有影响,旁及于文理哲学报纸杂志。

1980年我脱离教职,自此花了一段时间整理撰写修订此书之英文本。当中若干资料不易压缩,曾使我一度踌躇,有如北魏亘北齐、北周至隋唐之"均田令"也前后不同,"五胡十六国"之种姓也极混乱,即南宋与金之和战亦是前后反复,我在稿中只介绍此为一种观念或一种现象,因为我自己曾经整理明末财政,知道很多技术上之变数在长期历史上之衍进无决定性之影响,不愿以之烦劳我的读者。反之则袁绍一家父祖经历、黄巢行军路线,因其情形特殊,引起作者与读者共同的好奇心,其琐屑之处也代表一种罕有的现象,则又据实写出。此中差异乃是本书注重想像,不注重机械式的记忆。有了这样的剪裁,我才能腾出篇幅介绍敦煌龙门石窟的外观与内景,又在记南宋之一章得有悠闲叙至西湖景色并及"白蛇传"。

我认为近代中国所面临的最大一个问题乃是传统社会不容产生现代型的经济体制,在综叙背景时我称唐宋帝国带扩展性,明清帝国带收敛性,虽然这线索摆在很多小故事之后,明眼人一看就看透了。我刚将书寄往剑桥,不久之后就接李约瑟博士来函:"哎呀,"他写着,"一切靠抽税而转移!"最近香港行政局议员钱果丰博士(私人方面我们是世交)也在香港电台接受访问时推荐此书,提到盛唐之后中国再无有效的税收制度打开局面。可见得他们已先有和我相同的共识，所以一经说破，引起共鸣。

可是不久之前也有一位书评者在报刊里写出：不论我写的历史是否涉及古今中外，我总在把中国写成一个资本主义的国家。

这个说法使我想起一段故事：数年之前尼克松讲到他见毛泽东时，他恭维毛："主席，你写了几本小册子，竟使整个中国改观。"

毛立即抗议："我怎么能使中国改观，我不过使北京一二十里的地方，这边那里稍微扭转一下罢了！"

毛泽东犹且如是，我怎敢想望由我的文字使中国改变？况且历史从业员的工作只是报导已经发生的情事之前因后果，不及于筹划未来，事实倒是这样的：我刚将《中国大历史》整顿组织就绪，时值1981年间，正不知如何收篇，而中国领导人正在提倡"摸石头过河"，关于他们改革的新闻，经常在美国报纸杂志里出现。这种趋势和征象与我私下想像中国历史和西洋文化汇合，以商业组织代替过去农业组织之体系，逐渐进入以数目字管理的诸条件符合。这种种条件不由我创意，而源于英国研究17世纪的专家克拉克（Sir George N. Clark），他认为英国在光荣革命后进入这境界。将一个农业国家蜕变而为一个工商业国家不是一件容易事，我常用的一个隐喻：有等于一只走兽蜕化而为飞禽。以英国的农业基础、社会习惯和法规传统而能使银行开设于乡镇之间，土地能随意典卖抵当，各地创建付费公路（turnpike），人口能自由移动，17世纪之前已是不可思议。只因为日子久了,我们以为英国历来如此,想像不到要将这样一个国家当作一个城市国家那样的处理,以货币作管制全民的工具,不可能避免一段奋斗。本书有十页左右的篇幅介绍西欧国家进入这境界的程序。中国是否已进入这境界,读者一望可知,至于中国应称目下的体制为资本主义或社会主义,我主张让摩登学究去争辩。

话说回头,80年代最初的几年,我虽有以上的愚见,还不敢申张,直到大陆上"承包到户"的政策普遍施行,使人民公社不复成为生产的单位,情势确是不能逆转,才将本书结论作较肯定的说法写出,再加以背景上有几十年的筹谋思虑,那也就不能说我和出版者没有慎重将事了。

为什么称为"中国大历史"?

中国过去一百五十年内经过人类历史上规模最大的一次革命,从一个闭关自守中世纪的国家蜕变而为一个现代国家,影响到十亿人口的思想信仰、婚姻教育与衣食住行,其情形不容许我们用寻常尺度衡量。本书作者不是哥伦布,他没有发现新大陆。可是他像一个普通船员一样随着哥伦布航行四次,亲历牙买加、洪都拉斯诸地,回到西班牙,说及确有一个新大陆的存在,听的人还说他在胡讲瞎吹,那也就怪不得他不耐烦了。

黄仁宇

1993年8月18日 纽普兹

第一章 西安与黄土地带

西安是中国历史的一座重要舞台,许多人物事件在此牵连、搬演。作者经由它,引领我们进入时光,看看历史是怎么发生的。在现今考古仍旧无法证明夏代以前的历史记载是否确实时,有甲骨文和殷墟遗址佐证的商朝,便成为叙述中国历史的起点。

西安的位置接近中国的地理中心，现在已成了旅游者注目的焦点。撇开其他的条件不说，它是中国历史上十一个朝代的都城所在，最早的还可以追溯到秦朝统一中国之前。它在历史上所享有的盛名，远超过任何其他政治中心。不过，令人遗憾的是，由于内忧外患，古老的建筑早已荡然无存，只有废墟还保留了一些昔日的雄伟气象。

在现今西安市的东边，也有好几处有名的历史遗迹。距离西安城不到五英里的地方是半坡村，它至少有六千年之久，是目前中国境内所发现的最大的新石器时代遗址。从墓葬的形象看来，半坡村的社会当属母系社会。

西安是十一个朝代的都城所在

西安城东北不及二十英里的地方有华清池。据说8世纪的一位唐代皇帝（玄宗，713—755年在位）所宠爱的妃子（杨贵妃）曾在池中沐浴。唐玄宗本身就是一位艺术气息浓厚的人物，据说中国的戏剧是他创始的，而他所爱的女人，更是"资质丰艳，善歌舞"。华清池也因她在此一濯芳泽而享名千载，但是他们的故事却以悲剧结束。西元755年（天宝十四年），一位镇守边关的将领（安禄山）以"清君侧"为名，起兵造反。叛军逼近京城，皇帝一行往西逃向四川，到了马嵬驿的地方，护卫的将士要求皇帝对杨贵妃作出断然处置，否则不肯用命。在这情形之下，即令是天子，也只好让他宠爱的妃子当场被缢死。一位向来沉湎于欢乐的君主，从此意懒心灰，自逃亡至退位之后，他的残年，充满着寂寞和悔恨的情调。一位时代去他不远的诗人——白居易，以极带想像力的笔调，描写唐明皇（后人给他的称呼）终夜不眠，看着宫前萤虫飞来飞去，阶下落叶也无心找人打扫的心情。这样的忧恨缠绵只有越陷越深，非人世间任何因素可能稍一舒慰。这首《长恨歌》，也随着流传千古，直到1920年和1930年间，仍旧为小学生所习诵。也可见得即使是君主制度下的教育，在开口闭口不离道德之余，并没有完全忽视情绪和抒情主义。要是全然的不近人情，则不会让这样的一首诗歌，传教学习，直到民国时代，还去打扰年少公民的未成熟心情了。有了华清池和杨贵妃的故事，我们也可以存着信心，不论经过任何意识形态之熏陶，也不论古今中外，人类共同的情绪，有如一座大水库，永不会枯竭。

去华清池的温泉不远，有1936年西安事变蒋介石蒙难的地方。当年12月12日，"少帅"张学良的部队冲入委员长行营，要求他停止对共产党的"围剿"，以便一致对日抗战。这兵变的目的既达，中国的政治从此改观，间接也影响到全世界的历史。时至今日，在某些方面讲，我们仍然感觉得到这五十几年前的事变之后果。当年"双十二日"枪声既息，国府的最高统帅被一个下士班长和一个士兵发现。他孑然一身，未被伤害，躲在附近骊山的一个山洞里。今日该处有一座亭子，纪念当年历史之展开竟让这两个藉藉无名的角色，去完成如此一段带戏剧性而具有如此庞大后果之任务。

越是接近骊山，我们也更感觉到和历史接近。它的影响愈浓厚，它的展开也愈合时宜。本来我们也已经知道秦始皇帝葬在骊山,去西安约四十英里。此人被称为世界上最可怕的专制魔王之一。他在公元前221年统一中国之后,用焚烧诗书和活埋反对者的办法去巩固他的统制。他的"陶器兵马"在1974年发现。内中包括塑制的兵俑,和实物的兵器与战车。美国的三位总统曾来此观光,一些兵俑器物也曾送到国外去巡回展览。

但是秦始皇不是中国历史的起点,秦始皇统一全中国,距离中国文化的开始已有好几千年了。按照一般的顺序,我们应当先处理其他的几个题目,当中首要者无过于地理背景。当旅游者乘火车或汽车前往临潼县参观骊山及华清池时,应先注意四周黄褐色的泥土,这种泥土与美国田纳西州一带耕地的土壤相似,它是中国历史开展中的重要因素。当地周围景物通常较路基为高,所以这黄土不难观察。

中国文化有多种源头

本书成稿之日,我们没有绝对的证据,能够斩钉截铁地说,中国文化完全是在本地萌生,或者说当中至少一部分受到地中海文化的影响。20世纪初期,学者多崇尚后说,主张中国文化之起源,不仅较埃及与美索不达米亚为迟,其使用青铜与铁器尚比这两处至少要迟一千年。有些学者甚至认为中国文字可能也是埃及象形文字之变体。中国史前陶器上的文饰就和中亚及近东所发现的类似。目前这"世界文化一源说"已被中外无数学者指摘。中国的文字被认为特创一格，即数目字亦与众不同，陶器上肤浅的相似之处敌不过基本的差异。中国的冶金术即使在原始的阶段也表现出技术上之特色，而无模仿的迹象。中国的栽培作物更显示出中国的农业与近东出于两源。最近人种学家和考古学家甚至指出，即使在中国境内，文化的起源也不是一元的，从东北到珠江流域，都可找到文化起源的遗迹。

虽说钟摆现在已经摇转过来，中国文化独立自创的理论显然比较站得住脚，我们却不能武断地说再也没有争辩的余地。我们可以作的结论是，不管它是本地独创或是外间传入，中国文化受地理条件的因果关系极深。不论中国当初受外间发明的影响或浅或深，都不足改变这观点。当初期农作物受东亚大陆的土壤和气候影响的时候，中国文化的因素就开始与当地居民结下不解缘（详第二、第三两章），以后也始终如此。基于这个原因，西安附近之黄土，也就更值得注意。

夏代的存在仍然存疑

二次世界大战之后，考古学家用碳14放射性的技术，断定中国新石器时代之遗址最初出现于公元前4000年，或者还要早。可是以文字记载的历史，却不能追溯到这么久远。根据史书的记载，最早的"朝代"为夏，它的出现若能证实无讹，也只能把中国历史的前端摆在公元前2000年左右。可是关于"夏朝"的传说虽多，也仍没有考古的实证确断它的存在。怀疑的人提出，要是这朝代确曾出现，至少应当在古物附近有文字出现。相信夏朝实有其事的人则辩说，中国文字出现于公元前2000年，只是最初的文字写在竹简和丝织品之上，年久月深业已腐朽。现存关于夏代的事迹，出自口传，再由记事者写在竹简之上，辗转抄传，所以较迟。两方所说都有理由，也仍不能成定论。

现在能确切证明之中国历史，始自公元前约1600年的商代，这朝代的两座都城和约十处国王埋葬之陵寝业经发掘。不仅它的文字确切的存在，而且其字体镂刻在兽骨之上。出土的这种"甲骨文"碎片，数以十万计。

商代遗址在今日的河南省，历史上称为"关东"，我们也可称它为"东部平原"。它和西部西安一带的"黄土高地"构成一种东西轴心。"商"之成为一"朝代"也是名正言顺。它的王室谱系全部保存无缺。国王传位一般采兄终弟及，偶尔父死子继。此外商人也可以视作"商民族"，因为他们垄断冶制青铜的技术，在军事上占优势，也保持着宗教上的向心力，所以能凌驾其他民族之上。他们的青铜器皿，不是兵器，就是祭器，只有极少数例外，其制造采取集中的方式由国家监督。

商文化的内容丰富

商文化表现着它和同一时期其他文化等量齐观，却并不一定就能代表传统中国的特色。例如商代社会虽属父系,但是它的贵族妇女却享有相当自由,几百年后,甚至几千年后,中国妇女仍不能望其项背。商人好酒,兴致高而活力充沛,他们杀人作祭祀,毫不感到罪恶,而且在甲骨文上不断的留下人祭的纪录。他们能派遣三千人的军队,作百日行军的远征,这样的军队尚可以由附庸国家的部队支援。有时候作战的目的在于掠夺取利。国王的陵寝由上至下掘土而成,上端的坑大,越至下端愈小。国王的陪葬品有战车与马匹,殉葬的人被斩首,头颅和躯体整齐地排列着。而由上至下以泥土敲打而成的梯级,则显示出殡时必有繁缛之仪节。

商民族虽已从事农业,却仍保持着渔猎的传统。他们在五百多年的历史内,迁都的次数在六次以上,而且甲骨文上经常有狩猎的记载。商代最后的一座都城,临近现代的安阳,考古学家在当地发现极多兽骨。农业的操作似由奴工执行,在一处坑内所置放的石制镰刀有好几千把。

甲骨文上的记载表现着商朝的国王对于天候极度关心。编订历日,也是王室重要的职能。在这些方面,商朝与此后以农立国的中国已保持着传统之联系。而甲骨文的书法,更是与中国文化一脉相传。

甲骨文的书法

当初甲骨为巫卜之用,现存的甲骨,则是商代的史官根据原件复制作为一种永久的纪录。甲骨的大量出土，使当时事物逐步可考，给后人看出此间一个初具规模的国家即将发展成为一套令人心折的文化。根据专家统计，甲骨上所记载的不同文字，为数共约三千，其中一千字已可以辨识。这种古代书法，乍看起来变化万千，可是因为其由原始的天才人物设计，引用永恒不变的意义为根柢，当中之一部分今日可能为熟悉东亚文物的人士一眼看出。下图所列，其最基本的原则可谓出人意外的简单：

	象 形		会 意		形 声	
甲骨文	⊙	☽	東	祭	亦	來
今体字	日	月	東	祭	亦	來

左端为象形，日圆月弯，一经画出，不待解释。会意由象形稍加引申而成，例如日在树后上升，是为东。双手执鸡放在樽俎之内，是为祭。还有不能图解之观念则可以同音字代表，如"亦"字发音与"腋"同，所以画人之两腋为亦。"来"与高粱之"来"同，所以画"来"而得来。其他"转注"、"假借"等也不外将这些基本原则重叠而扩大的使用。值得注意的则是青铜时代的书写方式和今日报纸杂志的铅字一脉相传。

这些原则一经推广，今日之汉字为数两万，又经日文与韩文采用，无疑的已是世界上最具有影响力的文字之一。它的美术性格也带有诗意，使书写者和观察者同一的运用某种想像力，下至最基本之单位。上海人的沪语发音软如法语，广东人的粤语发音硬如德语，也能用同一文字互相会意。所以这种书写的方式促成中国人文化上的团结，其力量不可权衡。只是既有长处也有短处，其引用起来，不管是一条吊慰的短束或是一张实验室的报告，同样要从摆方块的形式作起点。中文的前置辞和联系辞少，抽象的意义只能重楼叠架构成（如本书文句中之"的"后带"之"，"之"后又"的"）。也要将可以眼见耳闻的事物极度的延伸，才能成为可以理解的观念（有如"抽象"即系抽出其相，与"具体"之具有其体相对）。其为单音字，又要写上十个字才能代表十个音节。文人用笔，通常省略当中某些环节（例如"一将功成万骨枯"，只有两个子句，当中无联系辞，也不知道所说系理论抑是事实），虽说言简意赅，却不是严谨、正确的通信工具。

公元前1000年左右，甲骨文的字汇，饱和到大约一千个字（专家认为其他的两千字大致为专有名词），青铜技术也达到最高峰的时候，这商文化为周所替代。周发源于西安附近，为后起之强国，此后数百载，这黄土地带上的一雄给中国的影响，远超过东部平原的商。这地区自中古至近代并非中国最富庶地区，更不是最容易接近的地区。西安总揽这地带却注定要在中国历史里产生决定性的作用。以一个天马行空的比喻来说，就如同让得克萨斯州和俄克拉何马州在历史上的功效，超过东部的麻州或宾州。这种比喻别无他意，不过强调地理因素在历史上的重要。中国文化为亚洲大陆产物，美国文化则离不开大西洋的传统，此中有一个深刻的差异。

第二章 亚圣与始皇

武王伐纣,建立周朝,以封建方式制定了一种合乎当时农业扩张的统治形态,又以宗法制度使封建统治更加稳固。八百年的统治中,影响之深远,常使历史学家难于区分,究竟某些特色是周朝的还是中国人的性格?

说来也难于相信，从个人说辩的能力和长久的功效两方面讲，孟子在传统政治上的地位要超过孔子，虽说他受业于孔子孙子的门人，因之被中国的皇帝和文人尊为"亚圣"，亦即第二个圣人。威利（Arthur Waley）在他的杰作《中国古代的三种思想》中即以孟子代表儒家，和道家与法家对立。

孟子的生卒日期不详，我们只知道他活跃于公元前 300 年左右。《孟子》一书，是亚圣言行的纪录，其中最后一章，缕叙周朝立国后七百年的事迹。他出生于山东之邹，在西安之东约七百英里。

孟子的政治观念

孟子生在中国历史上一个极为动乱的时代。周朝的王室既已衰微，诸侯开始互相攻伐吞并，到最后只剩下一个秦国。当孟子在政坛活动的时候还有十二国。他访问了当中的一国——齐。齐国的国王刚在军事上大获全胜，打败了北方的敌国——燕。他企图并吞燕国，又怕其他国家干涉。孟子没有在战略上或外交行动上给齐王任何吞并或是撤退的劝告。可是他倒主张尊重民意，因此他给读者的印象则是，可能时，他会让燕国国民自决。他在政治上不能接受现实也不能得到齐王朝廷的欢迎，于是只好前往其他国家，希望有机会效力，得以宣扬"王道"，可是毫无成果。

然则最崇慕孟子的人也不能说他在提倡现代式的民主。他所说

"劳心者治人，劳力者治于人"，乃是针对以世袭贵族治理为数以百万计的农民的政治体系而言。即算孟子有时候好像提及人民有一种"公意"，如果把这观念稍微延伸，好像可以视作"公众的权力"，可是他所谓的自决，绝不是毫无条件的自决。严格说来，其范围不外生存的权利。他在"乐岁终身饱，凶年免于死亡"的文句里已经勾画着一个最低限度的保障。其提及生活程度，则以"五十可以衣帛，七十可以食肉"为标准。换言之，孟子之为政治思想家，着重"君子"对多数"小人"抱着恻隐之心，而不坚持本身之私利。他的哲学以慈悲为怀，甚至以为这种悲天悯人的心情出自人类的天性。

值得注意的，乃是孟子和孔子一样，认为这种施政方针始自七百年前的周文王。《孟子》一书与孔门子弟的《论语》同为君主时代的神圣经典，直到1905年文官考试制度停止之日，同为皇帝开科取士的不二法门，构成中国历史中持久不变的"茎干"。

以人心维持政府这一观念，并无特别了不起之处，这观念也非中国人所独有，可是不论付诸实施与否，却被中国的统治者当作口头禅，前后宣唱达三千年，甚至成为公众生活理论中不可或缺的部分，有似其他国家的宪法精义。这样一来，这才值得注意了。如果说这是中国人的特征，也还未说尽此中的奥妙，因为其中尚有天候地理之因素在内。我们读《孟子》时，挑选某些章节和周朝立国后七百年的事迹对照，则当中的关系更为明显。

周民族的发展

现存的资料不能使我们确定周民族的来源。他们留下来的一段简短传说,也和其他原始民族的传统一样充满着神话与幻想,可是这传说不断地提及农业。周人之始祖后稷据说自幼就熟悉栽种食物和麻,成年之后成为农官。直到商朝末年有关周人的历史才有相当的可靠性。这时候周民族是商所节制的部落国家之一,以西安为中心,在渭水流域拥有农业基地。到商代最后的一个国王期间,周王不是因为他的威势,就是由于他的仲裁力量,已开始打破局面。不少名义上受商节制的小国家,已开始向周臣服。周之势力东渐,及于汉水,尤其威胁商在东部平原的侧翼。商周武力冲突一开,周王西伯曾一度为商之阶下囚,以付赎得脱。

西伯的一个儿子终能纠集多数叛商的部落国家东征,于是以周代商,事在公元前 1027 年或 1122 年。这不同的日期,由于不同的专家据史迹考证而有此差异。读者必须知道:中国古代史里的日期只在公元前 841 年之后才能确定无误。因为自此以后,古书里提及天候星象的变化,可以和外间的纪录对照。841 年前的日期带有推算性质,不能视作绝对的可靠。

叛商的领袖,成了一代英雄。他所创建的朝代,兹后连亘约八百载,可是他未曾自称为朝代的创始者,而以此名位加在他父亲西伯头上。西伯被谥称"文王"。其为"文",则是温和谦让,有大政治家的风度。他的儿子名发,以后被谥为"武王",以表彰其战功。有此先例,从此子孙不能在祖先面前逾越,文治胜过武功,成为中国政治上的传统。只不过口头如此歌颂,事实发展却不尽然。

周代的文化

我们可以相信周的青铜技术不及于商。从出土实物看来,自周代商之后,青铜的制造设计大不如前。但是这黄土地带的统治者入主中国后,随着就产生许多文学作品,有些至今还传颂不绝。父位传子的原则从此代替了商的兄终弟及。两个民族或国家间宗教上的差异也极为明显,商人尚鬼,大凡一切事情之成败,从战争或利或不利,到牙痛发炎,都有特殊的祖宗作祟。这种万物有灵的信念(animism)自周而中断,代之则为周代的祖先崇拜。周人认为绵延宗嗣是后代的义务。有些学者怀疑商与周具有种族的差异,可是其间的区别不可能极深,因为文字上未因更换朝代而产生剧烈的差异。此外,我们可以相信黄土地带很可能是中国农业的发源地。早期周人流传的民歌,就提及很多不同种类的耕作物。

整个看来,周人实为中国初期各种制度的创始者,其中最具创造性的人物为周公,他是文王之子,武王之弟。时至今日,历史家对他的规划,没有一致的看法。不过我们综合古籍的叙述,无妨称之为

"间架性的设计"(schematic design)。这种设计以极简单的口语道出,用一种数学的观念,夹带着一种几何图案,向真人实事笼罩过去。主要在使人口统计和土地测量的技术尚未准备妥当之际,即在一个区域广大的国家内,造成了一种人为的政治区分。

假使以同样的设计组织美国,则密歇根湖岸所有不规则之处即可以全部忽略不计。我们可以假设它之整饬有如怀俄明州的州界般整齐。在那种理想的方式里,纵使实际上国都偏东,我们仍可以将它与哥伦比亚区同置于地理的中心,很方便的与缅因、佛罗里达、俄勒冈、得克萨斯及亚利桑那各州等距离,就算它各为一千五百英里吧。国都又务必有近接的各州环绕,那么也可以让马里兰州直接与俄亥俄州接壤。这还不算,各州内的县、乡、镇,也算全部方整。实际上如此砖砌的设计不可能全部认真的付诸实施,只是当日地广人稀,有些矛盾的地方也可以马虎不计。上层领导人只凭一种抽象观念即可以将全部人众组织起来。

封建与宗法

周朝的制度,向称"封建",英文总是译为 feudal,其实封建制度与欧洲的 feudalism(封建制度)只有某些方面相似,而且其相似处在精神方面,而不一定在实质。大致说来两方都是以世袭贵族掌握地方政府。周代的诸侯,有王室的家属、商之子孙,和现有各部落国家的首长。他们按国之大小,理论上以五等面积,封为五级。这些诸侯各按所封地距国王都城的距离而有不同的功能和义务。理论上封地都处在九条大型方格的地带里,各与国都同心。事实上这种方格在地图上也画不出来,况且当时西安也不是全国的中心。可是这间架性的观念则不难领会。

虽说有如此大刀阔斧而不合实际的观念,周公很多的创设还是可以在事实上证明,而且下及纤细之处。其中奥妙不难解释:他所有组织国家的方案着重在至美至善,符合自然法规(natural law)。虽说迁就融通之处所在必有,其下级则务必先竭心尽力做到理想上的境界,同时上级也不时向下级施加压力。及至最后真是力不从心只好任其不了了之。中国政治思想家受官僚主义影响,经常重视形式,超过实质,可算其来有自了。年久月深,当初技术上的需要,日后也就被认为是自然法规之一部。

周公另一创制是将封建与宗法关系结为一体。每个诸侯的疆域内,必有宗庙,它成为地区上神圣之殿宇,其始祖被全疆域人众供奉,保持着一种准亲属的关系(所以时至今日,很多中国人的姓氏,源出于当日部落国家的名号)。在领域内不仅公侯伯子男的名位世袭,即主持国政的卿及大夫也仍由指定的世系所把持,他们在周朝成立时,即各在领地内拥有地产。他们也兼有军事领导权。在周朝的前期,世袭的武士兼统治阶层,与一般人众有别。

周朝全国的耕地据说构成一种"井田制度"。一"井",包括约四十英亩方整的土地，每边各以三分，割成九个等方块，每块约4.5英亩。八家农户各耕耘外围的八块方地，并共同耕种当中一块"公地"，亦即公侯所领之地。这样的安排，不必全照规定一成不变地办到，却好像已在广大的区域内施行。显然当日农民认为在中央地区无代价的工作，有如一种公众的义务。流传所及，今日中文字里公众之"公"也与公侯之"公"无别。

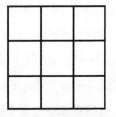

"井田制度"是"间架性设计"的代表。间架性设计是来自标准化的要求，这种方式影响此后三千年的中国政治。它意味着国家和社会结构是可以人为地创造出的，同时也导致上层设计的形式远比下层运作的实质更为重要的统治习惯。

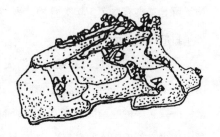

说是周朝创造了封建制度，并不言过其实。事实上周人借着封建，广泛地推行了农业。因为封建又与宗法相连，才保持了全局的稳定性。这后来被称为"儒教"的和平共存的原则，日后被孔子一再称颂，而将它归功于文王和周公。以上一再提及的注重形式超过实际，又尽力于仪节的种种特性也与以农立国的中国结下几千年的不解之缘。这也就是说周朝统治中国达八百年,不可能没有留下永久的影响。有时即使历史家也很难区分究竟某种特色是周之性格抑是中国人之性格。

春秋与战国

可是周朝王室在一个广大的疆域内作为多数农业小国家的宗主,实际上保持着发号施令的力量,不过约二百五十年。最初的世纪内,新耕地不断开拓,"蛮夷戎狄"逐渐自渔猎生活改为耕耘,周朝责成他们进贡,朝廷对各种争端的仲裁也颇有力量。只是在公元前8世纪或甚至还要早时,以上种种积极因素逐渐失效。公元前771年,国都西安被入侵的戎人毁灭,国王被杀。王子东迁,以后的周朝在历史上称为东周,从此政治上长期衰退,直到周的领域全被秦国吞并,而秦最初也是向周臣服之国。

传统上东周又被分为两个阶段。可是两段之间,并不衔接。自公元前722年至公元前481年为"春秋时代"。公元前403年至公元前221年为"战国时代"。如此称呼,纯系根据两部历史书籍而来。《春秋》是鲁国的史书,以春去秋来的方式记载前一阶段的重要事迹。《战国策》是一部不具作者姓名的著作,片段叙述秦统一之前约一百八十二年各国间的军事与外交,两书各有独到精彩之处。

在这两阶段间,中国社会产生了一种革命性的变化,衍进了好几世纪才成定局。周朝的组织是使一切事物按照固定的方式维持一成不变的关系，可是人口激增之后，环境更变，这种安排已无法维持。原来各国间的无人地带，此时已不存在，各国当面接触之后冲突时起。外交问题，也影响到内政。周王本身靠自有的地盘维持他的军事实力，丧失了这领域之后，对诸侯的仲裁也鲜有成效，更使王室窘迫的则是各国的进贡也告终止。

可是全部经过，并不是只有衰退和今不如昔。很显然的，社会的流动性起先使贵族间的等级不容易保持，继之则连贵族与平民间的界限也被冲破。生产增加，铜钱开始流行，教育普及。迄至东周末叶，以平民出身的学者也周游列国，说辩于诸侯之间，而尤其是进入战国这一段历史上号称"百家争鸣"的时代，各种政治哲学兴起，既富有内容，又多品目，兹后两千年的中国历史中再也无此精到之处。所谓百家争鸣的百家，实际不过约二十家。除了儒家之外，最值得注意的是道家和法家。道家对世俗的权威无好感，认为"圣人不死，大盗不止"。他们崇信宇宙间的一元组织，愿意回归到原始的简朴，抵抗各种侵害自由的措施，不管其为威迫或是利诱。所以道家有支持泛神主义、抒情主义和无政府主义的趋向。这些思潮对当日政治之狂澜不能挽救，只能使明达的人退而为隐士。以后道家以一种"到自然去"的指向，策励艺术家和诗人。他们主张的极有限度的政府，也在不少农民造反的场合里赋予大众性的意识，成为他们解放的宗旨。法家和欧洲18世纪实证主义（positivist）的法理学家很相像。他们认为法律表彰着统治者的意志，不受习惯的羁绊，也不受世俗的道德所约束。但是中国的法家在整个社会需要团结与凝固的时候展开，因此不免留下了极坏的印象。通常他们支持独裁者，以赏罚为不二要义，而这些独裁者心目中的法律则不外军法和戒严法。

我们该如何说明周朝末年的大混乱？我们该如何解释此中矛盾：一方面有人在劝说所有的王侯与政治家要具有恻隐之心，要和安徒生（Hans Christian Anderson）一样的慈悲为怀，另一方面却有人提倡只要目的纯正，便不怕手段不纯正，以致施行马基雅弗利（Machiavelli）式的政治现实主义，弄到焚书坑儒，而这些事迹都发生于基督降世之前百年。

秦始皇统一全国

如果中国历史和其他各国文化有唯一最重要的歧异，那就是公元前221年秦始皇的统一全国。随着青铜时代的终止，全国立即展开政治的统一，这种政治上初期的早熟，创造了一个惊人的纪录，在此后千百年间树立了一个中央集权的传统。

传说周武王渡黄河灭商的时候，有八百个商的附庸，参加他的征伐。虽说我们无从证明每一个都是一个部落国家，只以数目之众，即表示当日自主之单位为数必多。在春秋时代，纪录里留下了一百七十个国家的名目。当诸侯互相吞并的时候，其中之一——楚，就独自吞并了百余国中之四十个。迄至孟子之日，只有十二个可以在地图上画出,其中也只有七国可以实际算数。这样的兼并不断地继续下去,一直发展到周之封建所划分的各国疆域全部作废,最后,所有土地归一人管辖,治下延伸到东亚大陆的一大部分。

在东周的五百五十年内,战争的方式也有很大的改变。春秋时代军队人数少,战斗不出一日,交战时保持骑士风度。交战者按仪节行事使战斗艺术化,符合封建时代的道德标准。一到战国时代,这样文明的作风已荡然无存,强国已有今日欧洲各国的疆域规模。作战起来其凶残也不下于现代人物。一到战国末年,每方投入战斗的兵员近五十万,实为常事。野战之后又包围城市,可以连亘数月。有好几个国家已做到全民动员的地步。至少有一次,有一个国君命国内十五岁以上的男子全部到一个前线的重镇集结。当时战死的人数和加于俘虏的残酷事例,不论是否经过夸传,足以使现代的读者战栗。在这样鲜血淋漓的纪录中,不免令人怀疑许多作家提及中国人的和平性格是否名副其实。

中国因秦而统一也是世界史上的一桩大事。如此大规模螺旋式的发展,其程度愈加深,速率也愈加快,在世界其他各地无此事例。很多背景上的因素无从全部缕列。可是有了现代科学的知识,我们自信可以将此中主要的原因概述有如下章。由此也可以看出为什么孟子提倡全国慈悲为怀这种平平之论,足以在如此的长时间内,得到如此热烈的支持。亚圣与始皇,恐怕他们自身还没有体会到的时候,某些客观因素已经把他们生平事业牵连在一起了。

第三章 土壤、风向和雨量

易于耕种的纤细黄土、能带来丰沛雨量的季候风,和时而润泽大地、时而泛滥成灾的黄河,是影响中国命运的三大因素。它们直接或间接地促使中国要采取中央集权式的、农业形态的官僚体系。而纷扰的战国能为秦所统一,无疑的,它们也是幕后的重要功臣。

旅游者从西安到骊山所看到黄褐色的土壤是黄土地带的东南边际。这土壤纤细有如面粉，令人设想几百万年前经过风力的转运，堆积在一个广大的地区。它的深度自五十英尺到七百英尺，它的下层可能是在冰河时期结束时受到极大的压力所粉碎而成。当初一部分土壤也可能被水力冲刷而沉淀于东部，又经过长期间的堆积，才聚成今日之深度，这种现象给中国历史的展开，有好几重影响：因为黄土之纤细，可以供原始的工具耕耘，如木制之犁及锄。周朝的开国，与推广农业互为表里，显然是得到这种土壤特性的裨益。于是在公元前1000年，中国社会即已在文化上表现出均匀一致。它的基层细胞的组织与小块耕地的操作结下不解缘，也表现出家族的团结。凡此都经过无数成文资料的证实，并非某一种资料强作此说。

黄土与中央集权

黄土还给中国另一种影响：黄河中游由北至南将黄土地区割成两半，其纵长五百英里。它也在内地接受几条支流的汇入，其结果是黄河的流水中夹带着大量的泥沙。通常河流的水内夹带着5%的泥沙已算相当的多，南美洲的亚马孙夏季里可能高至12%，而黄河的流水曾经有过46%的纪录。其中一条支流曾在一个夏天达到了难于相信的含沙量63%。所以黄河经常有淤塞河床，引起堤防溃决泛滥，造成大量生命与财产损失的可能。这河流的水量在洪水期间和枯水期间幅度的变化又大，更使潜在的危机经常恶化。按理说来，有一个最好坐落于上游的中央集权，又有威望动员所有的资源，也能指挥有关的人众，才可以在黄河经常的威胁之下，给予应有的安全。当周王不能达成这种任务时，环境上即产生极大的压力，务使中枢权力再度出现。所以中国的团结出于自然力量的驱使。

黄土地带示意图

《春秋》中有一段记载，提及公元前651年，周王力不能及，齐侯乃召集有关诸侯互相盟誓，不得修筑有碍邻国的水利，不在天灾时阻碍谷米的流通。这"葵丘之盟"在约三百五十年后经孟子提及，可是他也指出，盟誓自盟誓，会后各国仍自行其是。《孟子》一书中提到治水的有十一次之多,可见其重要性。其中一段更直接指责当时人以洪水冲刷邻国的不道。我们不难从中看出洪水与黄河暨黄土地带牵连一贯的关系。孟子所说天下之"定于一",也就是只有一统,才有安定。由此看来,地理条件和历史的发展极有关系,尤其是当我们把地理的范围放宽,历史的眼光延长时,更是如此。

上述谷米之流通尤其值得考虑。中国地区的降雨量极有季候性,大致全年雨量的百分之八十出现于夏季三个月内,在此时期风向改变。并且中国的季节风所带来之雨与旋风有关,从菲律宾海吹来含着湿气的热风需要由西向东及东北之低压圈将之升高才能冷凝为雨。于是以百万千万计之众生常因这两种变数之适时遭遇与否而影响到他们的生计。如果这两种气流不断的在某一地区上空碰头,当地可能霪雨为灾,而且有洪水之患。反之,假使它们一再的避开另一地区,当地又必干旱。前人缺乏这种气象的知识,只在历史书里提及六岁必有灾荒,十二年必有大饥馑。其实在 1911 年民国成立前之 2117 年内,共有水灾 1621 次和旱灾 1392 次,其严重经过官方提出,亦即无间断的平均每年有灾荒 1.392 次。

在《春秋》里经常有邻国的军队越界夺取收成的记载。饥荒时拒绝粮食之接济尤其可以成为战争的导火线。《孟子》书中提到饥荒十七次之多。在一段章句里提及公元前 320 年,魏国的国君因为他的辖地跨黄河两岸,曾告诉亚圣当灾荒严重时他须命令大批人民渡河迁地就食。在这时候鲁国已扩充其疆域五倍,齐国已扩充其疆域十倍。不难想像,当日各大国要较小国家占有显明的优势。它们所控制的资源能

风向图

够在赈灾时发生确切的功效,所以在吞并的战争中也得到广泛的支持。当诸侯为了好大喜功而作战的时候,一般民众则随之争取生存。如是的竞争只有像螺旋式的使两种因素的加入越来越多、越大。

农业与游牧

此外另有一种气象上的因素也促成中央集权的发展。虽说在某一地各年的雨量可以相差极大,但是全中国的平均雨量却有定型。这现象不难解释,带着湿气的热风,愈吹入内地,被蒸发的程度也愈为增高。而且沿海下雨就已减少了空中的湿气。此中值得注意的是所谓"十五英寸等雨线"。这线从中国东北向西南,当中的一段与长城大致符合,更西而南则使青海与西藏和中国本部分隔。这等雨线之东南,平均每年至少 15 英寸的雨量是常态,符合拉铁摩尔(Owen Lattimore)所说,"中原农业茂盛,人口繁殖"。提及线之西及北,他则说:"几千英里内人类全然不事农桑,他们不直接的倚赖土地上的植物为生,而在他们自己及植物之间加入一种机械作用。"这也就是巧妙地说出这群人为游牧民族,他们与牲口来往于干燥的地区,让牛羊自觅水草。牧人的生计不能转变为种稻人的生计。

中国的农民和塞外的牧人连亘了两千年的斗争纪录,回顾起来,欣喜的成分少,仇恨的成分多。尤其是气候不利的时候,马背上的剽窃者就不由自主地打算袭取种田人,后者通常有半年的积蓄。零星的侵略可能扩大为战事,防守者则企图报复,有时也全面出击以图先发制人。

在时间上讲,亚述人的壁画在公元前 9 世纪即描画着骑马的弓箭手,可是全部游牧成为一种部落习惯和随着而来的骑兵战术则出现较迟,并且经过一段长时间,才传及东亚。到公元前 3 世纪游牧民族的威胁已相当严重,这时已有将北方几个小国家所筑土壁结合起来构成一座相连的城塞之必要,这项工程终使秦始皇在历史上名传千古。所以这种局势的展开也指出中国即使在国防上也要中央集权。全国的国防线大致与十五英寸的等雨线符合,这是世界上最长的国防线,不仅为无数战士留下了辛酸的记忆,也是中国妇女流泪的渊薮。总之它在地理上构成第三个因素，注定着中国农业社会的官僚机构必须置身于一个强有力的中央体系之下。

十五英寸等雨线示意图

孟子去秦始皇统一只五十年，他已经和法家一样，赞成中国需要一个中央的权威。只不过始皇以残暴的力量完成帝国的统一，而亚圣还在以好意劝说，着重道德上的移风易俗。在历史上他们所掌握的是同一类的问题。在近距离之内，孟子好像失败，当他劝说战国的君主行周文王之政时，周之封建已衰退到不可认识。井田制度早被放弃，世袭的卿大夫阶级已为官僚所替代。因为国君能直接派遣官僚治理属下地区，他们可以直接向人民课税，也将他们征发为兵，数以万千计。而且这种竞争风气更受商业的影响。当时所谓商业仍在婴儿时代,只是因为有好几位特殊人物超越国界的政治活动,才使之活跃而显著。这样的环境已不复是凡物都有一定位置和场所,或者凡事都可以用仪礼及恻隐之心对付。实际上,吞并的战争仍继续进行,以至最后只有一个胜利者。

儒家与农村组织

然则从长期上讲,亚圣孟子与大成至圣孔子,都已看清中国命运上注定必然为一个庞大的农村组织,虽然要根据某些数学原则行事,但仍需人本主义(humanism)的调节。所谓儒教是以崇高的情感组成,在这种背景内自有它存在的价值。《孟子》一书中提及亚圣与他年齿稍幼的两个哲学家意见不合。杨朱主张各人循着自己的私利观行事,若以道德激劝,强人违反自己的意志行事,只有增加混乱,所以他说虽拔一毛以利天下不为也。他的逻辑认为每个人都应当按照自己的趋向,去接近欢乐,避免苦楚,这和近来西方时尚之"占有性的个人主义"(possessive individualism)非常接近。和他观点相反的是墨翟,墨子强调上天命令每一个人不分畛域又不待仪节约束地去兼爱他人。既有如此的强迫性存在,则任何要求也不算过分。在行动上,墨翟和他的门徒冒着性命的危险,企图避免当日的兼并战争。

孟子对两人都没有好话可说。他指斥杨朱之纵容个人的私利观,等于承认君主为不需要。另一方面墨子之兼爱,等于否定父亲的特殊地位。他以绝对的态度丝毫不通融地警告着："无父无君，禽兽也。"如此不容忍的态度可能使现代读者感到惊讶。所以务必投以历史的眼光，才能了解个中究竟。

战国末期铁器业已出现，因此上层社会的繁复程度更增加。可是几百年后中国仍是一个农业国家，下层仍保持着均一雷同的基础。文笔之吏仍以竹片作书束，纸张之发明尚在公元后1世纪。但需要整个帝国一体行动的诸条件，却已迫不及待。如此一来，要在农民大众之中构成基层组织，无过于提倡家族团结。当中的一个推论则是让世袭君主按照父亲的榜样行事。对待其他人的好意，也务必有亲疏之分，有如血缘关系之远近。所以认为个人或凭私利观行事，或对旁人一视同仁，可能对现代读者富有吸引力，但在古代中国却不合实际，首先在法律上即会产生纠纷。迄至20世纪，中国仍缺乏对个人作人权保障的能力，遑论在基督降生之前。事实上整个君主时代中国始终维持着一部大体不变的刑法，这套刑法也按社会组织，亦即家人亲疏之分责成各人安分守己，至于各人尚有何种权利，也只能由这社会体制而定。

家族组织与社会秩序

现代的法理学是长时间推衍而成的。在西方直到中世纪结束，封建公侯无力控制城市，才让市民不受庄园法庭的管制。之后又从这城市特权，产生了公民的自由权利，自始至终这发展不待人谋。而等到最近的两个世纪，才产生了一种自觉运动，将所有公民的自由权推广及于全民。又直到最近几十年来，我们才看到这种运动逐渐地达到目的。事实上也是命中注定，中国历史上未曾产生此项运动，并非有反对这趋向的因素和它作对，而是城中绅商与官僚的冲突从未发生。欧洲汉学家白乐日（Etienne Balazs）说，中国的官僚从未失去城市的掌握。事实上中国官吏在城墙之内，权力最盛。

显而易见的，儒家的统治者在立法时确定男人的地位高于女人，年长的高于幼辈，并且有学识地位之人高于无知之人，他们自以为凡此都与自然法规吻合。有一段长时期，这系统所产生的秩序及稳定，还曾赢得外间的赞赏。直到19世纪初西方的商业利益挟着实力在中国沿海各处立足，才在相形之下使儒家体制的弱点彻底暴露。它自恃为十全十美的理想，毕竟假设多于实际。况且它以满足民间最低的期望为目的，而不及最高的标准，看来乃是组织简单、效能低下的政体，既缺弹性，也欠实力。当这些弱点暴露之际，其缺乏效率之处，尚可视作非道德。

将杨朱、墨翟和孟轲参差拼合，可以看出中国历史里长久的茎干。当然，尚不止此，此后这面目及趋势，还有相当长的发展，牵涉到许多惊异曲折，上文不过指出，任何值得提及的事体在中国展开，通常都是以极大规模的方式展开。中国历史上戏剧性和出人意料的地方，当然也离不开这种特性，如果当中有任何差池与过失，通常也是非同小可的差池和过失。

第四章
兵马俑的幕后

秦兵马俑的逼真、庞大,反映了要构思和完成如此的工程,非有创意上丰富的沟通和技术上充分的合作,否则绝对无法达成的;同时也印证了史书上所说战国时代高度的动员水平和百家争鸣的景况。它的出土,正为秦帝国之所以能统一天下,提供若干重要线索。

中外学者应当对临潼县人民公社的工作人员表示谢意。也算是运气好，1974年的春天，他们将埋在黄土地下二十尺达两千二百年保卫秦始皇陵寝的陶制军队开掘出土。纵使这一发现不能解答历史学家关于中国天下统一的一切问题，至少在极关重要之处，提供了线索。最重要的乃是，这些证据显示中国的历史性格与世界其他各处之初期文明迥然不同。

秦始皇的崛起

在成文的历史记载里，秦王室的祖先按照"谁生谁"的程序一连串地记载着，有如《圣经》中的"旧约"。及至战国之际，这些记载开始引入新奇的事迹。他的"肖像"也好像出自讽刺画家之手，作者必先有一种"鹰眈"的观念，才把上唇画如鸟嘴。大历史家司马迁在始皇后约一百年著书，他所提供始皇的出身如下：在公元前约250年有秦国公子按照当日的习惯，到赵王的宫廷内为人质，以保证两国停战协定不被侵犯。虽然如此，两国边界的军事冲突却仍断续发生。因之公子缺乏安全感，他不过是秦国太子二十多个儿子中之一人，也就无从被本国重视。富商吕不韦发现这情形可以从中使耍伎俩，恰巧这时候秦太子将他宠爱的姬妾升为太子妃，她虽有权势但膝下无子。吕不韦首先以恭维的言辞和贵重的礼物交结于作为人质的公子。接着以公子私人代表的身份，游历秦廷，更大肆张罗，轻辞重币地打开门面。

他说服了太子妃，她要是需要保障来日之安全，不如以在赵国做人质的公子为己子，他既为人忠厚，又不预闻秦廷的政治纠纷。这谋划成功后，为人忽视的公子日后回国恰逢秦王去世，秦太子立为秦王，昔之人质终成为了太子。

故事的当中，尚有一段奥妙：王子在赵国时邂逅了吕不韦一位貌美善舞的姬妾。吕慷慨地将她奉送，王子惊喜之余没有发觉她已经怀孕。一年之内她为王子生子，又十三年之后，这来历不明的王子立为秦王。又二十五年之后他成为统一中国的秦始皇。他的亲父富商吕不韦也在朝中为相，直到以后失势身败而止。

中国在公元前 221 年的统一，是历史上重要的里程碑。毫无疑问的，此非常之事必待非常之人，可是以上人物在特殊环境里出现，也不过是风云际会。本书以上几章业已提及，幕后天候、地理、人事的因素早已酝酿了好几个世纪。将周朝的封建革新而由一个国王通过官僚机构直接统率全民，并非秦所特创，况且嬴秦尚不是改制的先锋。可是其他国家尚在片面改革之际，秦国则实行全面的翻新。其方案不容通融假借，其执行步骤包括贵族被废为平民，官吏按能力任职，井田制度一体取消，土地得以自由买卖，土地税按亩征收，士兵按征兵的程序入伍。国家又提倡农桑而贬斥其他各业，以求全国普遍的丰衣足食。从史书里看来秦始皇即位之前约一百年，以上的政策都已付诸实施。这种体制着重中央集权，能使境内人民保持一种集体性格，称之为"极权主义"（totalitarianism）并不为过。

秦国的集权体制

秦国是一个以警察权为主的国家。它与现代集权国家的重要区别是后者将一个业已多元化的社会扭转回去以遂行其狭义之目的。嬴秦则不待社会多元化,先已构成集权体制,此外秦之集权亦无国家主义的征象。虽说这个国家以征服其他国家为职志,其所拟之消灭者仅是对方的王室与贵族,秦王本身的重要卿相,却全属客籍,即统一天下之后亦然。秦之记录里看不出人民因原有国籍而受亲疏歧视的待遇。

秦之体制既成流线型,法家思想即构成其意识形态。虽然它站在人性为恶的立场,可是也认为人类仍可以集体为善。这种信条与19世纪德国历史家特莱澈克(Henrich von Treitschke)的理论,极为接近。也因它的"现代"色彩,中国法家有时令西方读者倾折。他们的法治观念不为传统习惯、古代特权、流行的道德观念、家人亲疏,或甚至恻隐之心所左右。法律代表君主的意志,必为成文法,必须详尽而无疑义地写出,而且不打折扣、不分畛域地强制实施。因为他们站在唯物的立场,又以国家之富强为不二法门,因之无从创制西方式的民法。只是在基督出生之前数百年,他们即在鼓吹王子犯法与民同罪,这必在当日人士之心目中造成一种平等的观感。法家也自认为承奉自然法规,他们以为法律一经公布,从此君王有如车轴,不动而能行,百官则如车之辐条,随着车轮运转。以今后两千年中国官僚政治的作风看来,这样的拟喻不能算是全不正确。

概括言之,中国政治体系的早熟在当日不失为一种成就,可是中国人也必须为此付出代价。从外表形式看来,在基督之前有了这些设施,国家的机构便形成流线型,可是其下端粗率而无从成长发展,以日后标准看来尤其如此。直到最近中国仍缺乏一种司法体系,具有实力及独立性格一如西方,其原因可以一直追溯到上古。儒家的法律使法律不离家族观念,将法律与情感及纪律混淆,法家之法实为最方便的行政工具,但在其他方面则一无可取。

古代历史家更指出,秦国与他国竞争统治中国时得到地理之便。它的东方为山川所阻塞,秦人可以开关迎敌,对方却无法来去自由地出入秦境。秦之西南的土著文化程度低,可以任意吸收吞并。战国之争雄,以统一为最后目标,外围之雄着重长久之计,必较中央诸国占优势,因中央诸国不断的为彼此间的纠纷、龃龉、阴谋、伎俩所眩惑也。直到最后几十年内各国要对付秦的攻势,才图谋互相结盟。一般很少提及,秦国实际上得到经济落后的好处。经济落后才能强调农业一元,动员起来,专一雷同,内部的凝聚力也强。这时期仍是以数量取胜的时期,军事技术大致在平衡状态,没有一个交战国因为质量上的优势而使战局改观。

秦始皇的统一大业

秦始皇帝的功业与他的先驱者所采取的策略相同。标准战法为不断地蚕食敌土,继之以武装移民。秦国的战略家要求有潜势之对方将边界上重要的防御工事和堡垒销毁。有时毫不犹豫地屠杀敌境壮丁,以减低其作战能力。外交攻势着重于摧毁敌国间的联络,使他们的抵抗软化。多数情形下,秦军多在敌境作战,而保持秦地的完整。我们相信秦军经常让部队就地征发以取粮于敌。秦始皇登极之后,好几次天灾流行,而秦军也趁机发展。公元前244年曾有饥馑,次年蝗虫为患于中国西部。公元前235年旱灾,公元前230年及228年饥荒又见于记录。然则始皇的战功也算显赫,统一之前十年内,敌对的六个国王中有五个成为战俘,另一个投降。所有国都全被占领,最后秦军入燕以威胁齐国北方的侧翼。这一场战役结束,秦王才自称皇帝。

统一之后又采取各种巩固步骤。六国边界既废,全国划为三十六郡。所有六国王室和贵族全部被废,每一个郡有守(等于省长)、尉(等于防区司令)和监(等于监察专员)各一。中国的文字在战国时代已有分歧的趋势,自此以篆为标准。度量衡的单位也标准化,车轴的长度也随着划一。全国有声望的家室十二万户,一律迁居于国都附近,以防止地方力量再起。除了秦军所用的兵器外,其他一律没收销毁,铸成十二尊庞大的金人,放置在皇宫之前,以贯彻皇帝的决心,从此中土将永远不见兵革。

公元前213年秦皇下令焚毁若干书籍。有一位文学之臣建议仍须尊重传统的政治，始皇将建议交臣下商讨时，法家丞相李斯提出反驳，要是臣下以古论今，只有陷国家于不利，他更主张凡私人教学一律禁止，以杜绝"诽谤"。由于这次的检讨才下焚书令，同时也诏令凡在日常语言之中引征古典，或是以古代成例评议刻下的时事，都判死刑。所焚毁的书籍包括秦以外之历史、古典作品和诸子百家的哲学，只有秦廷所载和医药、占卜、农桑等书籍不在焚烧之列。

翌年又有所谓"坑儒"之事。秦始皇在一般文学之臣以外，也收养了许多占星学家和炼丹的术士，在当日眼光看来，这类人物也算是半吊子的科学家。当中有两人由始皇聘任寻求长生药物，他们没有觅到药物，反而散布流言，指斥始皇性情躁急，不符合长寿的条件。始皇大怒之下令卫士在都城里挨户搜索。上述两个人物迄未寻获，可是被捕者有四百六十人，他们或是与这两人有交往，或是在卖弄相似的方术。最后这四百多人全被活埋。

秦始皇的评价

传统的中国历史家一向在褒贬品评人物，在临到秦始皇头上时则觉得题材之大，牵涉之多，不容易随便处置。他的残酷无道达到离奇之境界，如何可以不受谴责？可是他统一中国的工作，用这样长远的眼光设计，又用这样精到的手腕完成，又何能不加仰慕？一个思想周密的读者可能因秦始皇和他的随从的野蛮行径而感到困惑，可是在另一段文字里，又为他不断地努力企图实现他超过匹夫匹妇所敢于想像的计谋，甚至冒着无限的危险，不折不挠地执行而感动。

历史记载中的始皇，显示他虚荣心重，有时尚且行止古怪。在当日一般情形之下，所述迷信的趋向很可能是事实。史书中提及他有一次因风受阻而不能渡湘水，归罪湘君女神作祟，于是遣发三千囚徒，去砍伐山上的树木以资报复，可见得他在和超自然的力量作对，而不是震慑于超自然的力量。他以黑色代表帝国之色彩也是超时代的独创。从他所树碑文看来，他除了重视域内长久的和平之外，也极端注重性道德，认为与全民的休戚有关。他有二十多个儿子和至少十个女儿。史籍上除了提及他多夫的母亲之外，对他一生有关的女子只字未提。始皇帝游历极为广泛，他不仅履足于市廛，而且遍历名山大川，他曾在夜间微服巡行国都之内。虽说始皇爱征伐，他却从未统帅三军。此外他是一个不畏疲劳的工作者，他预定每天必须过目的竹简，以重量作进度，不到目标不得休息。在有关国家大计的场合他总先咨询下属，可是最后的决策，始终出于他本身。可能最值得注意的是秦始皇铁腕统治全国十二年的时间，从未发生重大的事变。这是一个泱泱大国，前后遭兵燹几十载，而且追溯到以往的震荡局面，尚可以包括几百年。

他遗留下的位置，没有人能接替。他刚一去世，丞相、宦官和皇子以阴谋和政变彼此残害。一年之内，全国各郡里揭竿而起的叛变不知凡几。又三年后秦亡,始皇帝的亲人和重要的随从也全部丧生。

兵马俑的规模

  1974年的考古成果无从断定秦始皇的出身系合法还是私生,也不能用来争辩他是好人或坏人。迄今所出土的还不过是他埋葬之外围的一部分,但其结果业已确定其规模之大,设计之宏伟,足以炫人眼目。

  发掘的场所共为三英亩。据估计有七千个陶塑的兵士用实用的兵器与战车和陶塑的马匹防卫始皇的陵寝。全部结构一方面表现设计之大气魄,一方面也表现着细微之处的精到认真。所塑士兵好像是根据活人为模型仿制,没有两个一模一样。他们脸上的表情更是千百个各具特色。他们的头发好像根据同一的规定修薙,可是梳时之线型,须髭之剪饰,发髻之缠束仍有无限的变化,他们所穿戴的甲胄塑成时显示是由金属板片以皮条穿缀而成。所着之靴底上有铁钉。兵士所用之甲,骑兵与步兵不同。显而易见的骑兵不用防肩,以保持马上之运转自如。军官所用之盔也比一般士兵用的精细,其铁工较雅致,甲片较小,而用装饰性的设计构成。所有塑像的姿势也按战斗的需要而定:有些严肃地立正,有的下跪在操强弩,有的在挽战车,有的在准备肉搏。总之,全部正好是秦步兵一师,侧翼有战车及骑兵掩护,准备随时与敌军一决雌雄。目前出土的资料已够令人赞叹,但是专家预断更多的陶制士兵、马匹和战车可能在这师的南端。更足以令人叹为观止的则是始皇葬身之处的另三边也可能有同式的整师兵马，如此则现在所出土的只不过是全数的四分之一。

据历史家司马迁说，始皇的陵寝，经营了三十六年，役用工匠七十万人。在地下的建筑，还有宫廷的模型，全国的山川则用流沙水银复制。紧要之处以机械的强弩保护，以防制盗墓者，不少匠役，因为熟悉内情过多，而被活埋于陵寝之内。

这些传说可能永远无法证实。可是仅以现今的资料，参观者也可以凭他们所见，在历史上作一肯切的断定。如果秦始皇完全相信超自然的力量，那么他为何不以大规模的人像代替数目众多的兵俑？为何不用超人的神像，每座几丈高，有如今日犹俯视阿斯旺水坝（Aswan Dam）的努比亚（Nubian）大神像？或者制造出来三头六臂，有如印度教的传统？实际上陶塑兵俑大可以成批用翻砂的模式依样制成，有如大流士之听政所（Darius' Hall of Audience）前的浮雕像，甚至如康士坦丁大帝凯旋门（Arch of Constantine）上个个千篇一律、生气全无的人像群。

如果观察者稍用想像力，即可以闭目看出在制造这些陶塑兵俑时，哲学家、艺术家、匠人曾与成批的占卜者以及数以百千计的军官在集思广益，摩肩抵掌的研磋情景。这地下人像的工程，自设计至施行不可能没有全面交换意见，然后在技术上不断协商所能侥幸而成。从这方面讲，陶制兵俑可以视作一种历史文件，它证实了历史书里所说战国时全面动员的事迹，它也指出当日百家争鸣之所述非虚。它也表明中国两千二百年的历史，确有垂直的茎干存在，很多带有中国性格的特征在当日即已出现。这种系统在上端必有设想而成的成分在内，而介于合理化及非理性之间。

虽说我们不能崇信法家学说，认为个人必须受团体的强迫去为善去恶，但这一大群以窑火烤成的雕像群却证明了，一个公众的目的可由国家的意志创成。马基雅弗利所提倡的普遍的利己主义（universal egoism）不能因其为恶即否定它之存在。威利（详第二章）以"现实主义者"的名目概括所有的法家自有其深意。

可是观光者看到这大批窑火烤成的像群也可能发生怀疑：既有如此的聪明才智、庞大的眼光和组织能力、详尽的企划工作，何以中国不能彻底利用这些长处作科技的大突破，有如文艺复兴之于西欧？这些艺术与技巧之所以不能持续，可以用缺乏社会的推动力来解释。米开朗琪罗（Michelangelo）需要教廷雇用，才能发展他的天才。鲁本斯（Rubens）靠替各国国王画画像而生活优裕。秦国的无名艺术家不幸之处在于他们的作品是集体完成的，只能贡献于一个君主之前，而他自己的肖像尚且把他的上唇画如鹰嘴，而他的纪念馆竟是埋在地下之陵寝。然而这批无名艺术家的遭遇，到底不是全部不幸。他们的作品，并未全部丧于尘埃，约两千二百年之后，他们的杰作出土，也有人将之修刷整理，使之重见天日，表现一个历史上重要转变之际的感觉和现实。

第五章
第一帝国：树立楷模

汉武帝继承了汉高祖以来，数十年休养生息所累积的国家资源，对内以"罢黜百家，独尊儒术"，奠下中央集权官僚体制运作的理论与方法，对外则连年发兵征讨匈奴，开拓四裔，使大汉声威远播，国势达于顶峰。而在一片繁华景象中，财政短绌、外戚干政的乱源却悄然伏下。

从现实的角度看来,始皇一死,秦帝国荡然无存。可是他统一中国的功绩并不因之而湮灭。不出十年之内一个新朝代继之勃兴,兹后延续达四百年。汉朝在公元前后各经历约二百年,全盛时管辖的人口约六千万,足可与罗马帝国相比拟。就是从所控制地域和存在的时间上讲,两个帝国也可以相提并论。只是中国方面内在的凝聚力,非西方所能望其项背。

这个新朝代被中国作家极度的恭维,因为这是有史以来第一次由平民所创造的功业。汉朝创业之主刘邦是秦帝国里位卑职微的地方巡警官。他的两个丞相,萧何和曹参,曾任县级的小官僚。樊哙日后为大将,当日不过是屠夫。另一大将韩信寒微时曾一度乞食,黥布与彭越曾为盗。从新朝廷布衣卿相的局面看来,以前各领域内的贵族统治力量必已全部摧毁。组织新政权时,既不能追随旧世族的踪迹,也无须凭借他们大张旗鼓。这可不是说中国社会革命的条件业已成熟,即使几千年后中国也还没有树立一种民主体制。能够确切地代表庞大而又均匀的农村基层组织,在这时候更不足论。

汉朝的组织者承袭了秦朝所遗下宽阔而又均匀的基层,而且以灵活的手腕避免前代的过于极端。他们所采取的政策,基本上是"进三步,退两步",以几十年的经营,构成一个中央集权的官僚制度,而成为中国整个帝制时期的楷模。

汉帝国的统治政策

新朝代遇到的第一个大问题是帝国跨地过广,不能全部由中央集体管制,于是采取了一种"斑马式"的省级组织。有些地区秦朝所设郡县仍原封不动地任其存在,其他地区则派遣新任命的王侯,世守为业。帝裔里的近亲,亦即刘家的叔伯、兄弟、从兄弟等封为王,功臣中之卿相则封为侯。他们的领域和直隶于中央的郡县犬牙相错。这种互相监督的局面避免了秦朝的过度集权,可是这也不是全面退却,有意在长期间内再构成战国期间的纷争局面。这样的安排纯系一时权宜之计,从未预计长久保持。即使在创业人刘邦去世之前,已有不少侯国,因有心和无心的差错,被削被除。刘邦的吕后及以后袭位的皇帝,遵循着这政策而且变本加厉。公元前154年,去帝国的创始已半个世纪,朝廷的举措更是向各王国施加压力,因而激起全面的叛变。叛乱戡平后,很多王国即被撤销,余存的不仅面积减缩,而且内部的行政权也被中央政府接收。这种加强中央统治的政策,至第五个皇帝刘彻在位期间达到极点。刘彻谥号汉武,他在位于公元前141年至公元前87年。这五十四年的御宇期间,在全汉朝是最长久的,对以后的影响也最深远。

刘彻首先公布了帝制意识形态的立场。其宗旨经过综合,则为"罢黜百家,独尊儒术"。实际上,他和他的近臣将所谓"儒术"扩展之后又延长，以至包括了有利于中央集权官僚政治所必需的种种理论与实践的步骤。孔子所提倡的自身之约束，待人之宽厚，人本主义之精神，家人亲族的团结，和礼仪上之周到等等全部构成官僚集团行动上的规范。孟子所倡导的人民生计与国本攸关也毫无疑问地被尊重。注重农桑贬斥商业原为法家宗旨，也一并拿来构成武帝御制意识形态之一部。其他法家的措施，如官方专利盐铁，以严峻刑法维持人民纪律也同样被袭用。

宇宙观与政治

更有很多信条，既不出于孔子之主张也不见于孔子语录仍被收纳于这体系之内。武帝以皇帝身份登高山，以神秘之祭礼祈祷，企求与神祇直接接触。他朝中博士认为五行（木、火、土、金、水）和东西南北中之五方、五种基本之色彩、五声之音阶、五种个人之德性，甚至五项施政之功能都互相配合而融会贯通。例如火，色赤，见于夏季，与用兵有关。这种观念源于一种信仰，它认定人世间任何"物"，不管是实际物品，或是人与人之间的一种关系和交往，都出自某种类谱上的相关价值，所以可用数学方法操纵之。其根源出于《易经》，它是一种来历不明的古老经典。这种利用假科学说真问题的方式，迹近于迷信，暴露了当日读书人承受了至大的压力，他们急不得暇地务必将天地的现象予以直截的解释，包括可以获知之事物。汉代的朝臣不断以这种带着诗意的方式去贯彻他们的主张，强调良好的政府是基于伦理的和谐，甚至将天候与政治混为一谈。只是如此一来，他们也将专制皇权合理化了，使之比较温和，同时鼓舞百官的自信。他们因此觉得盈天地之道（我们称之为自然律，natural law），都已在掌握之中。纵使天子之职位世袭，臣僚则以文笔见长，但因为彼此有了共通的认识，也能在行动中俨如一体。如此将宇宙观及政治学混为一谈，笼统地称之为儒教，固然符合了某种目的，但其流弊则是一经摆布，今后两千年则再难以摇撼之。诚然，它所遗下之影响时至今日犹未衰竭。

匈奴问题

西方人士认为中国人之保守性缘出于环境上有一成不变之因素在。只要这些因素一日存在，中国的国家与社会则须维持其一定结构。今日很少有旅游者履足中国而不将八达岭的长城列入行踪之中。秦始皇首先构造的长城，位于十五英寸等雨线之北，今日早已颓废。现存之砖墙系15世纪所建，上面之楼，系16世纪新添。当日火药之使用早使类似的设防在世界其他各处失去时效。当这绵延几千英里的城壁展现眼前时，观光者只要知道它曾不断地修补翻新，就不待解说而了解中国边防问题与中国文化之源起几乎同一长远。它与汉武帝刘彻的关系乃是这位不同于常人的君主，十五岁登极，享国五十四年，正值汉朝威势达到最高峰时，曾企图一举而永远解决游牧民族的问题。可是纵使他的军事行动一再获胜，他的目的却迄未获得。他在公元前87年去世时，他的匈奴战争使国库大为亏损，这也是西汉（亦称前汉）衰退之一大主因。

匈奴是一种操阿尔泰（Altaic）语的民族的名称，他们在中国历史初期为患北边，此后千百年间，至少还有一打以上人种上或同或异的游牧民族接踵而来。匈奴组织上的初期早熟对中国的帝制一统有连带关系。这也就是说当中国全境一统时，游牧民族也必具有类似的结构，反之亦然。汉时匈奴已有二十四个部落的结盟，他们力之所及绵亘一千五百英里，自东北至于青海。公元前200年，他们曾号称以三十万骑兵围汉代创始者刘邦于今日之山西。上述数字可能夸大，但是无疑的，在重要战役里他们不难以十万之众，投入战斗，并且不必全数集结，而是在战场上协定，分成若干纵队。因为他们以游牧为生，在环境上占优势，此即军事理论家所谓"战斗条件与生活条件一致"。当中国人尚要组织动员、装备、征调、训练之际，北方之劲敌则可以省略上面的步骤。他们的及龄壮丁早已在马背上，他们的武器就是他们的谋生工具，他们从来不缺乏流动性。

两方交战时其程序极为残酷，因为战场就是沙漠及其周边的草原地带，环境本来就萧条。当两方交锋之际，绝无后撤退却之可能，而以汉军尤然。战败者固然难幸存，即战胜者亦死伤惨重，逃脱几全不可能。俘虏数少，而交换之俘虏尤少。投降的则依例改换身份，从此终身夷狄。汉军战胜时则对部落之牛羊一网打尽，视作战利品。反之游牧民族要能伸手抓住南方汉人，其惨酷少恩，也少幸免之处。汉代的征伐无非展开一种序幕，以后这两种文化尚要长久地在历史中胶结，没有一方能以永久的胜利或全面的失败改变局面。影响所及在中国的文艺作品里留下一大堆抒情的作品，有些爱国心长，摩拳擦掌地发出好战喜功的声调。也有很多在吟咏间，表现着厌战而盼望和平的衷曲。

汉武帝只在公元前110年巡视前方一周，此外再未履足于战场。但是在征伐匈奴时他亲自作全盘谋划。他决定用兵的战斗序列，分配每一路军的人员马匹。每一战役结束，武帝也亲定赏罚。

每一次典型的战役有十万骑兵参加。支援的步兵及后勤部队又多出数倍，所以每次用兵，以牵涉到五十万人为常态。汉军通常分三路及五路展开，以搜索接近敌方，并预先定好集结会师的时日与地点。他们通常在本军外围五百英里的范围内活动。始终不遇敌军的情况常有之，通常情形是两军迎战，争斗惨烈。公元前99年的战役，中国方面之死伤率达60%—70%，很少生还。公元前119年的战役，汉军虽获胜，但是十四万马匹出塞，不到三万南归。武帝长久的御宇期间，前后执行这样的战役八次。除此之外他也出兵朝鲜，其平西南夷，已深入今日之越南，并且也在青海与藏人交兵。

政府征发与农民生计

全部战费为数几何？司马迁略称内地输送六十四石的粮食只有一

石运达前方的说法，虽然不能在事实上认作确切无讹，但他这句话至少暴露后勤问题的艰巨。并且武帝之战略在于巩固边防，当敌方威胁既除，便大规模移民实边，因之耗费更多。很多筹款的办法因而产生，包括向商人抽资产税，抽舟车许可证税，以赎锾代刑罚，政府专利于盐、酒及铁，又直接参与经商。这种种征发，以及战事本身都使中央集权之趋势有进无退。以下尚待说明，皇帝亲自与闻军政，与汉朝宫廷之政治有极大的关系。

汉武帝是否因他的军事行动而折断了帝国的脊椎骨？历史证据不容我作这样简单的结论。即在匈奴战事最高潮之际，中国境内的繁荣并未受影响。此中矛盾也给关心中国历史之人士一个机缘，检讨一个具有恒久性的问题：从纪录看来，中国是世界上唯一从公元前迄20世纪始终直接向各个农户抽税的国家。这税收的基础极为广泛而又非常脆弱，为西方经验所无。其中情形以战国时代魏国之李悝所叙最为剀切。及至班固在公元第一世纪作《汉书》时，犹觉得这故事中有关税收及财政一节在当日仍息息相关。他所说李悝的计算，有如下述：

> 一个农夫，带家室共五口，治田一百亩。每亩出粟一石半，全年收获为一百五十石。
>
> 土地税十分之一，除去十五石，尚有一百三十五石。
>
> 每口食粮每月一石半，五口全年食用共消耗九十石。
>
> 一百三十五石除去九十石，尚存四十五石。
>
> 每石值钱三十文，剩余四十五石共值一千三百五十文。

除去地方举办祭祀等公益三百文，可以作为家室用度的为一千零五十文。

衣服每人应费三百文，五口共为一千五百文，不足四百五十文。

此外治病与丧葬之费不计，而因军事动员之额外赋税又不计。

李悝补救之策是由政府襄助出粜谷物。当粮食在市场剩余时由官方收购，不足则官方抛售。在武帝时代此项政策由治粟都尉领大农（粮食部长兼代财政部长）桑弘羊主持。桑从商人出身，在此时兼替公家牟利，以筹措一部分收入，补足军费。这办法一经他起用，以后在很多的朝代里，还一再地被仿效。

上述李悝的计算成为中国专制时代的一般准则，与长城同样恒久不灭。其数目字可以因时期而不同，但是这公式与原则即罄历史家记忆也莫不如此。在这种政策下，农民总是被迫去开发生田，一到耕地经营成熟，总是用精密之工作去增加生产。所以中国农民虽不受庄园管制，享有理想上之自由，每家农户也是自耕农身份，也算得是一个小本的生意人。只是由于本地市场之窄狭，他们也经常受高利贷及各种盘剥之苦。当政府收购或出卖粮食时，其业务非一班文学之士的官僚所能胜任，也缺乏适当之法律足以保障程序之圆满。简而言之，政府经商涉及变动的数字，而农业之管制方式，则视一切为定型。此中之缺乏协调，经常不断地在中国历史中产生悲剧。当中得注意的是，以后有些朝代企图部分地使其财政商业化时，总遇到强烈的反抗，没有一次能有长久及圆满的结果。以汉代来说,桑弘羊即死于非命,由此也可揣想,其规划无成功的希望。

中央集权的程度既已如是,中国之官僚对于佃农之出现不得不重视。政府的实力,以其能否向大批小自耕农征取粮食及人力为准则。大凡地主一出现总有威胁这税收基层之趋势。以上述例子看来,小自耕农亦无力再供应一个地主。只是中国的做法通常忽视这全般情势,仍受中央集权的影响。他们倡导小自耕农而不满于地主,已半将他们自己管制的方便,混杂在人道的立场内。固然,只有均平主义而无经理上之纵深,在经济思想上不能算是圆满周到。可是另一方面,既有全部集中筹谋之必要(如对付匈奴来犯),我们也不能指斥全部措施为"错误"。可以断言的则是,税收与土地占有有密切的关系,二者也需要与中枢行政配合。如是之牵扯构成中国宏观历史中之一大固定特色。

武帝期间之征发,民不堪命是对以上情形而言,这已由司马迁和班固提及。汉代尚赋予省级(郡)官僚相当的权力,他们可以选用手下的官僚,但是下端亲民之官,则始终缺乏封建体制里领主与封域的密切关系。它的税收为土地上之收获的1/15(不及7%),人头税为每个成人每年一百二十钱。再有兵役,可以令每个及龄壮丁赴前方征戍三日,或付代役金三百钱。对汉代国富而言,此税率不能算是极苛,但是征收时系全面的课予全民,不管农户是否仅有田五亩。到了农村,税则全部有条理地执行。武帝期间已有人指责,实付税数超过法定"数倍"。此中有一蹊跷,例如公元前108年皇帝巡视各地时,很多郡守因筹备供应不及而被责,两个郡守甚至自杀谢罪。可见得在后勤方面讲，上级已用最大的压力加予下级，不仅到头仍有不如意之处，而且理想与事实之间差距极大。

武帝去世后他的积极筹边政策已被放弃。所幸不久之后匈奴也不能维持他们的团结。中国方面于公元前72年再遣发远征军及于草原地带。到了公元前55年，匈奴分裂为五部自相征伐。南匈奴随后降汉，接受了中国的名号，使汉廷再将边防的卫戍减少。

外戚专权

可是在这些军事行动中已产生了一个皇帝外戚得权的成例。刘彻是一个意志坚强的人，他也深恐自己的权力落入他人之手。在他的私生活里，他不能忘情于女色，因此而发生不少周折。在军事行动中他对自己所宠信的将领赏赐过厚，而对其他人则处分过厉。总之，在征匈奴诸役的过程中他集结了庞大的权力，既不能使之制度化，也不便让人代理。李广为能将，得人心，汉军及匈奴对他有同样的敬畏，可是始终不得封赏。在最后一次征战之中，他被逼迂回，终在行军时失道。大将军卫青，是皇后卫子夫之异母弟，扬言要报告皇帝听候御前处分，李广羞愤之余，引刀自裁。但另一面，卫青的三个儿子尚在孩提之中，已因父亲的军功封侯。另外一个将军霍去病是皇后的外甥，也始终受皇帝恩宠。各方传闻前线将士饥不得食，霍去病行军之厨车南归时犹有剩余之珍品，皇帝也置之不问。只因霍去病英年早逝，不及封上大将军名号。后来此名号落在他异母弟霍光头上,而霍光终生未率兵出塞,可是却成为朝政纠纷的中心。

武帝既殁,霍光为摄政,辅助一个八岁的小皇帝,如此十三年,这髫龄的皇帝也未有子嗣而先殁。霍光与皇后商议之后迎立一位皇子帝,才二十七天,他认为这皇嗣不符合他理想的尺度,废之而更立武帝的另一个后裔。他才十八岁,旁人指出他和霍光乘坐同车之时表现着极度不安的形色。

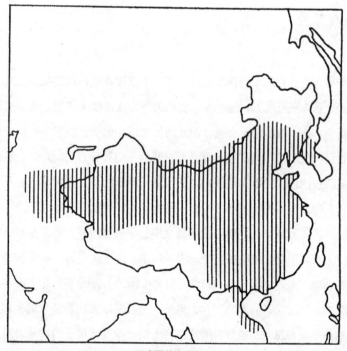

汉帝国势力示意图

可是霍光也并没有成就无人敢与之争的权威。公元前80年他执行了一次整肃，反对他的一派多人被处死，包括前述执行武帝财政的桑弘羊。现存的史料根据当日朝廷纪录写成，内中指出这些人意在谋反，企图罢废皇帝，而另立其他一位皇子。可见他们与霍光之冲突，可以追溯到很多小心眼的争执和家室间的纠纷上去。

但是霍光的行政措施，在当时儒家思想的熏陶之下，可谓深得人心。他在执政期间对武帝好大喜功的边防政策有了明显的收敛。在他主持国务的二十年间，赋税已经豁免和降低，和匈奴的谈判也在开始。公元前81年朝廷主持了一次有关盐铁专利政策的公开辩论。之后政府放弃了酝酿的专利。

皇权的性质

综合说来，汉武帝刘彻和霍光不可能一眼看穿他们自己在历史上的作为的真意。即使千百年后，想要全部洞悉，仍至为不易。在讨论他们的行为与个性之余，很少人曾想及的则是，中国的皇位乃是世间无从合理维持的一种制度。皇帝非神，而兼二者之性格。他不合理而又非全不合理，也是脚踏两条船。他不能如儒家之采取人本主义，也不能如法家之全部铁面无私，而又要兼顾两家之长。即在专制时代的初期，皇帝已任用十三万个官僚去治理六千万的人民，他所能凭借的手段极少，而他解决问题的方法，一面须通过无数的矛盾与暧昧，一面又要有威权和气魄。

一个带有同情心的读者可以领悟到天子之贵为"天子",乃是不意之间被命运派去处理一个局面。如果我们借彼观此,可以想见密西西比河会更换河道而趋向佛罗里达入海;一次旱灾、蝗灾会使爱荷华及堪萨斯全部颗粒无收;而北方与加拿大为邻的国界大部为沙漠,当中只有很少的几个绿洲。汉朝的皇帝以天下第一的农夫自居,不时发出通告,表示对人民生计的关怀。我们无从指斥其全部为矫揉造作。因为他们向小自耕农抽税而倚之生存,除此之外别无他法。只是从一种比喻看来,他们所设计的制度和行政的方式,也还是倒金字塔式,上重下轻。越去权威愈远,与原来设想之间的差误愈多,所以权力务必凝聚在上。有时理想中的至美至善和实际情形的差异可以大得惊人。

西安朝廷中,半宗教性的安排增强了皇帝的地位。他是人世间最后的威权,他的仲裁带着神权的判断力量。在这种作风下,创造了一种权力政治的传统,视一切技术问题为道德中的是非。即在今日,此种习惯仍在不少事例中出现。要是站在上端的人物不能摆脱人的弱点时,当朝中换班或政策改变之际,各项阴谋与诡计可能泛滥到无可收拾,及于宫廷内外。

霍光于公元前68年在平静的情况下去世。但是两年后的一次政变使他的妻儿及多数的亲眷丧生。但一连串事件仍方兴未艾,外戚仍在宫廷之内的政治内幕里扮演重要的角色。大将军仅为朝中名号,已不参与边境之征讨。传统上这一职位总是为皇帝的姻兄或舅父把持,实际上居其职者总是一个政客，而不复为高级将领。总之他倚此名位声势使朝臣失色，并且威震不离宫闱之间的人主。这传统上之成例一经树立，以后只有继续展开，终至王莽篡位。

王莽的改革

王莽是中国历史中最离奇的角色之一。他一方面被指斥为篡位者、伪君子和操纵言论的好手，可是另一面也被恭维为理想主义者，甚至是一个带革命性的人物。环境上显示他可能有些性格接近上述评断，可是没有一个简单的称号足以将他一生行止归纳无余。好在我们以长时间、远视界的立场研究历史，用不着将他详尽的传记搬出。

王莽是汉朝皇太后的侄子，他也将自己的女儿嫁给另一个皇帝，因而又成了皇后的父亲。他自己于公元前一年为摄政之前，他的三个叔父和一个从兄已相继以大司马、大将军的名号辅政达二十八年。当时汉代宫廷陈腐无生气，如果王莽能在此时振衰去弊，他的功业可能被历史家刮目相看。只是他夸大不实，因此他以华美的言辞所作的各种公告更带着盲人瞎马的成分，他的矫揉造作也更不可宽恕。

他所对付的问题不难阐释：汉朝以庞大的农村经济为基础，因为这样的结构，朝廷也只能以公众的精神作为施政方针。只是这时候汉朝的存在已两百年，宫殿和外戚因恩泽封侯者谓之"内廷"，和其他百官公卿之"外廷"对立。后者一般由资历晋升，多数成员对儒家仁民爱物的观念颇为重视。也在这同一时期之内，一般农村内的人力与田地，向来构成向帝国当兵纳税之基础者，有逐渐落入私人手中的趋势，时人称之为"兼并"。这现象一出现，日后这些资源即逃出政府的掌握。这一问题也与两千年的帝制政府结下不解缘。

由于土地税系从每一亩之田地抽纳，人头税也以每个人为单位，照理他的易主（包括为奴隶的贩买）不应当影响到税收的多寡。可是这种情形却出现于古代的农村之中，税收的底册不可能随时修正反映到实际的情况，即同时的罗马帝国也有类似的情形。不管当初的底册是用何种精密的方法调查而得，以后各地都只存在一种硬性的定额。中国以户口为单位，每每因人口迁移、财产易主而造成税收短绌。地方政府解决这问题的捷径，乃将应收数额转嫁在其他户口头上让他们补足原数。可是如此一来只会引起人户逃亡，亏额更大，坏影响之所及也呈螺旋式增大。原来税率轻，处理不得法，可能令纳税人民不堪命。税重，甚至可以逼迫良民为盗匪。除此之外只有减除税额，只是这办法也会在官僚机构之中造成士气的降低。

我们无从确定王莽接手以前的情形，只是他曾说及见税什伍，亦即所抽税已及于生产品之一半。虽说不无夸大之辞，也可见得局势之严重。

但是不论他的动机如何，王莽提出改革时未曾作任何细密的准备。他尽信中国古典，真以为金字塔可以倒砌。他满以为自己在西安执行天子之职权，其圣旨即可以在边区远处全部奉行。等到事与愿违，他又慌忙地全面退却。这个篡位的改革者夜以继日地工作，他的经济政策牵涉到耕地和奴婢的使用，二者都归国有，不得私相买卖。他的金融政策将布匹龟壳全当作货币通行，与金银与铜元保持一种复杂的兑换率。在他主持之下政府专利之物品增加，政府经商的范围也相次扩大，还包括银行业务。当环境要求他在名目和实质上都以天子自居的时候，他也不再矫饰，于公元9年即皇帝位。官僚组织的上层经过他成批地更换，可是基层组织除名号外，大致如故。有时候他整个变更政府机构的名目，而自以为已作实质上之改革，并依赖特务政治强制执行他的政策。

王莽的故事触动了西方作家的好奇心。他们以为中国在这样洪荒之古代，竟有如此"自由主义"的经济政策，不免叹为奇迹。倾慕之余，他们也和王莽自己一样，忽略了当中一个重要的历史环节：近代西方可以用数目字管理，中国传统的官僚组织不能用数目字管理。

用不着多说，王莽的改革陷于失败。当他的经济政策毫无成果时，农民开始反叛。后来武装部队逐渐崇奉汉代创始者刘邦的九世孙刘秀。王莽于公元23年被杀，两年之后刘秀称帝，至此汉代"中兴"。当时西安仍在农民军手中，刘秀以洛阳为国都，他的旗帜全用红色，以与"前汉"之黄色有别。是以，前汉为西汉，后汉为东汉。

第六章 名士成为军阀

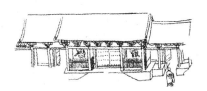

经过王莽篡位的短暂混乱,东汉光武帝刘秀在农民作乱与地方军阀割据的局面下中兴了汉帝国。为了调和各方的利害冲突,使彼此都能和谐并存,他极力鼓吹天人合一、自然和谐等观念,使东汉弥漫着一股维持现状的政治哲学,然而豪强兼并的事实终究不是意识形态所能消弭的。终于,在党锢之祸后,冲突的各方将汉帝国推向败亡的命运。

写宏观历史,有一点不妙的地方,则是作者总是经常与战争结不解缘。如果笔下的题材是近千年欧洲,则作者只好在哈斯丁(Hastings)战役之后,立即接下来讲十字军东征,随后又有百年战争、蔷薇花战争,而且宗教战争之后还未松气,又有现代民族战争的登场。大概人类天性如是,历史上重要的转圜之点,总是避免不了武装冲突,于是史家也别无选择余地。中国的历史自不能例外,可是这当中也有不同之处。有如中国变乱时人民被荼毒的程度深,可是四海升平之日也比其他各处来得长久。例如汉朝之前汉及后汉,各为时约二百年,几乎与美国全部历史等量齐观。因之我们大可以在提到流血争斗之后,环顾其他的各方面。

社会繁荣、教育普及

在这一段偃武修文时代里,文化上和物质生活的进步极为可观。首先可以提及的是教育日趋普遍。中国以国家为主提倡教育,始自汉朝。所谓太学,实为国立大学,为武帝所创立。迄至基督出生的年间业已有学生三千人。当王莽为摄政时,据说所建的太学有宿舍万间,足以容纳同数的学生,这一数字或许有些夸大。后汉创业之主光武帝刘秀和他的智囊邓禹都是当时太学生。他们另一位同学张充早逝,皇帝访问不遇,即聘他的孙子张酺为太子教师。而且刘秀帐下高级将领有六七人在当时都具有学术的名望,可见得教育的普及。公元59年,后汉第二位君主明帝刘庄在洛阳的明堂讲解《尚书》，据说"万人空巷"，吸引了成千上万的听众。公元2世纪内，太学已拥有240栋建筑物，内有房舍1850间。而到这个世纪中期，太学生总数共达三万人，不过史籍没有说明这些学生是否全部在学，或者当中有些可能只领有如此的头衔。同时私人讲学的风气也很盛，有名望的学者普遍有学生五百人；其中最著名的甚至有学生三千人。

学生人数的规模或可作为天下太平的一项指标。据说纸张在公元105年已经出现，可是其后很长一段时间，经典仍以丝绸抄写，其用费必多。而如此众多的读书人，他们游学的旅费和生活费也必赖财富集中才能支持。西历的公元前后，西安已是个拥有二十五万居民的大城市，洛阳居其次，也有近二十万人。

诚然令人感到遗憾，当日这些大都会的雄伟建筑，至今已荡然无存。中国缺乏像雅典的帕特农神殿或罗马的竞技场足以在观光客面前炫耀。也没有哥特式的教堂或中世纪欧洲的同业公会建筑。中国古代的建筑多是木造的，早经焚毁。所幸最近考古的发现可以提供当日大都市宏伟设计的梗概。例如西安城墙上之城门，每个有三个涵洞平行排列。车轮之痕迹证明每个涵洞宽足以容四辆马车同时通行。一所举行仪典之礼堂的基础，显示着当时的建筑师并不特别强调高度，却在平面的尺度上用功夫，以对称与均衡来达到设计之雍容。其注重几何图案上的调和，可见得他们之崇信自然法规，基本上和英国索尔兹伯里（Salisbury）平原上大石群（Stonehenge）之观念相同，而在其他方面则显示文明的程度已大大超前。中国方面的建筑，经常以不同的房舍成为一个集团,中有阶梯,而以一个圆沟环绕着。

从画像砖看汉代社会

汉代的青铜器、漆器和留下的泥土模型已可补成文史之不足,刻下研究汉代的学者更因坟墓内浮雕之出土而大开眼界。这些砖石上之雕刻原为供死者欣赏之用,它们埋在葬穴,面对棺椁。令人惊讶的是,画像内容缺乏有如天使、救主和赎罪等宗教性题材。而是以历史事迹、奇异的传说、传奇人物或日常生活作题材。当中日常生活一项对我们最有价值,它提供了最确切可靠的汉代社会史资料,使我们对汉代的社会有一个大致的了解。

由画像砖上可以看到,当时高层人士穿着长袖的袍服,普遍穿戴头巾。无论举行宴会、演奏乐器,或是作案上游戏和讲解经史,都是席地而坐。来往时通常用一种双座马车。渔猎仍为高级人士消遣的场合,剧院不曾出现,可是以歌舞取乐却又所在多有,富裕之家以杂耍者和魔术家相娱。有些当日之演出在今日仍令人感到兴味盎然。

一般常人工作时则穿着类似睡衣的宽松褐衫和犊鼻裤(短裤),偶尔还加一件及膝之短袍。一般以小家庭(户)为最基本的经济组织,但是种田时需要邻里的合作。主要的农作物为米麦及稷黍。妇女以蚕桑为常业。尽管东汉时政府已取消盐铁专卖制度,盐铁生产仍为汉代公营事业之大宗。商业活动主要是由独立家户经营的零售业,与20世纪内地之情形相同。浮雕上没有提及的，则是贫穷的迹象仍极普遍。汉代君主不时发出诏令，提到水旱灾荒。穷困之家不免将家人出卖为奴。多数奴隶只在家中操持家事，所以对国家经济无特殊贡献。现代学者一般认为汉代奴隶不及全人口百分之一。

通西域与中西文化交流

随着汉帝国的军事行动，中国文化渡过鸭绿江而入韩国，最南则入于越南之东京湾。可是在中国本部之沿海，却仍有化外之地。二百年前日本九州发现一颗金印，证明汉朝曾认当地酋领为附庸。类似的金印引用同样的设计和同样的篆文已有不少在中国本部出土。约五十年前，在韩国的一座坟墓中有一件漆器出土，上面有两个艺术家的签名，并注有年份，相当于公元4年。而外蒙古国都乌兰巴托也有这两位工匠署名的漆器出土，所署年份相当于公元前2年。

到了后汉，匈奴已不足为中国严重之威胁。事实上，中国在公元73年和89年两次的征伐，据说已凌加压力于游牧民族头上，使他们一波接一波地向西迁徙。有些历史家以为日后欧洲历史中提及之 Huns，即可能与匈奴有关。对后汉财政发生剧烈影响的乃是长期与羌人（藏民族）作战。只是羌民族无统一的指挥系统，他们入侵的程度不深，所以不像对匈奴战事般引人注意。同时汉军对羌人出击的范围亦较小。

中国向西北域外之扩充，由受汉符节的大冒险家展开。公元前139年，时属西汉，武帝刘彻派张骞通西域，以"断匈奴右臂"。虽说这目的并没有充分达到，但中国与中亚各印欧语系的国家开始有了接触。后汉则有班超，他是历史家班固之弟。公元73年和公元102年，班超领着少数的随从去西域。其人数最多时亦不过约一千名志愿人员。班超之秘诀，在于以中国之威望作本钱。大概与中土贸易利润优渥，使不毛地带里的绿洲国家心向往之。班超以他高明的外交手腕，借近国之兵征服远国，如是一波冲一浪，将大汉声威推抵里海。有时他纠集的兵力达两万五千人，有次竟号称七万，全由葱岭以西的国家组成。从长期的历史上看来，班超在文化上和商业上的贡献，超过他在政治上的成就。他所拓展的疆土无法永远把持，可是通商的驼马队一经组织，它们的足迹长期在历史上留驻。由于大陆商队贸易之活跃，包括果蔬和乐器（如"胡瓜"、"胡琴"）等域外文明源源由西域传入，丰富了中国的文化内涵。

从以上所述看来，自后流传于华夏之帝国几千百年的基本要素，在公元2世纪便已存在。同时帝国国力之所及，也已尽量地向边荒远处发展。既然如此，为什么此后又有这么多的变迁，牵涉到周期性的盛衰起伏？从宏观的角度看来，这问题不难解答。中国自汉以来累积的财富，一旦达到某种程度，便无法阻止，也不能在制度上予以集中巩固。这绝不是可以及早发觉并加以补救的问题。只因今日我们站在历史的后端，有了另外的一千八百年，包括西方的经验，才能对汉朝的覆亡，提出较为合适的解释。

后汉创业之主刘秀符合时下所谓"士绅阶级"之称谓。他虽出于帝裔，只因年代长久，他的家庭已和皇室疏远。他的先祖也自王侯而郡守都尉，传到他的父亲已不过县令。刘秀年轻时以长于农业上之经营著称。他曾代他的叔父和地方官交涉，以索还佃家所欠田租；他也曾在青黄不接时贩卖谷米。有了这样的背景，又加上他起事僚属的身份，后汉的朝廷曾被称为豪族集团组成的政府。这固然是事实，但我们却不能以今日的眼光凭空武断地说他们一意维护士绅阶级之利益。当时并无这样的法制，足以支持这类的政策，也缺乏意识形态的主张，可以鼓舞执事的官僚，参与这样的一种运动。将私人财产权彻底明确地划出，并且给予法制上的支持，乃是现代西方所独创。

刘秀鼓吹天人合一观念

想对中国初期专制时代有更确切的了解，我们务必对后汉作更精细的观察。

虽说两百年的思想史无法在一篇文章里概括说明，但我们可以说"自然宗教"（natural religion）在汉代思想史里具有决定性的影响，尤其是以后汉更为明显。它的核心观念是天人合一。阴阳之交替既及于人事，也见于自然现象。由于自然现象与人事变化都是根据相同的内在律动，所以两者是同一的。既然是天人合一，那么宗教与政治间便不再是对立，而神圣与世俗间也不再有所区别。照这样的逻辑推衍，则生与死便不再有明显界线。所谓长生不过继续着现世界之经验而无其痛苦，那么以浮雕来愉悦死者也已恰到好处，而用不着赎身超度的那一套了。天人合一的观念，也使建筑师设计时尽心竭力地构成理想上的完美，美观务必包括一个整体的轮廓。

从《后汉书》里我们可以知道，冬至是一年中白昼最短而黑夜最长的一天，自此以后即阴气渐消而阳气渐长。因此，每逢这一天，汉代的官僚，包括中央政府及地方官，便都按时换着红色袍服，所有的乐器也在那天经过一番调整。又将水与炭的重量量出来，以验证季节对物重变化之影响。日晷仪上的影长，也在当日量出。只是我们无从确定如此这般的活动，仅在表彰阴阳交替之际，其影响及于各种事物，或是因为实践的参与可以促成其阴去而阳来。在当时人的眼光里，可能认为因参与而有推进之功效。

在汉代，尤其是后汉的国家祭典中包含以上种种复杂的成分，可见他们认为朝廷并不仅是人间的组织，如果再用它去维护某一社会阶层的利益与特权，更是不成体统。这并不是基于现世界利害的考量，而是他们认为，天子务必对上苍负责，而使治下的亿万生灵满足愉快。刘秀的朝臣曾于公元54年劝他到泰山封禅，以便确定他受有昊天之明命。他当时以天下苍生尚未能安居乐业为理由，拒绝了这项建议。不出两年，他却改变初衷，举行了封禅礼。这当中自然有可疑之处。什么是安居乐业的标准？由谁来做判断？答案虽然暧昧不明，而更有其功能。以今日的眼光看来，后汉之意识形态着重一切保持原状，朝廷则冀望向各方一致讨好。刘秀与王莽之斗争至为短暂。他的帝国实际上是从造反的农民及各地军阀手中夺来，征伐的时间超过十多年。当初是因为自卫和保持自己的人身与财产才举兵，刘秀与他的将领当然从未忘怀于本身之利益。但是他也熟读经典，更加上在农村的实地经验，知道社稷之安定，在于大多数农民之要求得到满足。此中不同的利害不容易调和。因此，他鼓吹天人合一、自然和谐等观念，更可以在行动上保持自由，不被拘束于一定的主张与政策，而以微妙的手段，遂行其妥协与不走极端的用心设计。所以刘秀注重公众建筑之风水，他也以学者的姿态讨论符谶吉凶。他所追求的并非个人来生的幸福，而是帝国在现世界之福祉。这种种举措与言行，都载于典籍。由此看来，前述"自然宗教"、"国家祭典"都与妥协和保持原状的宗旨相表里。这种汉代的思想体系，刘秀和他的儿子刘庄都竭力提倡。

豪强兼并是农村社会乱源

刘秀和刘庄在财政税收上的表现也相当成功。他们的方针是将税率极度抑低，可是在规定的范围内毫不通融地执行。根据官方的资料，土地税只有收成的三十分之一。前汉的盐铁专卖，在后汉业已罢除。刘秀的诏令也一再提到解放奴隶为平民。全面确定税则是在公元39年。翌年即有十个郡守因所报不实而死于监狱。他们父子严峻而有心计。全国纳税户数在王莽时代一度急剧减少，但在刘秀父子的主持下,至公元1世纪末,其数目不断回升,自此可见新朝代的举措合宜。公元2世纪情况略不如前。虽然不断地与羌人作战,宫廷内的生活也日趋奢华,可是国库仍然没有大量的短绌。但是在对付私人财产时,后汉朝廷暴露出它在制度与组织上的缺陷,终而造成朝代之覆亡。

在任何条件下,私人财产之膨胀总会产生问题。这私人财富可以立即变为政治权力,有时这些财富也避免不了在政治场合之中角逐。司马迁曾提出,公元前154年很多王国全面叛变之际,西安的一个商人在三个月之内所贷之款获利十倍。在这情形下,他所贷之款在支持朝廷之中央军,可是不同情况之下,私人之财也可用以支持叛军。在更为特殊情形之下,乡村间之财富更可以促成变乱。

中国农村在历史之发展上系以小自耕农为主体,可是因之也构成组织上的弱点。小自耕农各自经营,每家每户也是小本的生意人。如果在这关头又出现了一批大生意人,必因当中的不平衡而产生紧张局面,外表看来尚妥协和谐,实际已是小大之间的竞争。其演变所及,无法避免富强者得势、贫弱者受逼。政府既无从以累进税率抽税,通常的情形便是税收短绌,再则又要对贫弱无靠的人民周济,也连带受牵累。另外一个值得注意的因素是,中国自秦汉以来的统一,可谓政治上之初期早熟,很多地方上的习惯,在其他国家可能造成法制之基础者,在中国则缺乏发育成长的机会。农户耕地既小,也无从雇请律师,觅取技术上解决争端之原则。凡是有关借债、押当、失去取赎权(foreclosure)和强迫接收(dispossession)各种纠纷,很少能在中国通过法庭有秩序的解决。一般情形之下乃是当地富绅本人不出面,由地方上之流棍执行。而犹不止此,如果某一问题村民不能和平的解决,地方官更是无法合理的解决。儒家教养使他们不能不顾及穷人的困难,可是在维持秩序的原则之下,他们又不能将富家的利益置之脑后。他们的出路只有两条,要不是勾结幕后有权势之人物以自保,便是反抗他们以博得不畏豪强的声名。下级官僚既因司法上缺乏确切的规律而踌躇,其上级之处境也大概类是。以上简单所述,因着螺旋式发展,成为中国农村史内纷见沓至的老题目。只有一个办法可以拯救法律的失当之处:也就是所有的官僚与平民都确实遵守纪律。

后汉因"中兴"而起,也就不容易对付这类问题。其契机已成,在维持现状和不事更革的状态之下,又加以当日半似宗教性的信仰,只在此生此世取得满足,那么整个朝廷也无从廓然更张向某一方向迈进了。有了它的放任政策,汉帝国因为王莽篡位所引起的波动,经过一段休养生息才得以复元。可是财富继续集中于私人的手中,且除了放债收租之外,缺乏其他的出处,至此只有打扰乡村间的安宁。地方政府原来长于意识形态方面的言辞,而短于经理上的能力,如此一来更不知如何措手了。

儒术成了做官的阶梯

两汉的提倡儒术固然使官僚组织间思想一致,但也产生一种不良的影响——读书人除了做官之外别无他业可从。以知识之本身为目的，从未为政府提倡。公元2世纪张衡提出一种高妙的想法，称天为鸡卵，地似卵黄。他在132年监制的地震仪，据说圆径八尺，今日则只有后人提出的一纸图解作为见证。与他大致同时代的王充不断地指出，自然现象和人事没有直接的关系。这两位思想家都缺乏后起者继承他们的学说，其著书也不传。反之，公元175年政府在太学之前树立石碑，上镌六经文句，据说每日来临摹经文的学者聚车千辆。

以儒学为做官的阶梯，始自武帝。其所谓"察举"和"征辟"乃是一种强迫的推荐制度。起先所举者谓之"贤良方正之士"。公元前134年又令每一郡国举"孝廉"一人。在后汉这制度推行稳定之时，大概每二十万人口举孝廉一人。这样的"选举"，无从全部公正无私。被举者又非如代议政治下的议员那样参与议事，却各授官职。其影响所及只有使被举而得官者终生与举者、辟者保持恩泽的关系，而将公事视为次要。在这关头，儒家习惯上重人身关系，而不严格地尊重法治，更能产生不正规的影响。城里多数的太学生造成舆论的标准，只是他们专注于个人道德，经常感情用事，只能使以客观标准解决问题的机缘更无从展开。

以上种种因素终于在朝代的末期造成无可挽救的局面。经常每项争端总是起源于乡间，而终至惊动国都。当地方官有心惩处当地恶棍之际，经常发现他们后面有本地富绅做主，后者又与朝官勾连，有时尚倚恃宫中宦官作后台。郡守县令不得不强制执行。他们以道德的名义审讯，仓促地执法，即判人死罪，对方也予以报复。这一来两方都走极端，有名分的官僚和他们家属受害的程度与豪强之被惩同样深刻。自公元153年至184年，很多事件在其他各处原本只能于现代社会发生，但在当日的中国却已发生。成千上万的学生游街示威，向洛阳的政府请愿。大规模的拘捕被执行；黑名单也编成。数以百计的政治犯死于监狱，其中不少人的详情从未公开交代。

宦官与名士的对决

在最后的一段冲突中，所谓党锢之祸，一方面有宦官的干预，另一方面则有为太学生所支持的名士，一般人的印象乃是好人与恶势力之斗争。虽说以短视界看来，这种说法不算不正确，在长久的局面里则这样的结论却使背景混淆不清。无疑的，汉朝覆亡之前夕，最大的问题乃是地方政府之权力日渐凌夷。当日之边疆完整无缺，及至局势不可收拾时，朝中无政策上之争执。都城内之分裂是由于宦官受到乡村中新兴地主的支持，而为旧有士绅排斥，其实两方与官僚皆串通一气。公元135年的诏令，让宦官之义子继承他们的头衔与家产，因此牵涉到各郡县之地产，只有使问题更为复杂。指责宦官上下其手，不是没有根据的。可是要说倘非如此原来已有合理合法的安排则与事实不符。如果当初确有有效处理办法，则违法之处必已处理妥当，可以防患于未然，而不致日后惊动朝廷。事实上，号称公正严明之名士，也置已获赦免令的人犯于死刑；有些则惩罚对方，杀害其亲属与宾客。在这样无视于法律的情况下，终于造成整个政体之瓦解。

公元189年两方之决战，宦官张让质问大将军何进："卿言省内秽浊，公卿以下忠清者为谁？"当时何进与反宦官的名士站在一起。

张让之玩世不恭的态度我们不说，可是他这一句话却提出一段真理，仍不为当时人所洞悉。法律与纪律不同，它是社会上之强制力。要是下层对之已然漠视，上端也不会更为认真。如果希望法律生效，立法必须以一般现行生活状态为蓝本。倘使反其道而行，其执行必极端的困难。

汉代末年情形有如上述，其覆亡已不足为奇。这朝代创始时循秦制而采取一种三分政权的体制。丞相总揽百官，御史大夫管监察，大司马主军政。以后名号间虽常更变（如御史大夫为大司空，大司马为大将军大司马），其基本组织则不变。可是公元2世纪末期，原来设官分职的观念已与事实上发生了很大的距离。监察的职责已由一个次层的官僚称为"司隶校尉"者担承。此人具有现代国家内"反对党首领"之形象。随着西汉之传统习惯，大将军一职，总是由帝之舅父姻兄充当，亦即是官在外戚。再因着霍光的一段穿插大将军大司马通声势，显赫到有废立权。后汉中叶之后一连串地产生了好几个未成年的皇帝甚至婴儿皇帝，好像出于机遇，然则也是由于居大将军职者从中摆布。宦官之弄权，有好几个原因。他们是宫内参与机密之近臣，为皇帝手下不可或缺者。要是皇帝未成年，则必为皇太后倚重。有好几个有力量的宦官，树立了维护皇室的声名。他们也有权指挥京军，后者就算大将军大司马也不一定能掌握摆布。

公元189年两方的主力冲突，把一切的做作全部放弃。当公元184

年,称为"黄巾贼"的农民造反威胁国都洛阳时,何进以太后的异母弟之身份晋封大将军;他讨伐黄巾有功,更增加了他的威信。日后他即与司隶校尉袁绍互通声气。他们密谋召集一支边军入都诛除宦官。但是宦官张让以迅雷不及掩耳的办法先下手。张让之弟张朔,过去在争执中为另一位司隶校尉李膺所诛,而他媳妇又是何太后之胞妹。他矫传旨令诱何进入宫,当场将他谋杀。袁绍为何进报仇时,将皇宫焚毁,将可能拘捕的宦官全部斩尽杀绝,也逼得张让投水自尽。

文士自卫成了武将

至此汉朝可说气数已尽。被召入京的边军来不及参加这次政变,到达之后也无意维持秩序,其将领跋扈难以驾驭,其士兵目无纪律。很多官僚已知中枢的领导力量无法挽回,乃纷纷回乡筑坞,组织私人的军队自卫。根据最初所谓"上天诰命",皇帝纵不能一手管制社会上利害不同的各阶层,有如地主与农民、旧有和新兴的士绅阶级、地方政府和中央政府,至少也要在他们发生争执时作有力量之仲裁。事实上之发展则以皇室家庭内冲突作导火线,扩张了权力斗争,将所有有关的社会问题一齐掀动。此后,汉代名存实亡,又苟延了三十年。皇帝此时实为囚人,国都则被焚,全帝国之臣民尚要目睹身受长期的内战,自此席卷乡野,不少的文臣,虽有些志与愿违,也因时势变为武将。有些人士更在事前预料天下将乱。可是没有人能料想到中国会因此失去其对称与平衡状况达三百多年。

公元200年的官渡之战在历史上是一段有趣的插曲。这场战役并没有解决问题,只是因为两方主将之背景使读者能独具慧眼地看出他们冲突之范围。进军来犯的乃是袁绍,亦即以前企图一网打尽所有宦官的司隶校尉。在这关头他希望做由各地所组成的地方部队的领袖。他的六代祖袁良曾以《易经》起家。袁良以他所学传授于孙袁安。袁安因学术上的声名才干,从县令郡守一直官至司空(监察院长)、司徒(文教部长)。从此之后袁家再无一代未曾做到朝廷里的高官,有所谓"四世三公"、"门生故吏满天下"的称号,当袁绍举旗而起的时候,他的附从者据说纠集了十万兵众在他麾下候命;又称其食粮曾以大车万辆自河北运来。抵挡他的乃是曹操,他的背景更为复杂。曹操之义祖父曹腾乃是宦官,以黄门从官的名义为太子侍读。曹操之父曹嵩乃是曹腾养子。可是曹操自己也举孝廉,在朝廷政变之初,他与官僚集团之名士站在一起,以具有才能称著。他的军队大部以黄巾降人编成,给养则得自军屯。他自称这时候仍在维持汉代的朝纲与体系,这样的说法也不能为人所尽信。

曹操在官渡得胜,但是汉代终究缺乏起死回生之术。直到公元6世纪末期隋朝兴起之前,中国经历过很多局部的帝国与小朝廷的时代,同时也遭受不少异族的入侵。

第七章 长期分裂的局面

汉帝国崩解后,中国陷入一段黯淡无望的长期动乱时代。豪强兼并所引起的社会不安仍未获解决;甚且在一连串政治斗争激化下,导致战事连绵不绝,胡人入侵,使社会秩序彻底瓦解。于是,一个个"坞堡"地方自卫组织相继建立,中国俨然进入另一个新形态的战国时代。

中国历史家认为,自公元220年汉代覆亡至581年隋朝兴起,当中是一段长期混乱和令人失望的时代。从某些角度看来,这也确是事实。我们甚至可以说,这等于三十年战争给德国的灾害加十倍。中国北部不少地方人口为之减少;古代的五铢钱从周朝的后期即已流通,至汉朝更为普遍,通过魏晋南北朝的分裂局面,在许多地方因之绝迹。既然缺乏有效的中央政府,每遇灾荒,人民呼吁无门,其痛苦的情形不言而喻。在这期间内有公元309年的大旱灾,大河流都可徒步通过;而又有公元369年的疫疾,长江下游北岸的广大地区人民因之相继死亡。

新形态的战国时期

然则,称这时期为"黑暗时代"则不正确。虽说在这段长时期内战事若断若续,但大规模的征伐和有决定性的战役不多。若非如此,则以后的统一亦必采取不同的步骤。很显然的,魏晋南北朝的分裂局面与战国时代截然不同。经过四个半世纪皇权政治的掌握,中国已与封建体制解散之后所产生多数带竞争性的王国的情况大有差异。士绅阶级的广泛分布也使全面动员困难。从纪录上看来,这次分裂期间军队里的兵员大致都由招募而来。

少数民族在动乱的场合里出现,增加了局面的复杂性。传统上称为"五胡乱华",其实这些少数民族包括藏族及阿尔泰语系(Altaic)

的民族，后者又有原始蒙古人和初期的突厥语系人种。可是在多半的场合之内，即使专家也不能断定其人种语系了无差错，更不用说当中的混合部队了。他们与某些汉人冒险家在公元304年至公元439年在华北建立了十六个王国，有些在短期间内前后重叠，有些彼起此伏。在初起时，他们既称为"蛮夷戎狄"，少不得带毁灭性。一待到他们将所创的朝代布置妥当，他们也建孔庙、立太学，开始注重文物，提倡农桑。当中有两种入侵的民族竟开始修筑长城，以防其他游牧民族紧随着他们的来路，打扰他们新建的王国，可见得其改变程度之深。

在这分裂期间的后期，汉化的胡人在北方所建国家与汉人在江南的"流亡政府"不时进行拉锯战，互有胜负。但商业上倒有了来往，南北的使节也互相访问。可是始终没有人提出这种分裂的局面应当视作当然，听任其存在，各小王国也应当保持现在所能控制的地域。在南方或在北方，组织政府的原则仍是政治哲学，而不是地缘政治（geopolitics）。这广大地区称为"中国"者，内部之文化既混同一致，即没有其他的逻辑，或甚至适当的国界，可以支持分裂的局面了。只有天下一统这一观念，才能在意识形态上使文官集团有了思想的团结，这种趋向可以在当日的文件中看出。

后汉末季曹操企图重建强而有力的中央政权。他的成功仅及于魏。他再想兴师讨伐南方，却惨遭失败，他的子孙继业也无一功成，此中原委可能为今日之旅游者及历史学者所感兴趣，因为当中有地缘政治的关键在。

三国鼎立时期

当时的蜀汉以今日的四川及邻近区域作地盘。因具有充分的人力及资源,足以支持长期之战事,已有国家之内另一国家的姿态。其跨地既广,四周仍有适当的山川作屏障。近年来不少的旅游者已经在其东部看到长江的三峡。其实游客从下游溯江西行,费时虽多但印象更

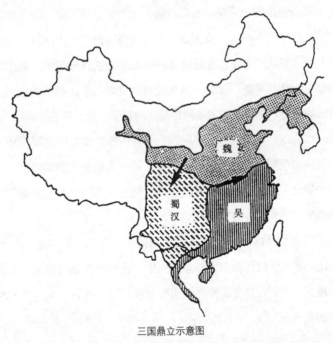

三国鼎立示意图

深。两岸的绝壁既已垂直地掉入水中,其下一段景物本来也是别有洞天,经过一段耽搁,越是在意料之外,出其不意地展开,越能令人寻味。不仅刻下提及的公元3世纪内战中,无人敢于攻入三峡,即是第二次世界大战期间,日军已逼近峡谷之东,也同样感到束手无策。

魏与蜀之外,第三个国家为吴,所在为水乡。吴国既拥有水师,也沿着长江将各城市设防。今日的南京(过去曾称建康及金陵)创建于吴。当初创时城居水滨,沿岸之石壁与城垣构成一体,作为防御战时坚强的凭藉。据说今日这石壁之一部仍可在市内看出,只是因为长江改道,这痕迹现在离江滨已有相当距离了。

公元3世纪,魏、蜀、吴三国长期鼎立的局面已成。当中魏长于骑兵,似占优势。迄至公元263年,距曹操首先伐吴及蜀已半个世纪,魏将司马昭终于打破此中僵局,他在万山之中,人迹不到之处行军,以奇袭方式突出蜀汉之后门。此计既成,收拾残局,只是指顾间事。只是他翌年去世,子司马炎乃抄袭曹家办法,倡言天命已由曹家转移到司马家,他在公元265年成立晋朝,让曹魏的最后一个皇帝行禅让礼,全部有如以前之曹魏逼着刘家的汉朝禅让。这种象征着天命转移的仪式,也在分裂的期间为以后四个短命朝代(宋、齐、梁、陈)所模仿。

短暂的统一

晋帝国之征服吴国,以长远的计划遂行。首先以军屯担保食粮之充足；其制造船舶，地处蜀境也费时七年；统帅王濬向来做事以大刀阔斧具称，当一切准备停当时，他年已七十，他所造大船据称有六百尺长，可载两千兵马。吴国也不马虎将事，他们建造了水中障碍，还在江面窄处以铁索横贯。王濬乃利用大型竹筏清除障碍；针对横江的铁索，他制造了一百尺长的火把，以干树枝及容易燃烧的物料捆成，上淋麻油，据说烧起来的高热使铁索熔断。这障碍既除，王濬的楼船即顺流而下，于公元280年在南京受吴降。

以上事迹见于官方正式的历史中，其传奇的成分我们既不能证明也无从否定，只不过因着这些事迹我们还可以观察到一些重大演变。司马家之晋，因禅让而合法，是这三个半世纪唯一的朝代，曾一度将带有竞争性的敌国全部肃清。当它在280年攻占南京之日，好像重建了一个统一大帝国的局面，只是才十年，北方的新发展又将其好梦惊破。公元291年，司马皇家的一段家庭冲突，因为各皇子的关系而牵连到各地域。内战既开，长城内的少数民族也借机起事。公元317年，西安与洛阳两座国都先后被洗劫，一个驻在南京的晋王子在这关头称帝以维持朝代的名号，可是自此以后，他和他的继承者除了控制长江以南之外，很少机会能涉足于其他地区。公元383年，这流亡政府的弱势军队出人意外地打败了前秦领袖苻坚所统率的绝对优势的北方联军（淝水之战）。可是纵然如此，东晋仍无力北伐，仅能保持南方的半壁江山，以后四个继之而起的短命朝廷也无不如此，它们都自称统领全国，实际上不过盘踞着华南，坐待着第二帝国隋朝之勃兴。

当我们检讨这段期间的历史时,发现当中浪漫的事迹多,逻辑之成分少。不少出色的男女人物,因为他们贤愚不肖的事业而在青史留名,可是我们很难综合其反映什么实际意义。

重新诠释八王之乱

这段历史可以从汉代的覆亡叙起。其原因曾被追究于宦官掌权、黄巾叛民的暴动,和无纪律之边军被召入京,然而实际上,全面内战展开时,宦官已被整肃,黄巾贼已被剿平,而边军亦已不再成为问题。晋朝情形亦复如是。最初问题之发生,咎在皇后贾氏,据说她心肠毒辣,又爱虚荣,有些历史家尚且说她黑而奇丑。因为她与皇太后争权又要废太子(非贾后所生),才引起皇室各王的干涉。晋朝的习惯,各皇子称王,内为朝臣,外掌兵符。不过当争端延及各地区时,皇后已被弑,以前各种冤屈都已平反,而战事依然方兴未艾,动则使几十万的官兵卷入,这就很难再称其为宫闱间纠纷的后果,而认为咎在女人的虚荣与嫉妒了。

现代学者引用"经济枢纽区域"(Key Economic Areas)的说法,企图将长期分裂的局面,作比较深切的解释。他们认为好几个出产粮食的大地区,内部的交往深,需要外界的接触少,于是地方政府因此逐渐脱离中央的掌握。这种说法,有它的优点。从曹操之不能征服南方的两个国家看来,和东晋在淝水一战足以击退来犯之优势敌军的事迹看来，经济枢纽区域好像确有其事。可是这和晋朝一度统一的情形对证，就不相符合了。即算地缘政治里有阻碍统一的因素，仍可以军事行动克服。以后晋朝的内战更使这个说法文不对题。当时战事波及的地方全在国都附近，南方照理应当鞭长莫及，此刻却反而平静无事。

在找不到更好的解说之际，我们不能不对传统所谓兼并之说再加斟酌。土地的占有，在中国历史上确实影响极深。大多数的小自耕农作为当兵纳税的基础，其公平的因素不说，确是在中国乡村中，先摆下了简单和均匀的基础，便利于官僚组织的管制。当时汉朝提倡孝与廉（不仅是做官的廉洁，而且是在对人处世时对财物一体谦让），显见得朝廷借重文教上的凝聚力而无意增进经理上的繁复。这种组织与结构极容易被土地集中所破坏。读者此时必须体会到，在农村之中应付税的户数极难隐匿，可是户内所领土地亩数和人口的口数包括雇工和奴工，则可以出入。如果实际上户数减少，税收必随着短绌。以后政府所能供应的服务，有如济贫、地方自卫和水利等等，也必为之减缩。并且地方士绅力量的伸张亦必影响到地方政府的性格。专制政府的体制，皇权由上而下，全国一致，要是地方士绅开始自作主张，即带有一种修正性质。从以上各节所述，可知后汉地方政府的凌夷，已产生各种不稳状况。

当曹家取汉而代之和司马家取魏而代之的关头，立即崩溃的危机暂时平安度过，可是其基本原因并未排除。当日不平稳的局势可自各种诏令上看出：有名的"魏武三诏令"（曹操为丞相时所颁发）求才，内中称有才的不必有德，只要有治国用兵之术，即算不仁不孝仍当拔用（地方士绅通常以仁义自居）。晋朝则颁布占田法，企图限制各家室拥用土地数额。两种方案都在企图脱离士绅的羁绊。可是魏去晋来，两方都没有达到重建中央集权体系的目的，当日华北表面的平静，全靠强而有力的创业之主暂时压制，始能一时维持原状，他们一不在位，宫廷里稍有纠纷，即引起地方上各种无从管制之因素乘机蠢动。皇子之称王者更将事体扩大，以致武装冲突绵延各州，历时十六年（公元291—306年）。其作战无秩序，阵容纷乱，无确切之目标，凡此均显示社会组织已大规模的全面崩坏。

文化融合无功引起五胡乱华

在这十六年的后段，有了所谓蛮夷戎狄的投入，这也需要一段解释。首先参加的是刘渊，他是汉人和匈奴混血。他在公元304年于长城之内起事，二十天之内即聚众五万。刘渊曾任晋朝五部大都督（匈奴有五部），亦即奉命督导匈奴人众。这背景使他容易号召国防线的匈奴部落，而有些匈奴兵马早已编入边军之内。其他异民族分子，包括汉人家中佃农和奴工，较刘渊迟十二年称帝的石勒，年轻时即被贩为奴。整个游牧民族的部落入寇也起于此时。可是综合起来看，仍是汉朝制度注重文化上的融合以代替有力量的政府，这种制度解体，才引起少数民族参加其中的混战。若说夷人主动的汹涌而入主中国则与事实相左。

可是少数民族擅长的是骑兵战术，在内战时，其影响非不严重。当骚扰普遍化时，各处村落组织自卫武力，筑坞壁自保，其成例已在黄巾叛变时开始，及至公元 4 世纪，已构成华北的普通现象。大概在公元 350 年左右，山西北边有设防的村落三百余，包括"胡、晋"人口十余万户。公元 400 年前后，关中有堡壁三千所，他们推戴统主，相率结盟。其下层基本组织或许只有少数村落，可是一个大单位能包括十万户，胡汉人口混杂在内。有力之宗族为这种地方自卫组织骨干，他们拥有精兵，显然有贵族的气派。假使这种趋势任之发展，新型封建可在中国出现，中国此后几百年的历史也可能与日本之中古史相类似。只是在一个广大的地区执行流动的战术，作战时又有大部队参与，终使局势朝不同的方向发展。

在这期间，主要的战斗通常牵涉到二十五万人以上，步兵与骑兵的比率不少于三比一。因为需要人员，当日胡人君临的短命朝代，经常侵凌地方士绅所组织的自卫团体；或者派遣监督取得其行政权，或者指令其盟主强索人员与补给。两种方式同样地侵犯其地方自治的权益。

中国在公元 4 世纪及 5 世纪因此陷于历史上的最低点。皇室着重于各人自我约束、对人谦让的文治，至此已无法施展。另外一种出处则是地方自治，以资产作基础，将士绅所掌握的地主威权合理化而成庄园制度（manorialism），而这出路也被阻绝。且当小朝廷派遣监督到各结壁为盟的单位里去时，又不改组其下层组织，所以以小自耕农为主体以便于官僚组织统治的中央集权也无法恢复。当时人失望之余，只好以"五胡"配上一个"十六国"，强调其负面因素，殊不知破镜终能重圆，假以时日，中国残破的帝国仍能恢复原状，而且发扬光大，不过需要一段长时间而已。

第八章 历史向侧面进出

在传统史家笔下,魏晋南北朝时期无道昏君之多,可说是空前绝后。然而与其说这是皇室品质恶化的结果,毋宁说是反映了这时代国家体制的脆弱。面对如此长期的动乱不安,历来作为社会纲纪的儒家思想,已无法满足人心的需求;而新近传入的佛教,却适时提供了饱受苦难的人们精神慰藉。使佛教一时大为盛行,深深影响此后千百年的中国。

大多数的中国人相信宇宙经常处在一种和谐的状态中。要是当中有何差错，一定有负咎的人在。在魏晋南北朝的分裂期间，其坏人则为曹操。即钱穆先生——可能是将中国写历史的传统承前接后带到现代的首屈一指的大师，也仍然没有宽恕曹操的篡窃。其理由不难理解：在君主专制时代，自然法规总是由上至下地通行，如果君主称自己承昊天之明命，即只有他能表彰宇宙至高的道德与智慧。但事实上，下层的详情无法得知。而在广大的国土内，很多相冲突的利害也不见得可以调和。可是皇帝有了御殿里龙椅上的神秘色彩，就成为一个说话算数的仲裁者，他所期待于读书明理之百官的，不过是一种带强迫的信仰，要是他们都保持着自我抑制和对人谦让的信条，那么不怕任何冲突不得解决，也没有技术上的困难不能排除。曹操的罪过，不仅在于他以粗蛮的办法去解决实际的问题，并且在于他公开道说，有意凿穿众所公信的神话。据说他曾称："若天命在吾，吾其为周文王矣。"所称文王即为西伯，他虽拥有广大的地区仍继续向商君称臣，待他的儿子武王才正式取商而代之。当曹操于公元220年去世时，他的儿子曹丕也不再耽搁，立即贯彻父志宣布魏朝的成立，而强迫汉朝的最后一个皇帝行禅让礼，于是天命有了正式的接收交代。四十五年之后司马家如法炮制。司马昭有了皇帝的权威而无其名目，儿子司马炎则取魏而代之，国号为晋。

钱穆先生在《国史大纲》内称："国家本是精神产物。"从实际眼光看来，我们今日甚难接受这样的说法。可是他所提倡的宗旨大意：任何政权都需要若干理论基础，则不容辩驳。中国古代因为技术上的困难，在管理千百万生灵的时候不得不假借遗传的帝统，代表社会价值的总和，有它的道理。曹操口中所说、手下所做都像马基雅弗利，怪不得他要承受千古的唾骂了。在中国的戏曲里，曹操的面谱全部涂白，状如墙壁，以显示其谲诈，只有眼角稍沾墨笔，表现着他机警应变的能力。

从脸谱论人物

中国的戏曲始于唐，而取得市井间娱乐的地位则于宋，其衍变而为今日之"京剧"，至少距魏晋南北朝分裂的时代又已一千年。虽如此，今日曹操及其同时期人物仍为舞台上最被经常排出之角色。在这群人物之中最为人钦仰的乃是关羽，他是一个带兵的将领，面谱上特具枣红色。在真实生活里，关羽刚傲而缺乏处世的谨慎周详，他不顾利害让自己两面受敌，弄到战败授首，比曹操早死一个月。可是千百年之后关公仍被中国人奉为战神，民间崇拜的不是他的指挥若定，而是他的道德力量。关羽"义重如山"，至今秘密结社的团体仍有些奉之为师祖。

戏台上好像又要在走极端的关系中保持某种平衡，因之也搬出另一型的英雄人物吕蒙。此人无疑是在战场上计害关公，而将他的头颅交与曹操邀功的吴将，其脸谱也将其个性夸大地表现，即与实际的面貌相违，也无伤大雅。吕蒙初为纯粹武人，有不屑于文墨的态度，只因为上级督促，他才在无可奈何的情况下开始读书。可是如此一来，书中文句使他神往，这从他手不释卷，在极短时间之内，在理智上有了截然不同的改变中可以看出。他的同僚也惊异着此人从不学无术的武人，一变而为有心计的战略家，因之"士别三日，便当刮目相看"。他的脸谱上以蝴蝶式的设计陪衬着两只灵活的眼睛，表征着一个复杂人格内心的机动力。很显然的吕蒙之所特有，是为关羽之所独无。

这样的轶闻琐事虽有趣，读史者如何受其裨益？本书作者建议我们注意社会学家区分大传统（great tradition）与小传统（little tradition）的办法。这也就是说，大凡文化上非正式，而结构上稍松懈的部门，虽然大致上依据"高级文化"吹搓而成，却又在细微末节之间穿插交凿。这种非正式而带娱乐性的安排，使哲学家和大政治家的见解下达于一般民众。京剧将这段历史极尽其能事地渲染，也得到16世纪一本大众化书籍之助。《三国志传通俗演义》富于传奇性，这书将当日事迹极端地小说化且浪漫化。因其向小传统的方向歪曲，足使大多数的群众欣赏到的一段论说，与前述大历史家钱穆所提出者，没有根本的差别，亦即是"国家本是精神产物"。既如此，则愈在危急存亡之秋，个人的品格，更需要严格的评判。很显然的，此中戏剧家与传统历史家具备同样的信心，他们觉得道德上一成不变的尺度，足以衡量个人的品格。他们的立场既然如此全部一致，那么他们综合的见解，也可以简单明了地以脸谱上的红白黑色表示了。

官方的历史家代表着大传统，其任务为"褒贬"，当然也尽力在使白者愈白，黑者愈黑，由他们烘托出来，这一时期"无道昏君"之多,也是前无古人,后无来者。(请注意钱穆在《国史大纲》里所提出的:"荒荡不经,其事几乎令人难信。")刘子业为南朝之宋的"前废帝",他十七岁登基,在位十八个月。历史纪录上记载着他的异母姐山阴公主曾对他提出:"妾与陛下男女虽殊,俱托体先帝,陛下六宫万数,妾惟驸马一人,事大不均!"废帝于是替姐置男妾之称"面首"者三十人。司马衷乃是晋朝的悲剧性皇帝,当他在位时,内战爆发,戎狄交兵。据说,随从报告他:"天下荒馑,百姓饿死",他闻之而说:"何不食肉糜?"另外一位皇帝乃是南朝齐主"东昏侯"萧宝卷,也是弱冠践祚。他凿金为莲花贴地(莲花乃佛教圣品),令他心爱的潘妃行其上,称"此步步生莲花也"。

这三位昏君都被弑。刘子业如果真替姐设男妾,在男重于轻女的社会里当然不能逃避谴责,可是暴露他举动之荒谬,乃是在他被弑之后提出,并且文中还讲到他写的字不工整,这也算作他无德君临天下的表现。山阴公主提到的两性平等,不论其是否真确,看来其主张已远逾5世纪中国习惯的尺度。我们既曾听闻到法国大革命时,皇后玛丽安东尼"没有面包何以不食糕饼"的故事,则难能不怀疑晋惠帝司马衷之何不食肉糜。这两段故事距离一千五百年,只是内容太过于相似了。另外我们也很难认为第三个被弑的萧宝卷以莲花在室内地上设计为不道。如果他的创作确如史书之所描写,我们只能欣赏其独具慧眼的风格有如波提切利(Botticelli)所画的美人——她在《爱神的诞生》(The Birth of Venus)中的姿态,只是富于中国情调罢了。总之,艺术家的创造力和专制魔王的狂妄,当然是风马牛不相及。

在这种种故事中，作史者的态度，较诸他们笔下之题材还要值得考虑。有了以上的轶闻琐事，这些历史家提出一点令人特别注意之处：中国的专制皇权具有双轨性格。皇帝以圣旨号召，固然从上而下有了自然法规的至美至善，可是生灵涂炭时，他也真要切身地负责。除非百姓安居乐业，为人君的不能安逸——这点早经孟子不断地强调。

失望中孕育希望

分裂期间并非皇室的血统退化，而只是表现出当时组织的脆弱。朝代的统率力量，原来基于文教上的感化，现在全靠宫殿里的纪律。其行动的范围愈小，其上层所感受的压力也愈大。这种道德上的压力尤以南朝所感受的尤甚。流亡政府既称受昊天明命，那么它也要较北方夷狄高出一筹了。

我们把环境上的情形全部托出时，即可以看出当日的发展实有前后贯通之处。既企图恢复北土，则南方应有由强人领导的军政府，可是其下层的支持尚付阙如。西安与洛阳失陷时，南渡的望族早已在丛山之中、滨水之处开发产业，自给自足。他们有相对的安全，于是对建康的流亡政府意存观望。这南朝也效法晋成例，派遣皇室子弟到各重要州县为太守刺史。可是他们缺乏爪牙下达乡里，其本身反为地方上有实力之人士支配，于是各州县所出现的阴谋，较之宫中府中更为邂逅。如此一来，建都建康的短命朝廷较之北方也无甚出入。彼此都无力恢复由官僚组织做主的帝国体制，而彼此也没有因全局之平衡构成一种封建的地方分权。

建康即今日之南京，以后又称金陵，其名字虽辉煌，实际上则为一种失望和堕落的气氛笼罩。上层阶级的富裕者，觉得无从发展其抱负甚至无从有效地利用其财富，只能带着势利眼光，把钱花在自己身上。此时家族的声望很被重视，有些甚至追溯到华北的几代之前，于是修族谱成为一时的风尚。男人也涂朱饰粉。文人在骈文上用功夫，更是一时流行，其文句间的对称和均衡极尽技巧之能事，反缺乏全篇的要旨和段落间的逻辑。于是建康成为"六朝金粉"的金陵，也就是中国的丝箔城市（China's tinsel town）。

可是失望的阶段，也是复兴再造的机缘。当然，儒教未曾完全断气，假使孔孟的影响全不存在，那么这几百年的历史如何会写得尽以严格的道德为标准，极尽其褒贬之能事？那么写历史的人从何处找到原始的资料，又如何构成其下笔之宗旨？

出人意料的，对重造中国帝制体系最有实质贡献的，却是所谓的胡人夷人。为对他们表示敬意，我们应称之为"非汉民族"或"少数民族"。其详情待下章论述。此间应当提及的则是，少数民族在中国历史里再造帝国的关头扮演重要的角色并不只这一次。中国专制朝代的构成，多少倚靠一种间架性的设计，并且其国家必须容纳农民大众。草原地带入侵的部落，因为其无牵挂，反能因为他们的简单淳朴而建事功。只是要使他们习惯于农业的环境及中原文物则需要时日罢了。

佛教的普遍影响

当时人对道教再度感到兴趣与对佛教之沉醉,有扩大中国知识视野的功效,其影响所及,历时几百年,只是没有为人注意罢了。儒教乃是一种社会的纪律,在纷乱的时代其用处很小,文士乃寻觅另外的途径。公元3世纪之后半期,当时所谓的"竹林七贤"表彰着一时风气。此七贤为一叔一侄,和他们的五个挚友。刘伶以驴车载酒,随从的一个仆人则荷锄随之,他叮嘱仆人,"死便埋我"。放荡不羁并不是他们的全部宗旨。事实上,他们也在晋朝做官,阮籍尚为步兵校尉,嵇康为中散大夫,被司马昭所杀。他们所反对的乃是当日的仪饰和做作,而希望在道家的纯真和浑然一体的观念里得到解放。

中国之接受佛教,当中有一段周折。从其多方面广被接受和招致反对派的攻击,可以想见其影响之深远。在现代以保卫中国的"理性"与"真实"自居者中,包括胡适先生,他觉得这种由外输入的宗教,注重来生再世,把上天说成三十三级,而地狱也有十八层,实在是可叹。可是另有欣赏佛教思想对中国人士有引导之功效者,则又指出:即便是"因果"(羯磨,karma)这一观念,也要求中国人多在自然法规的范畴里再三思维,注重每一种事物的前因后果,不要都像汉代思想家一样,完全沉湎于对称与均衡,把各种道德行为硬比作音符与波长。总而言之,派遣僧徒到异域取经与大开门庭欢迎远方来访之

沙门大师，其裨益远逾于"拯救灵魂"。这是一种文化上的接触，其用途及于哲学、文学、教育、科学、音乐、雕刻、油画和建筑。有些学者尚指出，在翻译梵文经典时，中国学者自此掌握了音韵上的原则，有助于此后唐诗发扬光大。其影响之所及如此广泛，最近若干中国之刊物乃指出"佛教是中国文化不可分割的一部分"。历史学家雷海宗甚至提出：自公元383年亦即淝水之战后，中国文化便进入了"鞑靼佛教"的阶段。

佛教之于中国，无孔不入，影响到生活的各个层面，旅游者可以自云冈、龙门和敦煌各处石窟参观时得到这种印象。初看起来，这些窟洞在沙岩壁上以蜂窝式凿成，不容易令人产生好感，其感动观者之处尚待进入石窟之后。每处佛像之多，均以万计。其最高大者在云冈，耳长即九英尺；其小者全部身长则不逾一英寸。不大不小之间有如人身长短者亦不计其数。室内尚有壁画（彩色像画在石窟顶上）、柱上之浮雕和壁穴的全身雕像。

以上三处之经营，均开始于魏晋南北朝中国分裂之际。可是敦煌在丝绸之路上，在以后各代的继续发展较其他两处完整。观光者可以看出千多年来佛教美术的进展。龙门的经营有唐代的工程，即使是初创于5世纪的云冈石窟，内中一项工程即前后经营达四十年。宗教题材之外，也有通俗故事和历史故事。经过艺术家安排之后，出现而为脸上的狞笑、手指尖的战栗和紧张的筋肉。学历史者周游之后，可从此得知古代的衣饰、纺织品的设计、乐器式样，甚至人种学上的面目。龙门有一窟构成于公元575年，壁上有当日全部的草药单方。

可是这些石窟看似各随己意的构成，而无全面的设计，也缺乏统一的尺寸。虽说有些设计，有皇帝皇后的资助，以替父母祈福而替本身争光，然其构造却摆在风吹雨打的壁上，所以令人屏息的壮观同时也是满目疮痍的，有如梦呓。这和法国亚眠（Amiens）和沙特儿（Chartres）教堂门前"石刻圣经"之整饬成为一种尖刻的对照。虽然如此，露天博物馆也真能表现佛教的性格，此乃一种在野之人的宗教，不借宗派的力量而能及于细民。它的神学宗旨，不必有待于苦修，可以立即发生顿悟之功效。同时它也可以为知识分子作为形而上思考的一种题材。它之五花八门也确曾使中国历代帝王在长时间内感到棘手。他们都希望利用佛教对全民的吸引力作为自己行政之工具，又怕它针对于来生再世的重点,如果经过一度提倡,足为社会的纪律而成为儒教者的一种牵制。

失落的三个多世纪

这分裂的期间是否成了中国历史里"失落的三个多世纪"?其答案因各人观点而定。此时历史的成分,缺乏向心的综合,却向侧翼大幅度地进出。自公元220年后汉之覆亡至589年隋朝的统一,当中的史迹并未缺乏逻辑,其衍变也绝非少数人物的贤愚不肖,有如过去的历史家之尽情褒贬,以及戏剧家之将他们的面孔涂白敷黑等所能概括。

以上我们已将历史上之负面因素指出,下一章则讲到重新统一的过程。只是到此让我再提及公元280年晋朝之入南京,当时的统一,不过昙花一现,无乃一种幻觉。至9世纪刘禹锡所作的诗,提及此事,才能因为有了历史的纵深,将当日的情景看得更真切。刘诗抄录于次:

> 王濬楼船下益州,金陵王气黯然收。
> 千寻铁锁沉江底,一遍降幡出石头。
> 人世几回伤往事,山形依旧枕寒流。
> 今逢四海为家日,故垒萧萧芦荻秋。

第九章 统一的途径

正当五胡乱华,中原鼎沸之际,鲜卑拓跋氏也乘机进入长城以南,建立农业基地。淝水战后,拓跋珪成立北魏政权,这一新兴王朝,利用作战所俘虏的人口,拓展农业基础;并解除胡汉豪族的威权,直接向农户征税,扭转后汉以来地方割据的趋势,而逐渐推广其统治权,开启了中国长期分裂后再统一的契机。

拓跋氏是一种鲜卑民族，他们在中国中世纪的统一过程中提供了重要的贡献。今日的学者尚不能完全确悉他们这一人种的源来。他们好像操初期的突厥语，可是其中也仍有初期的蒙文字语和初期的通古斯字语。有些中国历史家指出，他们在公元3世纪之末来到中国北边的时候，拓跋的部落才刚脱离原始的公社组织，他们仍旧没有居室，没有文字，没有法典，很可能在和中国商人接触之前，尚没有私人财产。

拓跋民族和其他民族在公元2世纪由今日之东北向西南移动。公元258年，结盟的各部落在今日绥远的和林格尔集会，拓跋氏至此号称统率三十六部。在4世纪初期，他们夸称马上控弦之士二十万，可是看来全部人口只六十万，而很难能超过百万。310年，他们和晋朝的一位将领刘琨有了协定，后者需要他们的助力驱逐其他的部落，于是拓跋民族才开始拥有农业基地。

拓跋氏建立北魏政权

这胡汉的合作并没有成果，拓跋氏也暂时不见于经传。4世纪末，是氐、羌族出头的日子，他们征服了其他少数民族，拓跋氏亦在内。直到383年前秦领袖南攻东晋失败（淝水之战），拓跋民族才卷土重来，表彰其独立地位。386年，他们的领袖拓跋珪自称代王，以后又改为魏。魏乃周朝初期的国名，这样的国名千百年后还要被很多此起彼伏的朝代抄袭沿用，主要是他们之所在承袭着昔日国家的地盘。有些类似的朝代袭用同一国名尚且前后重复。照着传统中国历史家的办法，我们即称这魏朝为"北魏"或"拓跋魏"。公元399年，拓跋珪又径自升级称帝。他所创造的帝国共有十二帝而连亘一百四十八年，直到534年分裂为东西两部为止。在这长期纷乱的期间，其影响所及尚且打破纪录。在历史上，这北魏或拓跋魏也不算在五胡十六国的十六国内。

在初期建立帝国的时候，拓跋民族以其为少数民族而无悠长的文化传统，注重以俘获的人口加强其农业基础。公元391年，拓跋珪与匈奴一部作战大获全胜，北魏纪录称：获马三十万匹，羊四百万头。匈奴的领导人物及家属共五千人全部被处死，余剩的部落民众一律发配到黄河河曲今日之包头附近，强迫改作农民，土地和农具由国家配给。迄至5世纪，同样的办法也照样施于其他的部落。公元398年，拓跋氏又强迫迁徙高丽和慕容（也属鲜卑系）民众十万，以充实他们的京师（在今日山西大同），各人也配给耕牛农具。413年开拓大宁时，拓跋魏皇帝亲自督导。

在京师附近，拓跋魏的领导阶层分为八部监督农业，其农场由国家经营。404年的官方文件称：当时的八部已无原有种族的界限；而440年的诏令，更指定有耕牛之户口，须将牛供无牛之家户利用，政府尚且规定后者以劳力偿付前者的办法。由此看来，如果其耕田人首先以国家农奴身份开始，不久即可逐渐取得小自耕农的身份。有些拓跋领袖之可成为大地主，并非不可能；只是证据俱在，他们没有将国家地产之大部据为己有,也未将大量人口擅自改作佃农。

事实上拓跋魏因能直接征税于农户,才逐渐将其统治权推及于一个广大的地区。最初其朝廷派遣军官登记归附的人口,暂时收取布匹以代替正规之赋税;至公元426年才通令所有赋税全由州县官经手,其他的经理人众一律撤回。若不是那些可能从中作梗的人物,例如汉人之家族缙绅的势力及少数民族间之王公大臣,均已被解除威权,此项直接征税办法不可能付之实施。北魏5世纪的帝纪也记载着归附的户口,三千一处,五千三处,前后不绝。很显然的,后汉末年以来地方分权的趋势至此已被扭转。凡北魏不能以武力征服之处则从外加压力,使之归化。拓跋朝廷又能外御其他游牧民族如蠕蠕(柔然)的侵犯,内具恤灾救荒的资源,凡此都增加其本身之威信。然而前后看来,他们最初的决策:制造一个供应之基地,直接控制农业的劳动力,既残酷却又特出心裁,是其转捩点。

迄至它本身崩溃之日,北魏朝廷所登记的纳税人户达五百万户,更有人口二千五百万,这在一个动乱的时代,可算作绝大的成功。

这异族入主的朝廷在5世纪末颁布了它最重要的法令。所有官僚的薪给数额公布于公元484年,这表示着在此以前北魏的财政仍脱离不了地方分权。同一通令也规定纳税以户计。每户按其家产及口数,分别列入三等九则之内。中等之户纳米二十石,布两匹,附带生丝及丝织品。事实上这只是一般标准,实际征收数额有很大的出入,纳税之户也未必与分炊的户数全部符合。当日的文书即指出,有时五十户登记为一户。中央政府只要求最上三则的户口之所纳缴送京师,其他的定额由大略的估计而得,执行时有待地方官之机动。这通令只表示从此以后管制加紧。

均田与府兵

一年之后,北魏又颁布其均田令。其原则乃所有的田土为皇帝所有,各人只因钦许而有使用权:每一男丁十五岁以上受田四十亩,妇人减半,奴婢及丁牛又有附加,以上系供耕种米麦之用,老免及身没归还政府。其他种植桑麻蔬果之田土另为一畴,可以继承且在限制之内得以买卖。

485年之均田令,在中国历史上是划时代的里程碑,以后只有详细数目字的出入,其原则经后继各朝代所抄袭,下及隋唐,施行迄至8世纪下半期,连亘约三百年。同时北魏的民兵称为府兵制者,也成为以后各朝类似组织的初创规模。

不少读者看到上述诏令时通常会问起:以上的诏令所述,均田是一种限制还是一种保证?是一种希望之目标还是立即兑现的规则?其施行之程度如何?地方官是否动手分田,而将逾额数没收?即使是最具才能的历史家,也无法斩钉截铁毫无犹豫地回答。我们仅能从侧面的资料,再依据猜想,才能回答这一类的问题。基本上,任何有关全帝国之诏令只能广泛地措辞,当官僚将其在乡村间付诸实施的时候,文中一致的标准,通常要超过实际上能施行的程度。当然,对皇帝的诏令，所有从事者必须尽其全力照办。可是一项要求不能实际做到时，其数字可能遭到窜改，其条文可能因权宜解释而打折扣。换言之，全国一致的要求在下层组织必遇阻碍，即最有效的警察权亦对之无可如何。而运用金钱管制以保障政策执行的方法，又不能在这时代开始。一个具有同情心的读者，也可从此看出，这样的传统对现代中国的经理成为一种严重的负担。

根据前后事迹看来，5世纪以来的均田不能算作失败；因其目的在于创造一种基层组织，使大多数的小自耕农纳税当兵，从这方面看来，此设施尚且可以认为是绝大的成功。均田又不像王莽的纸上文章，其执行者为一个新兴的军事力量，其环境为长期战后之复原，各方面都视之为一种解脱。事实上公元485年的均田令，从未认为"应有"系保障其"必有"。令内指出，如果地域内土地不敷分配时，其亩数可能减缩，受田者也可请求离"狭乡"而去"宽乡"。所以耕地国有不过具备法律上的基础，授权于官僚组织，作为他们强迫实施政令的凭藉，至于详细的情形，则无法作全国一致的论断。土地之为国家所有，并不是立案的原始目的。

现存的文件证实了以上的推论。大地主在这时代仍存在着，不过那是例外，而不是一般的情形。逃避税役也仍无法严格地对付。例如赋税对独身者有利而对已婚者不利，则绝大多数纳税人全报未婚。可是这纪录却也表示一般增加纳税人登录的目的已达到。8世纪两个边防区域留下的文件，在本世纪后出土，其所载也与上述情形相符。

重建社会组织

拓跋魏在公元486年颁布的另一诏令,更有打破豪宗大姓之垄断,而构成本身所主持的地方组织的功效。这诏令以五家为邻,五邻为里,五里为党。由地方官指派邻里党长,于是政府有其指挥系统可下达于细民。同时新税则也以一夫一妇为一"床",而责成其出米两石,布一匹。很显然的,上述地方组织,赋税和土地所有制都彼此联系。这些法规以一种人为的观念从下至上地将整个帝国组织起来。

传统中国作者在处理这节历史的时候,通常着重中国文化的功效,认为中国的文物终能感化异族,使他们效法华夏的长处。当然,以官僚组织治理农村大众是有其内在的沿革,不可能自游牧民族创始,这说明了何以拓跋民族要经这么长的期间,才能掌握当中的技术去治理一个华化的大帝国。

当486年的诏令生效之日,正是拓跋珪称代王后的一百年,同时拓跋魏在大同设太学祭孔子也有好几十年了。当中的胡汉联姻,已使拓跋皇室汉化的程度远超过鲜卑的色彩。在480年间主要的改革,其决心出于一个汉族女人,她在历史上被称为文明太皇太后冯氏,乃是当今皇帝名义上的祖母。她的顾问李冲也是一个熟读诗书的天才人物,因太后的提拔,从书算手之微职做到御前大官。至公元489年太后去世,皇帝拓跋宏才开始亲政。他一开始总揽国务,执行汉化政策时,竭尽全力地督促,毫不通融,使当时人和后世的学者同感惊异。484年北魏国都由今日的大同迁往洛阳。这城市由于战事的破坏,至此重新建造。此后御旨禁鲜卑服装,次禁鲜卑语,凡三十岁以下的官吏必操华语,年纪较长的才给予一段过渡期间,令之从事学习。违犯这条例的可能被贬官失职。胡汉联姻总是令龙颜欣慰,于是拓跋宏自作月下老,在御座上指派各皇弟应聘各汉族臣僚的女儿之姻缘。最后一个胡人的标记——鲜卑的复音姓——也被认为是化外之物。于是皇帝自己由拓跋宏改称"元宏"。他也指派一个委员会共同研究,将一百一十八个复音姓根据音节改作单音汉姓。

锦上添花的汉化

元宏之政令是否算做划时代之举?其实只是表面上看来如此。他的作为不过承认已有的趋向,或是锦上添花,对现有的行动予以装饰而已。拓跋民族在中国历史上最大的贡献为:重新创造一个均匀的农村组织,非如此则大帝国的基础无法立足。在这组织的过程中,元宏的祖先既有忍耐性,也前后一贯。只因为他们不求急功不计小利,才能避免蹈苻坚的覆辙,也没有在五胡十六国之后成为其第十七国(十六国之后四个为拓跋魏所灭)。文明太后冯氏和李冲的作为能生实效,也因有以前所做的准备工作。元宏好像是锦上添花,更进一层,而实际则反减损其功效。

重建洛阳,只是虚有其表地添上了一段富丽繁华罢了。皇帝对汉人的一面倒,也增加了鲜卑上层阶级的憎恨。同时也与既有政策企图抑制乡村间的华族相左。元宏在公元499年去世,享年三十二。不久北方边境的不稳,非汉族军事领袖的怅怨和宫廷内外的阴谋事变,使北魏朝廷处处棘手,如此经过约二十年才分裂为二。

倘从微视的历史着手,即使写成专书,也不能将此中的细微末节全部容纳而一览无余。另一方面,一千五百年后我们以事后的眼光看来,其大致的趋向则不难道出。及至6世纪中期,重造大帝国的低层机构业已在位,大量的农业资源和人力业已组织就绪,可供建造大帝国之用。所缺乏的是上端有纪律的官僚组织,亦即是同样均匀的结构,不为既有的权益(vested interest)所腐化。只是在舞台上活动的人物,此时此刻不可能明白他们本身所扮演的角色的真切意义。

公元534年的分裂,由于一位北魏皇帝惧怕部下将领造反,可能逼他退位或者对他本身不利,于是避难西安,希望当地另一位将领保护他,殊不料反为此人所弑。北魏或拓跋魏本来可能亡在此日,只是东西两方的军人尚在装饰门面,分别扶植两个傀儡皇帝出头。东魏自此又残存了十六年;西魏二十三年;彼此都无实质所获。最后东魏为高家所挟持,他们终取而代之,称为北齐(古代的齐国在东部);西魏为宇文家所得,他们所建的短命朝代为北周(周发于西部)。高家为汉族与鲜卑的混血,他们希望驯伏少数民族里的王公大人而又不得罪中土的士绅。宇文家兼匈奴和鲜卑的血统,他们也反对元宏的过度汉化,希望得到少数民族中之领导力量的支撑。

实际上这种种举措已缺乏决定性的影响。当上端仍在酝酿之际，下层由拓跋民族造成的户口登记和税收政策已开始收效。于是全面征兵可付之实施。少数民族中的贵族原挟持着部落中的遗传力量，汉人世家乃集结多数的户口，也尽其力之所及，驾凌于地方。至此两方都失去了他们所能凭藉的力量，而无法左右全局。以上两种势力，应对过去三个半世纪的分裂局面负大部分责任。当他们的声势日渐凌夷之际，再造大帝国以官僚组织开管制之门，已为时不远。

迈向统一的模式

在这情形之下，西半部较东半部占优势。宇文家族入据西安一带，仅始自公元530年，这地区向来容易接受草原地带的影响，其族以混血称。宇文氏乃称恢复元宏所取消鲜卑之复姓，但这地区本就缺乏如此姓氏，北周皇室乃以之赐予汉人，作为他们尽忠的酬报，也算一种光荣。只因为这一地区缺乏权势的集结，给北周相当的行动自由。此政权尚在西魏时，即已开始形成一种官僚组织，由一个学者苏绰主持，他的蓝本即为《周礼》，也就是利用间架性的设计自由创造。这也就是说，西部较少既有之权益足为中国再度统一之累。

从拓跋国家的全部历史看来，我们也可以看出事势的发展具有某种定型：在统一的过程中，其决定性的力量由北至南，由西至东，亦即是从内陆经济较落后的地区吞并接近水道交通、内中人文因素较为复杂的地区。因其重点在均匀一致,组织上又要宽阔,于是鲜卑民族得以取得领导地位。只是一入洛阳,他们也建造高巍的楼台和富丽的花园。以我们今日的眼光看,我们用不着抄袭前人所言,认为骄奢淫逸必败人品德,只是从6世纪中国之再统一的立场上讲,元宏之汉化,使原有组织中的简单一致脱离掌握,而此时拓跋的领导集团仍应保持这种特色。

杨坚掌握时势结束分裂

6世纪中叶,无数的宫阙之变使上端来历纷纭的贵族整肃洁化。这和中国开始分裂的局面相较,可算是与以前的方针恰好相反。后汉覆亡前夕,地方政府失去掌握,影响到宫廷的不稳。此时趋向统一,地方的情形已相当地整体化,而要求上端的政府也采取流线形的一致,以便对帝国的统治具有实质作用。

洞悉此中奥妙的人物乃是杨坚,他此时为隋国公,日后为隋朝创业之主。杨坚承袭父业,在北周朝中为有威权的武将,他的女儿已和宇文家里的继承人成婚。公元577年,他随着北周宇文家里的皇帝攻取北齐。一年之后皇帝驾崩,杨坚之婿以太子嗣位,此人也只活了两年。无人能够确定地说出此三年之内西安宫廷内的实况。是否杨坚因自卫而行动?或者是他的阴谋,志在将宇文家室斩断杀绝?事实上,他于公元581年宣布隋朝成立之前,北周宇文家五十九个王子皇孙均遭惨死。

杨坚道地十足的有马基雅弗利的作风。他能因看到百姓的食物内杂糠渣而流泪；他的百官穿布制的袍服。他命令亲信以贿赂引诱自己手下的官僚，其中计者必死，如是在行动上有如今日美国所谓的"敲诈行动"（sting operations）。过去的历史家曾对此隋朝创业之主既褒且贬。他的残酷而兼带着道德的名分，在我们看来已不足为奇。此间我们将之提出，旨在揭示中国的再统一，需要重新制造出一种以纪律自重的官僚体制，其道路是多么的遥远。

只有明白如此的背景我们才可看穿：一待基础具备，以军事行动达到统一的目的，并不十分难为。一种文官组织熟练于乡村的情况，可能在组织以农民为骨干的大部队时，尽其征集兵员筹备粮饷之能事。具备了如此的条件，再加以数目上的优势，胜利已在掌握中。公元577年，北周动员十五万人，逼诱齐军出战，双方交锋于今日山西临汾附近。虽说其间也穿插着部署与攻城情事，但其具决定性的战斗不过半日。当日近黄昏，东方的帝国已成往迹。杨坚之攻陈（此即南方宋齐梁陈四个朝代的最后一个）费时两个半月，时在588及589两年交会之间，据说用兵五十一万八千人。陈国始终只在建康（今日之南京）国都附近作象征式的抵抗，如此这般就结束了中国过去三个半世纪的分裂局面，恐怕连当日参战的人士，也不能看清幕后的各种玄机。

第十章

第二帝国：已有突破，但未竟事功

唐初以均田、租庸调等制，奠下立国根基，又以无比的自信包容异族文化，融铸出多彩多姿的大唐风采。然而随着人口增加及流动频仍，上述制度渐渐无法应付日趋繁复的地方事务，结果促使地方自行摸索治理之道，而中央对地方的控制则日渐削弱。在中央与地方权力消长的情势下，迸发了中唐安禄山的反叛，此一叛举又加速此一情势的恶化，最后黄巢得以聚众流窜于帝国内部十余年，终至掏空唐朝的威权体制。

7世纪的初唐,是中国专制时代历史上最为灿烂光辉的一页。当帝国对外威信蒸蒸日上之际,其内部组织,按照当时的标准看来,也近于至善,是以其自信心也日积月深。

这也是一段创造系统的时期。拓跋魏所开始的均田制重新颁布,原则上耕地继续归于国有。按照唐律令,凡成年男子给田一百亩,其中八十亩为口分田,年老时退还政府;二十亩为世业,可由家人承继,每三年编造一次户籍。随着均田制也有整齐划一的税收制度,纳税义务包含租、庸、调三项,租为每丁粟二石,调为绫绢二丈,庸则岁役二旬。以一百亩的田土为基数,以上赋役的比重算是很轻的,所以在最初一百年内,人户的登记不断增长,国家仓廪库藏也愈为充实,上下之间呈现一片和谐融洽的景象。

初唐的繁荣壮盛

府兵制即紧接着户口登记而设,其原则是选农为兵,服役的时间内地与边防不同,根据一种复杂却又有规律的办法调整。既然每一中等之折冲府能出兵一千人,那么六百三十四府在短时间内征集兵员五十万应当不成问题了。

匈奴与柔然(蠕蠕)寇边的情形已成往事,刻下强有力的游牧民族为突厥,其名号据说在北魏时期已出现,至隋而见于史传,以后还要与西文之Turks等量齐观,成为整个语系内诸民族的通称。但在公元630年,唐将李靖大败突厥以后,突厥就推戴唐朝皇帝(本身也有突厥血统)为"天可汗"。回纥为另一种突厥语系的民族,则不战而降。吐蕃为藏民族,其王因文成公主下嫁而和亲。只有高丽不服唐帝同的节制而长期抗命,至公元668年,平壤始为唐军占领。

唐中央政府设吏、户、礼、兵、刑、工六部。此时尚谈不上内阁制,只是其设官分职已有相当的组织与秩序。隋唐以来——本书以之与宋联系称之为第二帝国——与汉代官制有一基本不同之处,即是中央政府派遣地方官,除少数地域例外,下达州县。汉朝的征辟,至此不用。隋朝已开始公开的文官考试制度,唐接着予以斟酌地采行,只是三年一度的会试至宋始成为定规。这种公开的考试足以打破过去的世族垄断。因着准备考试的读物标准化,雕版印刷出现于公元600年前后,即可能受此影响。只是如此一来,中国人民今后受官僚管制的程度也愈深。唐朝的文官集团有18805个建制的职位,加上其他辅助人员,案牍之士与军官一并计算,凡受薪者共368668人,这在中世纪是一个极可观的数目。当日中国总人口可能为五千万。

初唐的扩展也及于中国的内部(照现有疆域称)。开发南方已因魏晋南北朝而推进,以后这事业更要吸收第二帝国之一部活力。隋朝在历史上以不顾民命开创大运河著称。每当一种工程开始之际,其动员及于妇女与幼童。有时数百英里长之运河以数百万的员工投入,不出一年即完成。原有的城市可能被放弃,而另筑城于新运河之滨,沟通长江与黄河的运河终延伸而及于华北平原。这种不体恤民间痛苦的工程,加诸征伐高丽的失败,使隋朝的覆亡有如其勃兴的遽速。隋朝的第二个皇帝杨广才能盖世,做事却不加思索。他所经营的水道交通网裨益于其后之朝代,既深且远。虽说初唐时由南方供应之收入尚不及全国大部,但因移民也减少了当日人口过剩地区的压力。开发南方更含着一种进步与有指望的意思,因而今日的广州与泉州,在唐朝就已成为国际通商的港口。中国人之开拓台湾则始于7世纪。

中国最具世界主义色彩的朝代

隋唐之重建西安以一种宏大的眼光，构成一座计划城市。东西六英里而南北五英里，这座一千年以前建造的长安城，其面积为今日西安市的八倍，其南北驰道宽五百尺。当日本于8世纪经营奈良及京都时，他们不仅仿效于长安设计而以较小的规模构成；他们也认为朱雀门及朱雀大道的名称（原系金陵街名）幽雅可颂，也照样地采用。

唐朝带着世界主义的色彩。皇室李家自称为中国贵族华裔，可是在魏晋南北朝时代，他们的先祖历仕异族，也经常与少数民族的家庭通婚，而且这种透过民族界限通婚的习惯直到后世登九五之尊犹未终止。也可能因此混血的因素，使皇帝可名正言顺地称为天可汗。当中国皇帝威望最高的时候，恒河边上的印度王子接受了他的宗主权；一个阿萨密（Assam）的篡位者被押赴西安受审；使节来自高丽和日本；中国的都城有叙利亚人、阿拉伯人、波斯人、吐蕃人与安南人来定居。国子监亦即国立大学中，有这些国家的留学生，其中最具热忱的是日本人，其中有些像今日大使馆的文化参赞，在中国即曾居留达几十年。他们回国之后，对日本的文化有了具体的贡献，很多方面即仿照唐制——自铜币的设计到妇女的发髻，自室内的布置到围棋——从今之后，日本文物深具大陆色彩。高丽与越南也有同样的趋向，但不像日本这么热切。

唐朝具有自信及安全感的时候，对信教自由极端地保障。公元645

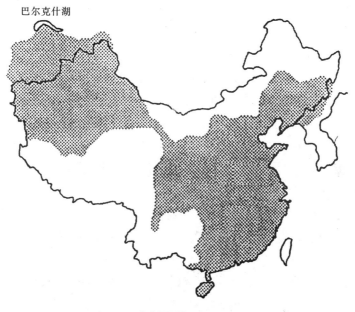

唐帝国疆域示意图

年，高僧玄奘离中土十六年之后由印度回国，第二个唐朝皇帝李世民亲予接见。当日龙颜大悦，御前传旨，使玄奘有了各样的助手和各种方便，将梵文经典六百五十七件译为华文。创业之主李渊则于624年兴建一座道教的宇观。另外一种诰令于638年准许景教（Nestorian Christianity）的传播。至于拜火教的介入较少为人提及，可是他们在西安寺庙里的僧侣也受到同文官五品和七品的待遇。

这一段充满着光辉和满足的时期如何下场？最简捷地说，这理想的国家因为领导集团的逐渐骄惰而不负责，无从继续。宫廷里的伺候人众增加到不能管驭的程度。及至8世纪中叶，即以宫内参与音乐和娱乐的人众而言，便多至一万余，宫女可能加倍。文官集团不仅人数增加而且薪俸膨胀，皇帝与群臣的品质则降低。以上述的各个情况而言，至此已朝相反的方向进行。公元751年，中国的军队在中亚被阿拉伯联军击败，即使西南的少数民族部队，也逼着唐军仓皇后撤，吐蕃也叛变。9世纪更有边防将领坐大而成为军阀的趋势；内地则有农民暴动。唐代宦官此时还无声无闻，今后则在宫廷之内专权，甚至废立君主。同时佛教寺院的集中财富，也使国家难安。公元840年代连续发生了一连串的排佛行动，845年的诏书，下令捣毁了四千六百所寺院，强迫二十六万零五百僧尼还俗。

这种开倒车的情形，范围广而程度深。有些历史家认为唐代可以分作前后两段观察。看来公元755年安禄山的叛变，近于全朝代时间上的中点，可以视作由盛而衰的分水岭。这样一来，前面一段有了一百三十七年的伟大与繁荣，而接着则有一百五十一年的破坏和混乱。

当然，一个有作为的大帝国不可能一昼夜之间由盛而衰；也不至于因一段突然的事变即无法立足。8世纪的中期，一连串的事迹好像摧折了朝代的连续性，可见得幕后还有若干因素尚未提及。在此，从宏观的眼光，我们权且把755年安禄山的叛变搁置不提，回头再从公元618年的唐朝创立说起，以保持历史眼光的纵深。

李世民创建的典章制度

在中国帝王之中，李世民可算是最具有人身上的吸引力。隋朝末年群盗蜂起，世民怂恿父亲李渊（时为唐国公）乘机称帝，当时他才十六岁。迄至二十四岁时,他在巩固朝廷削平群雄的关头最著战功。他有恻隐之心而又好奇心重,不惧危难也不辞劳瘁。他常直接指挥战斗,有时以数骑在前锋之外与敌方将领谈判。在作为一个政治人物的立场上讲,他以一群智囊人物(多数为具有眼光的读书人)追随其左右。虽说唐朝制度大致循照隋朝的前例,内中实施的细则乃由于李世民的经理而产生。他在位共二十三年,本章一开始就提到,唐朝制度从当时的眼光看来近于至善,其中大部之功绩应属于此位青年君主。除了名义之外,李世民实为朝代的创始人。

唐朝中央政府的一大特色为"三省分工"。尚书省总揽六部,执行经常业务;中书省可视为设计厅,主持重要的敕诏起草,及有关制度的更革;门下省则可以视作一种复核机关,其官员审查各种公文,更正错误,有时提议政务上的调查。唐朝帝国政府所公布的各种规定,以律、令、格、式四大项目区分,大概律指刑法,令为行政上的指示,格为衙门内的规章,式为执行时的细则(因为当时的思想及习惯不同,以上只略示今日看来的大要)。这种组织上的区别,适合于重造帝国时的秩序安排。当日本人将此体系施行于他们国内时,即称之为"律令政治"。

只是机警的读者不难一眼看出,这体系与时下西洋所谓"互相制衡"(checks and balances)截然不同。李唐政府体制之内,没有任何构成的因素代表选区(constituency)的利益;因此一种独立的司法机关不可能在这样的根基上出现。不论唐太宗李世民如何的开明,他的政府无可避免为一种专制体制。只不过因为儒教的纪律,促使当今天子在内部制造了些许监督方式来警惕他本身。史籍里曾记载李世民有一次与臣下商议之后怒气冲冲地自言自语:"有朝一日我要杀掉这老农夫！"他的皇后问他何所指，原来心直口快的魏征，因为皇上的宽容，经常在大庭广众之下揭举御前的错误。这次皇后机灵应变，趁换着朝服时，庆贺至尊有此不怕死的忠臣，实为社稷之福。可是这故事也暴露李唐政体的合理化，其立场至为窄狭。它代表着皇帝之意志力，乃是一种人身上的品德，而非组织结构上之力量。

然则，我们也不能说中国人天性不容于代议政治。前一章我们曾谈到，汉朝以一种推荐制度使百官来自各地区；可是代议政治无从下手，因为下端的小自耕农每人只有小块耕地，而全国如是之农户以百万千万计，如果以资产作选举的标准，则等于承认兼并，亦即促成小自耕农为佃农。过去的经验，让这种趋势发展下去的话，各世族必攫取大帝国的税收来源，使官僚组织僵化，因之而使全国瓦解。唐朝已推行科举取士，也控制着政府基层的人事权，只是让人更觉得儒家的道德观念为它施政之不可或缺。

可是以道德施政总离不开独断专制。如果皇帝以道德无亏作门面，其登临宝座必至为不易。反过来说，如果要与它作对，则更是极端的危险。此中种种强调道德是一种绝对的品质，既不能分割，也无法讨价还价，将它以人世间最高的官职搬托出来，则天无二日亦不能容许其他人效尤。这硬性的裁定还要在唐朝接二连三地接受考验。

很多现代的读者既佩服唐太宗李世民的人本主义，但在读到他谋杀同胞兄弟以登极的故事，则又不免感到毛骨悚然。虽然李世民奋身打下江山，但他是唐太祖李渊之次子，一到唐朝的地位安定巩固之后，他和长兄太子李建成之间产生了极度紧张的局面。两人间的倾轧传至百官，而更使兄弟间宾客的关系恶化。世民的随从坚持地说，他如不采取行动必被谋害。事实上，在公元626年，李世民设计埋伏掩杀建成，自己张弓将胞兄一箭射死。胞弟李元吉一向袒护长兄，也死于李世民随从手下。这场变乱之后，李世民又把建成和元吉两人的十个儿子全部处死，然后才逼着父亲退位，自己登极。

这位英明的君主一再以各种名义将自己残忍的行动解释得合理化，但是他始终不将之掩饰。这场骨肉相残经过，见于唐朝的历史，与李世民很多成功的事迹并列，历史家对其功业不能怀疑。我们如果将这故事忽略不写，或仅是不着痕迹地轻描淡写，都可能使中国君主制度的真相含糊，而不能了解其本身的矛盾，因之抹杀了历史的连续性。而下面武后的一段故事也不能以客观的态度讲出。本书不少读者想必至少听到过武则天的名字，她在俄罗斯凯瑟琳二世的一千一百年前，以女主的姿态君临中国。

一代女皇武则天

武则天出身名门，她的父亲早年参加唐太宗李世民的军事行动，后来官至工部尚书、荆州都督。她年轻时被选为"才人"，其实等于宫女，也是没有名分的姬妾。历史家称她容颜出众，这不能在现有图版上看出。可是毫无疑问的，她的天资极高，读书极多，而尤以意志力极强称。

公元649年李世民去世之后，武则天入寺为尼；李世民的儿子李治（后称高宗者）巡经该地，之后她被纳为昭仪，即下级之妃嫔，一年之后皇后被废，武则天立为皇后，看来此时她在三十岁左右。所以唐朝开国的三个皇帝之中，有两个即是她的丈夫，以下的十七个皇帝无一例外,全是她的儿孙。

武后能获取实权乃因高宗李治御宇三十四年,史籍中称他"苦风疾",看来是高血压妨碍了他的视力。武后不仅对国事有兴趣,而且因她读书多,有干政的能力。公元 674 年她与李治称为"天皇天后",又称"二圣",已有了"同等的国家主权最高人"(cosovereign)的名位。十年之后李治去世,她实际君临天下。她第一个儿子早死;第二个儿子显然不与她合作,被她命令自杀;第三个儿子李显被立为皇帝,只一个月即被废,从此被幽禁了十四年;第四个儿子李旦百端忧惧之余,再三辞皇帝位。武则天也下令杀她女儿太平公主的驸马,可是她又认为女儿像自己而特加恩爱。

头六年武则天以唐朝太后的名位治国。公元 690 年她称"革唐命"而开创一个"周朝"(她称武家源出于周文王),她自己已不是皇太后而是"皇帝"。迄至公元 705 年她以八十一岁高龄去世之前(有人说她年八十三),曾为皇帝十五年。此时不少唐皇子企图举兵造反。当她报复的时候,也将李唐后裔几十人和他们从者几百人处死刑。她的特务人员拥有广大的权力可处置政治犯,造反的名目也随着展开以扩大罗网,直到她年老生病临危之际,恢复唐朝的计谋才得以成功。皇位由她的第三子李显所继承,以后为四子李旦所接替。她在唐朝历史中的"本纪"地位无法删除,全部中国历史之中也再无其他例子近于武则天的经历和作为。

自 8 世纪到今日,尚无一部武后的真传出现。很明显地,要将她的故事讲得令人相信,讲的人也要多方揣测。一个女子在男性社会里的报复行动,不可忽略不说。可是武后也崇拜男子的决断作风。她曾对一个朝臣吉顼说起:制马有三物,一铁鞭,一铁楇,一匕首。鞭之不服则栽其首，栽之不服则断其喉。接着她又说，她制人如制马。直到老年，她讲到唐太宗李世民，还带着敬爱的语气。狄仁杰任刺史，后任平章事，已是朝中重臣，也屡因事关原则，冒死直言，赢得武后几分的尊敬。武则天常让美少年"傅粉施朱，衣锦绣服"，和她燕居作乐。但是她的言官胆敢弹劾他们，指出"陛下以簪履恩久，不忍加刑"，所谓"簪履恩"即鬓发与趾泽间的恩爱。另外有一个嬖幸薛怀义，武后使之剃度为僧出入禁中。此人曾被文昌左相苏良嗣令左右批其颊。以后怀义诉于武后，后戒其出入北门，毋走南门触宰相。

武则天的"革命"

这些故事本来也可以让小说家和浪漫派作家来处理，可是若将这些轶事遗漏，则7世纪到8世纪初年中国史的完整性也必受影响。换言之，李世民和武则天当时不少欢乐与恐怖的情事都与唐朝的制度有关，从迂回的路线追溯回去，则可见这些章节仍与公元755年安禄山的叛变，一脉相承。

从武后的纪录里，我们可以看出吐蕃、突厥和契丹的蠢动，但这种种边境上的外患终被平定。严重的旱灾曾发生数起。武后的一项创举则为殿试，应考的人被领带到御座之前，由她亲自策问。特务政治是她御宇期间的特征，不过受其威胁的乃是达官贵人而不是一般人民。她也以铜匦摆在公众场所，令人告密。公元697年，她的特务头目来俊臣自身被处死刑，恐怖政策稍为疏纵。可是除了以上几项，我们很难举出在她专政期间，政策上和组织上的设施有哪些算是具有创造性的地方。武则天所谓革命带来一种女性之选择，她喜欢金色、碧色和白色，于是她朝中的旗帜服色带着一种新鲜的情调。她也根据《周礼》将不少官衙重新命名，例如吏、户、礼、兵、刑、工六部她称之为天、地、春、夏、秋、冬各官；也用鸾台凤阁的号目作为中枢机构的名称。

可是仅只以上的各项举止，足以使一个主要的朝代几至倾覆吗？甚至使太后自己的家庭分裂？历史有何凭藉会让如此一个身份可疑的老妇人，在名义上与实质上，成为当日世界上最有名望而拥有最多人口的国家的统治者达二十一年之久？假使武则天真有传统的标准所指责的狼藉声名，她如何会为背景不同的人所共同称赞，有如8世纪末唐朝正规谨慎的首相陆贽，明朝离经叛道的思想家李贽和清朝以札记方式论史的赵翼，都异口同声地恭维她。

在答复这些问题之前，我们务必看清儒家传统之政府，不仅为一种组织，事实上也是一种纪律，所以它不以绵密紧凑的方式构成。在唐朝讲，均田制之能推行，一部分归功于它有化几个世纪的震荡而为宁静之功效。这计划付之实施，固然不能将丁田的分配尽如理想上的数目字，但却在乡村中产生了好几百万户小自耕农。只是如此这般的安排一经凝聚而固定化，则无法大规模调整。不仅提倡某一阶层或某一地域的经济利益无从下手，政府也缺乏督导私人从事这种工作的组织能力。更为难的是，政府面对的问题，很少能有明确的方案。游牧民族这一问题，无从一刀截断。水旱诸灾也只能等事到临头才能筹划对策。除开水利及开荒之外，再也没有其他的经营足以使治理者和被治者在行动之中互有裨益。而且承平既久，政府更无实质。

唐朝在取得地方官的任命权后，公文的数量增多。一般说来，其内容愈来愈形式化。即在隋时已有所谓"老吏抱牍死"的说法。和西方现代的政府比较，则后者具有组织的私人利益，与政府平行；这些利益足以向政府挑战，要求政府供给服务，它们也承担一部分行政费用（可是即在西方，这些情事至少也须待到 1000 年后出现）。唐朝的官僚机构缺乏与之平行的私人组织；它的执行全靠官僚之以名誉自重。经常下端的问题颇为重要，可是总是散乱，其上端的行政工具则又经常形式化而敷衍塞责。要使这体系生效，只能从上向下加压力。

　　唐朝官员本身提出：朝廷治理全国的工具，无非刑法和人事权。到武后时，从已揭露的案件看来，舞弊与欺诈的情事必已相当普遍。例如河北的官军不能抵御契丹的入侵，事后各官员又以通敌罪惩罚民众，动辄处以死刑，这种种情形需要中枢具有机警性，且能作有力的干预，始能防范。

　　总而言之，专制政府不出于专制者的选择。中国的悲剧乃是其在地方组织及技术上的设备尚未具有规模之际，先已有大帝国之统一，因之上下之间当中缺乏一段有效的中间阶层，全靠专制君主以他们人身上的机断弥补。

　　武则天之取得独裁者的地位，有很多原因之汇合。现在看来，当她替高宗李治下决策的时候，她就已经走到一个不能逆转的地位。在公元 675 年，以她作摄政之提议因群臣的反对而作罢。以后她所表现出来的残忍政策，只反映着她自己一度面临的险境。儒家基本的教条为本身的克制，对人的揖让，可是最后的裁判权出自龙椅，则又倚靠当今天子自持的程度而定。当中互相矛盾之处足使超级政治家得有无限的机缘，在进退之间，作攻防的决策。这也是中国政治史的中心主题。在这关头，李世民和武则天具有相同之处：他们都知道如何采取主动,先下手为强。历史家如果认为他们牺牲家人去完成一种超级的伟业或者是言过其实,可是最低限度看来,唐朝真正创业人——李世民和以母后称帝的武则天都知道极权之真髓,既系最高之名位,则不能又有任何条件的限制与约束。

武后的革命不能与我们今日所谓的革命相比拟。因为技术能力的限制,武则天并未放弃中国传统国家的作为。可是她一手经营仍是一种实质改革,其成果见于以后之数代。她清算唐朝皇子王孙以及重要朝臣,使贵族之影响绝迹,要不然他们将已把持朝廷。她纵未改造行政机构,这机构之新生力量因她而涌出。她以新代旧,让一群年轻而有能力的官僚入仕,不少经她提拔的新人,日后成熟升迁,还要在下面几位君主的在位期间显露锋芒。迄至武则天御驾归西之日,她的帝国没有面临到任何真实的危机,这样看来,她的反叛可算作一番成功。

衰亡的开端

当安禄山率部自今日之北京附近攻向西安,唐朝已近于它注定的命途之中点,武后也已辞世五十年。外表看来唐朝登记户口数已经自7世纪中期的约三百余万户增加至8世纪中期的9619254户。虽说我们不能确定这些数字的实在意义,至少已能断言,当日唐朝财政的管理和统计的编算都已面临到江河日下的境界。贪污腐化并不是一切问题的重心。私人庄园的扩大和寺院田产的膨胀也不是改革仅有的障碍。最基本的原因,乃是均田的授田法不能与人口相提并论。大凡经济的发育成长，充满着动力而又带地域性，超过当日国家可能统计过问的能力。在多种情形之下，李唐政府尚未尝过问，直到实情远逾于当初的间架性设计时，政府才派员到各处搜查未登记的户口，通常令这些户口自首，最初准予免税一段时期，以后也只付应付额之一部分。新税也在原有租庸调的组合之外颁布。不同的官吏则到各处将一种不能继续的制度一再修缮整补，因之也愈无系统。一言以蔽之，中国历史内一种经常继续出现的奇事在唐朝中期出现。

这朝廷已将一个被战争破坏的帝国扶植复苏而又欣欣向荣，可是这朝廷反不能与它本身一手培植的繁荣状态相始终。此中尴尬情形在唐朝更为彰著。当初创时，它的乡村人口以极简单的公式组织而成，因其简单，官僚机构得有充分之自由处理。等到日后繁复的情形出现，更正也愈困难，因此时官僚机构之经理早已成了定型。

传统历史家责难宫廷之生活侈糜。当安禄山南驱而进之日，西安与洛阳间各仓库物资充实。皇宫之浮华更为人指责。我们批阅当日资料，看到西安每逢节目，宫女拔河多至数千人。虽在公元 8 世纪，生活优越的女性，眼眶上着色有如今日所谓眼影。各种画幅及模型证实她们穿着印花的丝织品，作马球戏，演奏室内音乐。无可怀疑的，她们是都市生活的一部分。理想主义者不难指出，如此之花费早应用于国防。可是在我们听来这样的建议等于令纽约交响乐团和大都会歌剧封闭，以便使越南战事获胜。纵使这样的建议得以通过，亦无适当之交纳系统，足以遂行其人力物资之再分配。

公元 755 年，在位之国君为李隆基，武后之孙。当时他已近七十二岁，在位四十三年。他所宠爱的杨贵妃年三十八，已在皇帝跟前十余年，两人都好音乐也彼此容易感情激动。他们的故事有一段传奇而间常为激动所冲破。他们每年一度往华清池过冬,自此之后给了当处旅游之地增加了一种魅力的色彩。使此中情节更为复杂者,乃是玄宗李隆基又用贵妃之从兄杨国忠为相,他始终说安禄山有反叛的趋向,传统史家称安禄山之反叛正是被他激怒的。

安禄山之叛

安禄山系边防一位混血的将领。他生长于今日之热河,在唐时属于国防边境。他初在番人互市的场合之中任翻译,后来加入边防军的杂牌部队而以才能获得迅速的升迁。一位巡视的钦差将他的经历报告皇帝,公元743年他来到西安,为皇帝所召见。自此之后他有了将领的身份,一身而兼三个地方节度使,总揽境内文武诸事。过去的史书攻击当日政策之错误,均竭尽能事地指出如此令大权倒置之愚昧。可是从历史上的证据仔细检讨,我们已可看出,当日边区之经营需要在当地各处不断地调整,已不能由中枢一种官僚组织监督。

公元8世纪草原地带出现无数好战的部落,简概说来,符合拉铁摩尔所谓草原地带的循环性乃是中国内地循环性的副产物。亦即唐朝由盛而衰,中国自统一趋向分裂,草原地带诸部落则反其道而行。可是从我们所考虑的史迹看来,则表现着当唐朝一心开展水上交通和稻米之文化的时候,北方边境的情形更对武装的游牧者有利。自武则天太后至玄宗李隆基,唐帝国对边境的政策大致上出于被动。偶尔中国之武力有突然的表现,战胜取功,恢复了业已失陷的土地,保障了商业路线之安全。吐蕃、突厥和契丹之猖獗,可以暂时平压下来。然则这段期间中国方面也有严重的失败。况且每次交锋之后，仍用和亲纳贡的方式结束。这几十年内未曾有过一次歼灭战的出击，又没有大规模全面攻势，也缺乏永久性的规划。只是我们也要承认，在这时代采取以上诸步骤并不适合于大局。

李隆基长期御宇的时间内，边防有了改组。表面上看来，全国防线有兵员近五十万人，马八万匹。向前方供应的谷米和布匹也有了增进。但是从文件上互相矛盾的情形看来，前方实情与送达国都西安的报告已产生了很大的出入，因此，以上数字是否确实至为可疑。当中更令人怀疑的则是：纵使上述人力物力全照所述分派，其防御线上各点分割而固结，在很多地方，仍难于对付游牧民族机动的骑兵。

当安禄山成为问题的时候，国防线之东北角成为高丽人、契丹人和另一种突厥语系的奚人（Tatabi）进出的场所，当地人口五花八门，情况则带流动性。经济发展的情形尚缺乏官方的调查，遑论由政府管制。各地方的将领只能相机地使其麾下得到必要的供应，通常与附近的部落民族打交道以达到目的。像安禄山这样的人物，既通数种语言而又机警，实为宫里亟待借重管理边区的人才。事实上安也不是唯一的蕃将。并且在安禄山叛变敉平之后，唐朝仍继续使用这样少数民族的将领。有了这些事实作背景，我们不难断言安禄山白手起家，以对朝廷之忠顺作代价觅得节度使的官职。他对西安的孝顺包括对皇帝本身的奉献，可以证明此语非虚。

当然这和朝代初年相比，不是一种令人振奋的气象。试想当初均田制已实施有时，府兵也能达成任务，全国表现一种粗线条，却又实在的派头。当大唐帝国的威信为远近慑服之际，只要让所征之兵开赴前方边镇，已足使好战的部落不敢不三思而后行。

于今则除了庞大的军事预算之外，边防将领又从佣兵出身，他们的任务职业化，如此一来，全部发展和文官组织大相径庭。而后者仍是坚决地站在平衡与对称的立场，虽说因着局势之变化，文官组织内的成员也早已经有了各色各样的冲突与倾轧。

朝代的弱点全部暴露

安禄山的兴起只能掀动两方的矛盾。因为他被视为有才干，更被赋予独断的权力，至此他也就更无可取代，于是一切发展成螺旋型。当他的辖区与权力相继扩充时，皇帝也给安各种恩遇，又让他在西安建立一座堂皇的邸寓。史家称玄宗李隆基甚至要安称自己为父，杨贵妃为母。可是后者之从兄杨国忠一口咬定安禄山迟早必反。逻辑上这不能说是估计得不正确；然则既无适当的对策，只是这样说来说去，也将逼得安禄山不得不反。最后他采取这步骤时，即以"清君侧"为名。结果则是朝代所隐蓄的各种弱点一朝暴露。所谓内陆的商业繁华，实际上，南方向西安所输出无非消耗品，只因此而使该地区赎回分纳于国都赋税的一部分。货物之流通从未两方来往，因此军事行动之打扰商业，就无从引起群众之反动（要是商业之进出影响到大批人民之生计，则激动之余，他们也不会对这样的军事行动等闲视之了）。所谓京军不过宫廷里的仪仗部队。临时雇兵，只招募得一些市井无业游民，无意于战斗。对付反叛的军队，政府方面更因着政治之需，牺牲战略上的考虑。第二个夏天，西安被威胁，于是皇帝、他所宠爱的妃子，及她任宰相的从兄和一大群皇子王孙所谓六宫者，仆仆道途向四川方向避难。出都门不及百英里,护驾的军士叛变,他们先杀死杨国忠,次要将杨贵妃赐死,玄宗李隆基别无他法,只好让她被缢死。这位忧虑满怀的君王到四川的伤心旅程,表现着国都与农村两端之间缺乏实质的联系。玄宗和护驾军士的对话,证实了我们的观点:唐朝的帝制,可算是一种极权的产物,只是它的基础无非儒教之纪律。当这纪律败坏时,此极权也无法维持。

安禄山的叛变被敉平,他的儿子安庆绪和其他番将的变乱也终被解决。可是唐代朝廷从此未再重新掌握到过去所把持的中央威势。在剿荡以上叛变的时候,政府不能不倚重边区的杂牌队伍,有的算是中国人,有的则属于少数民族。实际这也是在小处一再隐忍妥协,而将问题延搁。只是安禄山和他的效尤者也无能力,甚至缺乏组织上的逻辑去推翻李唐政权,或者统一北方。唐代的后期可说生存在一种不稳的平衡之中。

唐朝组织的基本法包括均田制,跟随着而来的租庸调税制和府兵并未明令废止,只是任之用进而废退。公元 780 年总算产生了一项新法规。所谓"两税"从现有的土地持有人手上征收,而放弃了有名无实的均田人户。这办法没有全国标准,中央政府不过将数额分配于各道(较以后之省为小,较州为大),责成地方官作内部分配。实际上全国三分之一的道,大多数在北方,从未缴税于中央。即是南方,缴纳的品物也采取一种进贡的形式,主要在使地方首长得到中枢的借重,而算不上执行国家权责。

不稳定的平衡

地方上各自为政的情形与以后一百五十年共始终。可是这与第二帝国成立之前的分裂局面不同。华族大姓与上述的发展全不相关,舞台上主要的人物为军人,可是也没有继续不断的战事。叙述这段历史时,我们可以参考赖孝和(Edwin Reischauer)教授所说:"此中的情节必有相对性。"唐初的壮丽繁华经过夸张的铺陈,说到后期的凋零和败坏也可能说得过度。事实上地方分权也可以从不同的角度来看。譬如说成德镇下辖四州,在今日河北之东南,即始终由同一个王家掌握超过一百年,这就不是不稳定的征象了。魏博镇的何进滔于公元829年由军人推戴才由中央承认任节度使,下辖七州跨于今日河北河南之间。传统历史也说他深得民心,是以能将职位传至子孙。这种发展证实了一个亘古不变的一般原则:谁有能力征税,谁就能掌握税收所及的地区。这时候管理注重地方上的特殊情形,以代替由一种抽象观念组成的大帝国,其管制的范围缩小,行政的效率必较前提高。

可是一个孱弱的中央,也有它的缺点。公元763年吐蕃入寇,在西安市掠夺;765年他们又和回纥在郊外集结,准备再来一次洗劫。唐将郭子仪时年七十,不顾本身危险,单骑无武装地来到回纥阵营之前。过去他曾率领唐帝国的少数民族部队,这次他也获得成功,他以口语重申中国天子"天可汗"的地位,使回纥首领再度罗拜称臣。回纥既已归服,吐蕃被孤立,只好拔营离去。在这情形之下,郭子仪个人的英勇受到崇拜,可是他的壮举与盛唐的情形比较已是今不如昔。

试想初唐帝国借着一个异民族的力量压倒另一个,把自己的权威扩充到一千英里以上的国界边境外去,这已是无可比拟的。事实上自安禄山叛变之后,黄河上游以西的地区已永远被吐蕃占据,边境冲突也经常发生。787年的谈判失败之后,吐蕃部队俘获了一万多中国人交付与其部落为奴。当通过一段峡谷之前,这些吐蕃人让俘虏东向父母之乡拜别,史籍上提及有好几百人哭昏过去,也有不少人跳崖。唐朝又以和亲政策让家公主嫁与回纥酋领(如肃宗李亨之女宁国公主、宪宗李纯之女太和公主)。这几位年轻女人在胡人毳幔之下别唐使"悲啼眷慕"的事迹,至今读来令人心折。

黄巢与民变

9世纪内大规模的民变出现,当中最著名的乃是黄巢。虽说他的故事经过再三的讨论,我们对他的身世仍无定论。《旧唐书》和《新唐书》里面的两篇"黄巢传",就有很大的出入。两传同叙他以贩盐为业,一传把他说得声望低微,好像走私负贩的模样;另一传则说他家里世代经营,颇雄于赀。这中间的差异,显示其中详情可能永为读者之谜。公元875年,黄巢响应另一个流寇运动,从此被人注意。当日中央的力量衰弱,地方政权又缺乏各单位间协定才使他坐大。虽然一再受创,他也仍然能够卷土重来。他从华中向东南移动时,揭橥打破官僚的贪污无能为标榜,一面收容匪盗,一面感化官兵。公元879年他入广州,至此已集结五十万人。可是他也在此间遇挫。他原希望朝廷招安,让他为广州节度使,此计未成,加以军中疫疾流行。一种阿拉伯文的资料说他在广州屠杀十二万回教徒、犹太人、基督徒和波斯人，可是中国方面的资料无此记载。

黄巢被迫北撤之后，他于公元880年入西安，据说他拥有兵众六十万人，西安也被他占领了两年多。起先他还企图争取一般市民，可是一入国都，黄巢被自己所设的陷阱困住，从此失去流动性，于是被忠于唐室的几个部队集中攻击，对方也有突厥语系的部队。黄的给养既成问题，他就更大开杀戒，因之他和居民的关系日益恶化。883年的年初，黄巢离西安东去。884年夏天，这流寇的领袖和他几个随从在今日山东境内授首，于是这场在中国历史上影响长远的民变至此才得结束。

黄巢的故事暴露了中国长期左右为难的地方。一个有效的中央政府财政开支极高；可是若没有负责的中枢，其结果也不堪设想。如果摆在美国的地图上，黄巢流窜的路线有如从美国的中西部进军佐治亚，又西南行而入新奥尔良，北去入田纳西，又再度自西徂东，经过维吉尼亚、马里兰和肯德基之各部，最后还以曲折之行道通过伊利诺而入爱荷华的德蒙因。换言之，超过南北战争时谢尔门突入南方的好几倍。黄巢渡过长江四次，黄河两次。这位历史上空前绝后的流寇发现唐帝国中有无数的罅隙可供他自由来去。各处地方官员只顾得本区的安全，从未构成一种有效的战略将他网罗。可是黄巢在各处来往，不应当认作土匪行径的最高纪录。他之能统率大军纵横南北，表现出构成一个大帝国的纪律依然存在，所需要的是构成大帝国的新逻辑将各种因素组合起来。当黄巢揭竿而起的时候，距安禄山之反叛又已一百三十年。唐帝国的低层机构已经发育成长，超过当初的设计很多，已不是现有的高级权威所能管制。

虽说黄巢没有只手摧毁唐朝，这朝代也在他造反之后崩溃。兹后各州向宫廷所缴纳的税收愈来愈少，这朝代只挣扎着约二十年。公元904年朱全忠——过去是黄巢手下的将领后来降唐，至此命令唐朝皇帝和他同去洛阳，此乃朱自己以军阀的姿态可能确实控制的地盘。于是距他篡唐而代之的行动只差一步。两年之后，他终采取了这步骤，正式结束了二百八十八年前李渊和李世民所建立的王朝。

历史重心向东移

公元906年之后，西安再未曾成为中国的国都。当中国即将进入本千年之际，情况愈为明显，国都必须接近经济条件方便之处。中国的重心已移至东边。东南区域尤以土地肥沃、水道交通便利而有吸引力。即使化外的游牧民族，也以当中获有农业经验者占优势。自然之选择已使东北为他们理想的基地，远超过干旱的西北，那是吐蕃、突厥繁盛之区。所以中国多数民族与少数民族在今后四百年的争斗中，采取一种南北为轴心的战线，与西安渐渐远隔。这座古老的国都，也已在历史中充分地表现过它上下浮沉的经历了。

第十一章
北宋：大胆的试验

北宋时期，中国仿佛进入现代，物质文化蓬勃发展。开国君主赵匡胤打破传统中国作风，以务实的态度从事各项政经改革；神宗时王安石提倡新法，企图以现代金融管制方式管理国事，其目的无非都是想借由经济力量支援国防军备，以应付来自辽和西夏的威胁。但当时社会发展尚未达到足以支持这项改革试验成功的程度，新法未能成功施行，宋朝成为中国历史上最软弱的一个朝代。

公元960年宋代兴起，中国好像进入了现代，一种物质文化由此展开。货币之流通，较前普及。火药之发明，火焰器之使用，航海用之指南针，天文时钟，鼓风炉，水力纺织机，船只使用不漏水舱壁等，都于宋代出现。在11、12世纪内，中国大城市里的生活程度可以与世界上任何其他城市比较而无逊色。

赵宋王朝的新气象

宋代的创业之主赵匡胤是军人出身，他没有打算重新分配农业田地，也没有设计征兵，宋朝可说是中国唯一以募兵解决军事人员需要的主要朝代。赵匡胤登极之后，就在国都开封之城南开掘了一座人造湖（这开封也只为宋代国都，自后即未再为中国其他之主要朝代选作京城）。他并未经常地向部下训辞或者听儒臣讲解经史，倒是花了很多时间在这人造湖上视察水师和陆战的演习。他也常去船坞视察战舰制造。赵匡胤深悉军事上的力量需要经济力量的支撑，他决心在库房里积绢二百万匹当作自己财政上的储蓄，以便和北边半汉化的朝代交兵。

此一行政之重点从传统之抽象原则到脚踏实地，从重农政策到留意商业，从一种被动的形势到争取主动，如是给赵宋王朝产生了一种新观感。在许多方面这新气象打破了传统中国的沉闷作风而别开生面。这新趋向从政府的组织上来看，为保持门面上之前后一致，宋朝几乎恢复了唐朝所有衙门职司，同时也创立了许多新机构，这些新机构功能上更具弹性，在业务上超越旧有组织，而当中最重要的无逾于枢密院（主军事）和三司（总揽财政）。有了这些新机构，朝廷打算以实际的做法去处理各种业务，而不是仅在仪式上装门面了。且皇座既毋须全部以道德的名义自居，也就可以比较站在人本主义的立场。创业之主赵匡胤就曾立志不因臣下与他意见不合而置人于死地，并将此信誓纳于太庙，传及子孙。同时为防止皇位的继承成问题，赵也在生前安排传位于弟赵光义。在这方面他较约三百五十年前的李世民要高明得多了。

可是这一套设施只获得局部成功。从经济方面讲，宋朝面临中国有史以来最为显著的进步：城市勃兴，内陆河流舟楫繁密，造船业也突飞猛进。中国内地与国际贸易都达到了空前的高峰。铜钱之流通也创造了新纪录，之后再未为任何朝代所打破。另外因政府提倡开矿与炼矿的进展极速，纺织业和酿酒业的情形也相埒。在行政方面，赵匡胤一心要想防止的情事大致已被禁断，即使宫廷里有阴谋也无过去之深度与范围。从历史上讲宋朝，扶植中国经济之发展逾三百年，不可能说对中国之福利毫无贡献。可是在这段期间文官中的争执较前加剧，且其演出不再循照传统的方式了。起先政策上不同的意见以公事公办的态度提出辩论，但在两方坚持不下时便有投机分子钻入，使争执蒙上恶名，以后的结局也更为恶劣化。

此外也尚有其他不合情理之处。一方面创业之主赵匡胤对意识形态全不关心，结果宋代之理学与政治哲学不能分割，使意识形态的影响更为庞大。另一方面自创立朝代之日，国君与朝臣都希望对军事外交与财政采取比以前实际的态度，而结果在军事、外交及财政三方面，宋朝之作为却远不如其他朝代。

这种种不可思议之处只因有了现代的历史经验才能适当地解释。赵宋王朝以亚洲大陆之大块土地作背景，在社会准备未及之时，就先企图以金融管制的技术做行政工具，以致产生了以上种种矛盾之事。

军阀割据的岁月

上章业已说过，唐代之覆亡不由于道德之败坏，也不是纪律的全部废弛，而是立国之初的组织结构未能因时变化，官僚以形式为主的管制无法作适当的调整，以致朝代末年彻底的地方分权只引起军阀割据。一个节度使，亦即地方军事首长，可能将一州一道的土地据为己有，在境内行动完全自由。他自己若要率兵征讨的话，则任命一个部下为"留后"，所以权力之基础屹然不动。年久月深，他和部下的位置全可遗传。加上在州内道内税收也由军官管制，他们定旧税之税率，也公布新税名目，是所谓"以部曲主场院"。此所以朱全忠在公元907年取李唐王朝而代之时不足以惊师动众，乃因李渊与李世民所创立之制度，经过二百八十八年，早已失去了它存在的意义。

可是朱全忠也无法使破甑重圆。中间自公元906年起之五十四年，中国史家称为"五代十国"的阶段，好像将隋唐以前的分裂局面翻一个面（但这次五个短朝代是在北方而不在南方嬗替。而所谓十国除了一个例外，则有些同时，有些前后交替，出现于南方）。简单地说，北方称帝的朝代有心制造统一的大帝国而力不从心的时候，南方的将领也乘机称王，采取行动上的独立。

全部分裂的局面既不出五十四年，可见得唐朝遗留下的局面并非完全不可收拾。简概说来，中国主要仍是一个以小自耕农为主体的国家，只是各人所掌握的产业大小不同，地域上生产率也有差异——有时同一地域内尚有极大的悬殊。新的财富可从商业、农产物、酿造、工矿和内陆商业中取得，甚至铸钱亦可以获利。这已不是昔日那种概念计划即可经营管理或是豪宗大姓可以把握小地区，构成独立门面的情形。在这种条件下军阀割据实为历史对当前问题所提供的答案。

事实之发展如是，地方上之军事首长以各种名义倡导他们合法的地位，且在境内全部征兵。可是实际上兵员仍由招募而来，不过所有费用是由境内人户分摊。在很多地区正如若干地方志所述，赋税达到空前的高度。只是这和一个由中央做主全国一致的税收制度不同。主持人既为本地权威，职位又是世袭，与各地区自然休戚相关，赋税自也能按照各处之实情，根据付税人的能力分摊了。

在这时期，这些地域上之首长采用抽调精兵的技术，他们不断地从下级部队挑选优良的官兵组成亲军，让下级部队仅能保有劣势人员与补给，高级军官则成为首长的拜把兄弟或义子。这样一来上下之间便有了固定联系，只要各地域互相竞争的状态不酿成长期大规模之战事，此种平衡的局面可以使整个的安排保持原状。中国在五代十国期间和日本中世纪的情形确有若干相似之处。

这样的情形是好还是不好？传统的历史家一致以"僭窃交兴，称号纷杂"的评语概括综叙这一时期，亦即以其缺乏可资尊敬的中枢权威为可耻，以致"犯人、匪盗与负贩"也能称王称帝，而笃行谨慎之士反倒没有出路。当时赋税之高也常被指摘。然而这些作家却没有看出，当政府之重心移到省级单位之后，行政上便更能注重到地方实情。且就财政上说，免除了两层政府的开销，可以使费用大为节省。因此获得最大裨益者，即为长江以南地区。当时此区大致保持了和平，称王的各地区首长于是约为婚姻，在地方有灾荒时他们也互相接济。同时本地的开发，也次第展开，有如马家在今日之湖南，便使茗茶成为一种输出品；钱家在浙江大开水利；王家在福建充分提倡国际贸易。这些成就不是一个中央集权的官僚组织可能胜任愉快的。他们免不了要将注意力放在经济上效能最落后的方面去，以保持全面的均衡，由是免除了地区间的摩擦。

面对半游牧民族的挑战

可是尽管如此，一个分裂的中国也使北方的国防没有保障。公元936年，仍在此间所述之分裂阶段内，这五个短朝代中的一个帝王和契丹定约。这契丹乃是一种半游牧民族，发源于中国之东北。石敬瑭向外乞援之情事没有长久的历史意义，可是他付出的代价则意义深远。

936年的协定割燕云十六州予契丹,包括了长城以南一线的领土,连今日的北京在内。从此北方门户洞开,影响中国四百年。中国人这才领会到游牧民族与以前的不同,他们已有相当的农业经验。今后他们将所割受之地当作一种训练场所,使从正北及东北而来的经理者熟练于管制大量从事农业的人口,而造成了继续向南发展的态势。

　　宋朝之兴起可视为对这挑战的一种反应。以前实际上各自为政的地区首长已不断地提高他们军队的素质,也不断加强地区上财政的统治,但直至宋朝,才将他们归并统一起来。赵宋王朝虽说在名义上仍号召大一统的帝国,但在某些方面却具有民族国家作风。尤其在团结南方以对付北方时,它是站在一种带竞争性的立场上。

　　公元960年之春,当时赵匡胤是五代十国中最后一个短朝代——周的统军之将,他的军队宿营于陈桥驿(这地方是一座小市镇,距国都开封只有一段很短的距离)。某一天凌晨他被部下将士惊醒,他们以黄袍加在赵匡胤身上就拥立为天子。军士拥立的情事曾发生于五代十国的时期,也曾在西方发生于罗马帝国,可是赵匡胤与众不同。自唐代衰乱以来各地区强人所发动的种种运动,当中并无联系与协定,有了赵匡胤才使其集结起来,最后使之构成一种中央集权的官僚政治。全中国历史中再无另一朝代是在相似的情形下出生。

　　当赵率军回开封时,取周而代之的工作毫不费力地完成。新朝代之主,了解分裂的中国不能与北方的强邻作对,放弃了当初北伐契丹的计划。此后赵匡胤即以收并南方自主之国为职志。长江中游于公元963年取得,今日之四川于965年取得,广州于971年取得。今日之浙江与福建则不在他统一的疆域之内,直到他的弟弟赵光义嗣位之后才接收过来。

赵匡胤力所能及的地方,中央集权的措施执行得既轻快也彻底。新皇帝的机警,不走极端,对钱财上的大方,使他的筹谋容易兑现。登极之后才一年半,赵匡胤和拥他为帝的起事诸将谈判,让他们自请退役,皇帝则赐给他们丰厚的报酬与名誉官衔,于是足以动摇皇位的"黄袍加身"喜剧不致另觅主角而重演了。

宋朝的军队分为三级。最高为"禁军",次为"厢兵",再次则为"乡兵"。上层的队伍经常吸收下层之优秀人员而将本身不及格之人员淘汰给他们。过去军阀割据的重点改为文官镇守,并且规划了每三年一巡调的例规。

税收也改由文官接收管理,以前的账目收据经过极详细的审核。公元965年的诏令:凡诸州支度经费外,所有金帛都送中央。于是所有的金柜库房的积蓄,不时发送开封,使该处成为全世界最显著的内陆港口之一。为了遭送这些物资,全国划为六个财政区域,每区称为一"路",由一个"转运使"掌管。他们"岁行所部,检察储积,稽考账籍,凡吏蠹民瘼,悉条以上达"。赵光义在位期间(公元976—997年),据说仓库内存雨衣和帐幕的材料"数万段"损破,显示当日财富集中,开封所控制的物资之丰富,可能全世界无出其右。

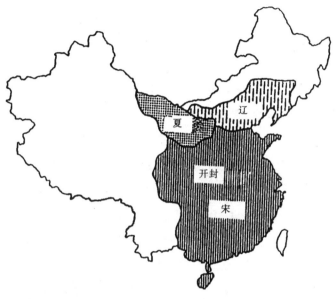

北宋的三边关系示意图

宋代不振的原因

可是纵有以上的准备,赵宋在中国历史上还是成为一软弱的朝代,它的军旗从未在北方草原地带展开过,更用不着说向东北或西北角延伸到中亚的腹地里去了。它也从没有像汉、唐一样,占领今日越南之一角。要是不怕说得过于简单的话,我们可以概括地指出,全宋朝319年的纪录,无非是军事的挫败和退却,所有的例外则是以"岁币"为名向北方少数民族购得的和平。这种看来离奇的情形并不难解释，只是我们务必要将古代历史家忽略未提的若干情节，一并提出检讨。

北宋之东北是契丹所成立的朝代——辽。契丹属蒙古语系，他们活跃于图上之地区已逾三百年，即使仿效中国朝代所成立的辽，也比宋早出现五十三年。辽之国君通文墨，他们的文字在公元920年即已出现，并曾接受过高丽、回纥、吐蕃的朝贡。在宋代出现之前，甚至在浙江称为吴越王的钱家也曾向契丹之辽朝贡。不仅契丹所占的中原领土有汉人的官僚治理，而且辽境后方，据目击者的报告，无数之官吏、文人、工匠、优伶、武术家和僧尼也来自中土，由是也可见得其汉化程度之深。这半汉化国家的组织能力，比汉和唐对抗的单纯游牧民族要厉害多了。那些单纯的游牧民族所恃，不过疾风迅雷的冲锋力量。

西夏也不是单纯的野蛮人。他们组织的半汉化国家在初唐时即曾活跃于它日后占领的地区，当它在四百年后与宋人抗衡时，一个汉化的政府早已存在。西夏文以藏语为基础，重要的儒家经典早已翻译成书。羌人则属藏族，此时多数已操农业。

所以在公元10世纪，这些少数民族显然得到汉人指点，业已将他们的文化程度提高，以致宋朝所面临的边防问题与它以前的朝代不同。这些游牧民族已有农业基地，他们已筑城为防御战。北方地势之艰难对他们有利，同时他们也保存着动员的迅速和在战场上的机动性，这些优势与他们草原上的生活习惯息息相通。契丹人与羌人虽然常有冲突，但在对抗宋的时候却彼此一致。

中国人缺乏坚强的民族观念也构成赵宋王朝的一大弱点。很明显的，假使所有汉人决心从外人束缚下求解放，这种解放战争当然会有利于宋的军事行动。可是实际上双方之竞争只在大体上被视为一种朝代之间的冲突。

这种现象是一千多年来世界主义发展的后果。中国人自己提倡一种神话，认为亚洲所有的民族都是黄帝的子孙，只因地域之阻隔才有了人种的区别。古典文学重"文化主义"（culturism）而轻国家主义。被称为亚圣的孟子，曾经强调要是能使一般群众生活有助益的话，则向外来的主子臣服，既非不择手段，也算不得卑躬屈节。他的书中有一段提及舜为东方之夷人，周文王为西方之夷人。这文句被所有有学识的汉人熟读而构成了与异族合并的根据。受有教育的人士态度如是，一般人民与在位天子的种族出身便毫不重要了，当然也用不着对民族观念发生顾虑。而契丹之国主也已看透当日情势，不给治下汉人反对他的凭藉。

补给上的弱点

迄至今日较少为人了解的，则是赵宋王朝尚有它补给供应上的弱点。表面上看来似乎不可能。因为整个说来，南方地域大，物产多，人口众，在技术上也较进步，且有水道的便利。但是要取得以上各种优势务需一个彻底现代化的组织才能办到,这在公元 11 世纪是不可能的,即是数年后也仍没有着落。

宋朝的供应物资多,可是供应的路线也长。在军事部署上讲,将多数物品同列于军需之内违反了简单雷同的原则。当日记账的能力不能保证有完满的协调,即使最基本的数字,在管军政的枢密院与管财政的三司也互不相符。现代的读者务必在此看清:赵宋的试验要能在这关头实现而有成果,财政上各种端倪必须全部用商业习惯管制。各种度量衡的单位必须标准化,可能互相交换的品物与程度也需要公认,且要能由独立的机构监督;官僚必须以技术做主,不能以意识形态和人事关系变更初衷。其行动范围之大,包括支援百万大军,不可能没有民间事业之参与。因此看来,则大多数民间事业从旁在侧的襄助,也须公司化,采取法人的地位才能对公众负责。统而言之,一切要能在数目上管理。

事实上宋朝主动发起了一种军事部署,它的成功全靠后勤的支持,而这种支持,直到 20 世纪初期,中国仍无力充分地供应。所以这尝试可谓过早提出而逾越了当时的能耐。除了内地河流和运河上有相当船舶的交通之外,宋朝政府的功能及民间事业全无以商业做主之征象,是以赵宋王朝无可避免地须承担其本身过早突出的后果。如果这么说还不够清楚,那么在宋朝第六个皇帝赵顼期间,王安石的变法最能将此中情节一览无余地揭露。

宋朝很早就企图铲除辽之盘踞。可是公元 979 年和 986 年两次战役都一败涂地。第一次战役宋主赵光义几乎被俘,第二次战役他亲自指挥战斗时曾受箭创。随后当契丹采取报复行动时，发动了无数次的边境冲突。公元 1004 年他们全面入侵。因为开封位于一个平原地区上，契丹直逼国都，第三个皇帝赵恒因之仓皇地批准了一段和议。和议中虽然宋辽彼此以兄弟之邦的地位同等对待，但宋朝从此被迫每年供给绢二十万匹、银十万两。

从历史的后端看来，这 1004 年的协定有它的作用。这"岁币"只占宋朝政府收入之一小部分，可以当作是给比较穷困的邻邦一种援助，以弥补双方贸易之赤字。这种为和平付出之代价无疑要比战费来得低廉。可是这种看法必须全部放弃当事人的观感，而接受地缘政治的仲裁，当日宋朝君臣不可能有此置身事外的反应；他们无法承认这种妥协为事理之当然。中国历史之中，从无一个统一天下的大帝国卑躬屈节地向一个文化程度低的边区国家进贡。同时契丹也认为岁币为战败国之赔款，也不可能觉得这是一种慷慨的赐予而表示感激。因之，公元 1042 年他们要求增加岁币时即以武力为后盾。

宋朝之中国更未将西夏放在眼里。理论上西夏占领着中原领土之一部，向宋称臣。当公元 1038 年西夏独立称皇帝时，宋廷立即称之为"反"，并且停止互市。可是中国派兵征剿，连战皆北。宋朝一再派兵，却连失城寨，而且死伤惨重，迁延到 1044 年，中国所能获得的下场不过是使西夏之主在文书上自称"男"，上书于"父大宋皇帝"，而在其本国内称帝如故，因之中国也年"赐"绢银茶叶共二十五万五千匹两。

王安石与新法

在这背景下赵顼于1067年登极。当时他年方十八,但已有了励精图治的声名。他一生的志愿乃是洗刷国耻,扫除北方边境的蛮夷之邦,光复中国的疆域。步宋朝首创者赵匡胤之后尘,赵顼也觉得中国的资源足以发动达到这目的。他在宫廷大内建造了一批库房,又自作诗一首,以每个字为库房之名号,念来则如:

五季失图,猃犹孔炽。艺祖造邦,思有惩艾。
爰设内府,基以募士。曾孙保之,敢忘厥志。

译成白话文,则为"五代十国之间缺乏计谋,以致蛮夷戎狄猖獗。有创造天才的祖先创立朝代,企图挽回这种颓局,所以开设内殿中的府库,作为募兵筹饷的基础。我做曾孙的继承此业,岂敢忘记他的遗志"?当他与文学之臣王安石对谈时(后者已有卓越的声名),因为两者都有以经济力量充实军备与国防之着眼,因之一见如故。

王安石改造财政的一套规划称为"新法"。当中一项创制称为"青苗钱",即政府在栽种禾苗的季节贷款于农民,秋收之后还款时附加20%利息,此在当日不算过分。另外一种办法叫做"免役钱",此因宋朝衙门里有些差使如衙前(典府库或为外班皂隶)、书手、弓手、散从等不由招募而得，系不给值地由民间差派，并由其担负财政责任，如有差失须由服役之人出资赔补。王安石主张由民间普遍地输钱助役，其人员则公开招募。政府仓廪里物品存积不能生利，王之"市易法"则将之贷与商人，在出卖完毕结账时连本带息归还，或事先以金银地产作保障金。同样的，"均输法"让各转运使将应当送往开封的物品在当地出卖，而买得在京城不易到手的货品牟利。在整理土地税时王安石用"方田法"。这办法基于全面的土地测量，以每边五千尺为一方，内中又按土地之肥瘠分作五等以便按出产量征税。另外，为保障兵员之来源，王安石作"保甲"，亦即民兵制度。

自新法公布之日，王安石即遭遇同僚的反对，各种不同的批评一时甚嚣尘上。新法中无一项目得到确切的效验，它只使官僚机构分裂，而这位改革者则在罢黜后，又召而复用，又再度罢免，最后被贬回南京（当日称江宁），派给无关宏旨的官衔，赐以公爵的名义而退休。

这一连串情事之发生使皇帝赵顼终生不快。新法之目的在富国强兵，然后对付北方之强敌，但这种目的始终无法实现。朝中一位敢言的大臣甚至上书，希望他一心保持和平，最好二十年不谈兵。在赵顼为帝期间，尚再割地给契丹。虽在西北宋军终击败羌人，可是这胜利之前已有一连串的失败。当前方军事不利的情报到达宫廷的时候，赵顼夜不成寐，只是绕榻而行。公元 1081 年的攻势据说投入战场的有三十二万人，遭到空前大量的死伤之后，宋军只攻占了四座堡寨。当赵顼在公元 1085 年三十六岁去世时，主和的朝臣决定将这四处得地奉还西夏，以免兵连祸结。他们知道在长期战事中，宋军无法取胜。

新政的起落转折

接赵顼皇位的为太子赵煦，其时尚未十岁，由祖母太皇太后高氏主政，这期间王安石所作新法一律停罢，他所用之人也一律辞退，以便迎纳反对派的朝臣（当中最有名望的乃是任宰相的历史家司马光）。公元1093年高氏去世，赵煦年十七岁，实际揽政，他再来一次转变。他又重行新法而罢免反对派人物。他的改革牵涉了很多朝臣，有时已去世多年者仍被波及，连科举考试的内容也大不相同，除了褫夺太皇太后的头衔一项提议未被采纳，甚至大行皇帝赵顼一朝的实录也整个重写，以便支持朝政之大转变。

这还没完。公元1100年赵煦辞世，年方二十三岁，皇位由异母弟赵佶接替。此为宋朝第八个皇帝也是有名的画家。他对新法采取了两种不同的处置：最初的两年他站在反对派的一边，兹后他转变方向支持改革派。此时王安石逝世已将近二十年，他的声名也随着朝政的改变而上下。公元1104年他的声望达到最高峰，一道诏书颁称他为孔门的第三个圣人，位在孔子、孟子之下，同样在孔庙享配。同时反对他的三百零九个朝臣，以司马光为首，贬为奸党，他们的名字被镌石立碑，使他们的奸邪千秋彰著。

王安石的故事是中国历史里的一大题目，几世纪以来对他作褒贬者不知凡几，迄至现代仍左右国际的视听。记载他作为的书文，也有不同文字的刊出。显然的，他的功业是一值得争辩的题目；可是很多类似之出版物，对一般读者毫无用处。

在20世纪末叶提及王安石，我们更感到惊异：在我们之前九百年，中国即企图以金融管制的办法操纵国事，其范围与深度不曾在当日世界里任何其他地方提出。当王安石对神宗赵顼说"不加税而国用足"，他无疑的已知道可以信用借款的办法刺激经济之成长。当生产增加货物流通时，即使用同一税率也能在高额的流通状态里收到增税之成果。这种扩张性的眼界与传统的看法不同，当时人的眼光将一切视为不能改变的定数。因此王安石与现代读者近，而反与他同时人物远。

改革的盲点与障碍

可是一个重要的因素始终没有被王安石看穿，也很少被他日后的崇拜者顾及，即现代金融经济是一种无所不至的全能性组织力量，它之统治所及既要全部包涵，又要不容与它类似的其他因素分庭抗礼。显而易见的财产权之被尊重和分工合作的交换率所根据之客观价值，不能在某些方面有效而在其他的地方无效。如果这当中产生两种条例和不同的习惯，则必生出罅隙，不仅引起争辩，而且将鼓励经济因素逃脱管制。大凡金融经济生效，有关货币与信用的事物必须取得随时随地都可公平而自由交换的法定地位，此有如液体被封锁于油管或水管之内而仍保持其赋有之压力。揆诸世界历史，迄今尚无一个国家可以不经过一段艰苦奋斗，而能构成此种组织之体系。旧有之系统，包括其中的既有利益必须铲除，然后所有的物资与所有的服务才能全面地交换，新的体系才能成立。王安石的变法没有引起所述的社会冲突，是因为宋朝的社会还未发展到这一程度，足以纠结新旧两派，作这场决斗。他的改革，只是政治上的一种冲动，而不是一种经济上的发展，所以其争执只出现于官僚组织之中。

有了今日的历史眼光，我们才能断言要将这帝国之财政商业化，金融之管制方式必须就位。有关汇票、提货单、保险单、共同海损、以船作抵押之借款、冒险借款、股份、打捞权利等等都要经过立法才能执行无碍。更重要的是法律上有关遗产继承、破产、丧失赎取权、假冒、欺骗、监守自盗等之规定也要与商业社会里的流动状态相符，且一切都用金钱统治，这一点才做得通。宋代内陆商业组织之实况与这种要求相去至远。

中国社会的低层机构之内，有更多不相符合之处。王安石之改革影响到全国农民，其最后之目的在将改革成果带到华北战场。如此的一种商业组织是不能缺乏农村内最低阶层的支持。可是宋朝和以前的朝代一样，土地之占有分割为无数小块，这种情况已有几百年的历史。农民弃地逃荒的情形经常发生。除了特殊情况之外，一般不由农业存积资本的情形，在当日和现在没有基本的差别。当这种种条件继续的过程中，有关服务性质事业即不能建立而展开。付费公路既未曾修建，一种正规之邮政也付之阙如。法庭的费用无力支付，则迟滞新式民法之展开。地方官发现，农民只能集体地指挥对付。所以宋帝国全国一致的局面，是由于文化凝集的力量，构成了社会的纪律，而不是金钱的力量和因之共存的凡有事物都能共通交换的因素。

因为他们缺乏我们今日的认知，所以宋朝官僚只在道德的立场上争辩，而在言辞之中暴露了当日社会的情形。例如青苗钱即未曾如现代之标准以法定的方式主持。所有申请贷款、调查申请者之情形、提供借款之保证、到期不能还款之处置，及没收其担保之财产等，全无着落。县令只将款项整数交给农民而责成他们集体负责，按时连本带利地归还，丝毫没有顾虑到村民的意愿和他们各人间的关系与责任。放债的资金来自仓储，原为筹备赈荒之用。而各县实际的储存，甚有出入，有些县份即缺乏仓存，在一体贷款追息的要求之下，这些县份虽未贷款，其县令也不得不在田赋上附加，以抵作应向上级缴付的利息。市易法也无从吸引太多商人与政府做生意；他们大多数害怕与衙门牵连。于是官员亲自督卖，使批发商绝迹，货物价格也只好由这些官员自定。有一次甚至有官衙人员在街上卖冰块与果品，被皇帝谴责。至于征收免役钱等于责成在乡村中实现金融经济，实际上政府早应组织银行，提倡保险，扩大批发业务，凡此都应当在城市之中着手。

而保甲法却又与王安石其他新法背道而驰。向全体农民征兵有如以前各朝，必以均田作基础，因为当兵的义务可以视作每户都纳同等之税，而税率又轻的情形下的附带条件。宋朝既已将税率提高，又促进金钱的流通，则全面征兵必使穷困之家更为不堪。而以方田法整理田赋也遇到技术上的困难。例如公元1082年，开封府报告每年测量只及于两县，全府之十九县须十年才能测量完毕。当这报告提出时，当中已经蹉跎十年了，因方田法案最初是在1072年提出的。

新法的失败

新法既然遇到如此不能克服之障碍，不免使人怀疑，当初有何凭借使其得以被提出？而且既已失败，为何又一再被挽回重用？在答复这问题时，我们必须知道，宋代官僚固然缺乏今日之眼光，无从洞悉金融经济之管制有待于各种预备工作之就位，而此种条件，超越了他们所处的时代。然则缺乏这样的眼光，也使他们不敢站在我们的立场，武断地认为新法必不可行。新法是一种试验，也是一种奋斗。这是他们的试验与他们的奋斗。

倘使新法不作为全国一致的法令颁布，而由若干地方官或若干带特殊性质之官僚将其局部提出实行，其成败则未可知。但倘使如此，没有上级的督责，也无固定之目标，这些措施，亦不足以称为以金融管制操纵国事。可是在较小规模之内，政府之活动渗入私人贸易之中，并非全不可行。例如唐朝之刘晏即曾将手下所管理之商品买入卖出，因而获利。在王安石将新法推行于全国之前，他任鄞县县令，他亦曾将公款贷与农民生利，而得到彼此满意的成果。类似的事迹使赵项和他的儿子们满以为反对新法者是有意阻挠。而使局势更为复杂的，则是不论新法适合实况与否，它一经颁布通行，收回亦至为不易，将其废弃也会产生甚多不良后果，所以主持的人不得不踌躇。总之，王安石之进退，扰攘北宋半个世纪，牵涉到力不从心的君主，也确实引入用心可疑的臣僚。只是我们看到主要人物之实力和风格，而他们也卷入漩涡之内，则可以断言这段事迹，只是时代的矛盾。中国政治统一的程度远超过国内的经济组织，继续发展的结果，只有使两者都受挫折。

第十二章 西湖与南宋

历经"靖康之难"的剧变,宋高宗君臣于风雨飘摇中,在临安(杭州)重续宋朝命脉。这一身兼制造业中心的南宋国都,繁华不下于《清明上河图》中所描绘的汴京景象。然而,尽管帝国掌握了丰富的资源,但缺乏适当的服务性事业为之周转,使得经济上未能突破,影响所及,军事也积弱不振。因此,在金和蒙古人的连番侵迫下,只有走上灭亡一途。

杭州（临安）在隋朝已负盛名。南北大运河开创后，它是南端终点。它与开封不同，后者大体上是一座消费城市，购买力操在政府官员及其家属和随从手里。南宋的国都——杭州，则是制造业中心。造船业、丝织业、瓷器与纸张的制造在南宋尤其突飞猛进。

西湖胜景

对现代的旅游者而言，离杭州近在咫尺的西湖，是观光者必往的胜地，当初该处是杭州湾的一部分，迄至公元7世纪前期尚且如是，后来靠钱塘江的一面被阻塞，年久月深，湖中的盐水也就变成淡水而成了今日的西湖。

西湖在面积上只比杭州市略小。两座大堤将西方及西北方曲折的湖岸距离缩短。白堤以白居易而得名，直通孤山。苏堤则始于苏东坡，他是诗人、画家和散文作家，在11世纪曾剧烈反抗王安石的改革。虽说他和白居易两人之间相隔近三百年，但他们前后都曾在杭州一带任地方官，也曾前后疏浚此湖。两座长堤即他们的工程所留下的遗迹。如此看来，中国传统政府以具有美术观念的人才为官僚，有其用心设计之奥妙，虽说两人同在西湖留名也算事出偶然，但其注重环境之保养与生态学则已胜过一般官吏。

中国一本歌剧称为"白蛇传"者，以西湖为背景，最近在美国风靡一时。揭幕时观众即面临湖岸。两只蛇之精灵，一白一青，已变成两个姣好的女子,名叫"白素贞"和"小青"。她们在白堤上邂逅一个年轻男子许仙。素贞与之一见钟情,结缡为夫妇之后,生有一子,小青即在他们家里伺候。可是金山寺里的方丈法海,发现了素贞的妖孽来历,即用一只法碗将她罩住,并且在碗上造雷峰塔。根据这段神话,只要雷峰塔在,白素贞免不了埋在万千吨的砖头之下。幸亏小青在当日大祸临头时逃脱,再回来时已率领着大批虾兵蟹将,而许仙与素贞所生子也已成年,加入战斗。他们的解放战终于使白素贞恢复自由。以后下文如何无人道及,只是雷峰塔则名不虚传确有此塔,而且在1924年崩溃,今日只有其痕迹残存。

即使是民间传说,中国人也保持传统观念,认为由浪漫邂逅而来的婚姻必大为不祥。不是蛇在引诱女子,而是女人本身即为蛇蝎。可是这篇故事之结局则表示着充溢生命之活力终能战胜权威,因为后者只能牺牲人本主义去迎合一般习惯,观众自此亦可看出大传统与小传统不同。高级文化离不开知识分子,小传统则以农民渔夫为标榜,如果那还不够,即搬出虾兵蟹将作为陪衬。

失势的英雄——岳飞

旅游者经过西泠桥畔,引入苏堤,附近有岳坟。葬在坟中的岳飞,也是宋朝的一位出色人物,从行伍出身,升为下级军官终成为宋朝最有名的大将。公元1141年他为宰相秦桧所诬构,以抗命罪死于狱中。当时秦桧与皇帝赵构密切合作准备与来犯的女真人议和。女真人已组织了一个汉化的朝代称为金，正长驱直入，迫着宋朝南退。岳飞的罪过乃是在这内外混乱之际还能约束部下，得到人民的支持，剿平盗匪，并且以步兵战术击破了来犯的金兵。他那时候只三十九岁，如若让他生存，则不仅几费周折谈判刚有头绪之和议可能变卦，而且这朝代南北奔波喘息未定，本身也会因为能将在旁而感到威胁。

岳飞死后二十年，被南宋朝廷平反，中国人因崇拜失势英雄的习惯，将他崇敬得仅次于关羽。可是岳飞与关羽不同，他精通文墨，他将传统之忠孝观念与所受教养同时发挥。今日岳飞墓旁已建有庙宇，高十四英尺，内中供奉他的神像及全部盔甲，上有匾额，据说"还我河山"四字系根据他本人书法描绘。事实上岳飞在最近几十年来，有鼓舞中国人民族思想功效。在他神像前有四个铸像向他跪列，此即宰相秦桧夫妇和两个同谋者。在30年代本地巡警很不容易才禁止游客溲溺于秦桧像上。也有人以粗硬之物包括枪柄去捣秦桧之像首。只有在二次大战时投降日本的汪精卫，才敢说岳飞是一个不能节制的军阀。

岳飞不是军阀，事实上他可以节制。要不然在华中大胜金人之后，不会因秦桧以皇帝的名义召他南归，即停止了与女真的战役而就死地。其实与敌人对抗时，在战与和两途徘徊乃宋代朝廷的一种惯习，这种举棋不定的态度可以追溯到北宋时代（那时国都仍在开封）。宋朝不能在战和的途径上长期保持其政策之前后一致，对本身造成的损害，远超过秦桧的奸计。

和与战的彷徨

　　这和战歧途，始于宋朝的第八个皇帝赵佶。他要不是被命运安排而有九五之尊的话，大可以在书上绘插图或专心收藏艺术品而生活得比较妙曼，做皇帝实非所长。他御宇期间不仅有王安石的纠纷，而且有女真人的勃兴。女真发源于东北松花江上流，语言属通古斯（Tungusic）系，也与以后之满洲人相连。在公元1113年他们叛离宗主辽而独立，一年之后即自称"金"，当时北宋已向辽纳岁币一百一十年。公元1118年的赵佶朝廷，炫惑于金人的成功，与之结盟攻辽，希望借军事行动的成功，而得以收复燕云十六州，完成朝代的宿愿。金之攻辽，如摧枯折朽，全不费力。1125年不待宋朝援助而灭辽。翌年这些远在北方之战士，觉得他们可以乘新胜之余威，对付北宋，于是大举南侵。赵佶在最后关头，传位于长子。金人旋即攻入开封，将宋朝当今皇帝与太上皇一并俘虏，送往东北，他们父子终身未得南还，同年（1127年）北宋灭亡。

　　赵佶的第九个儿子赵构自立为帝，也成了岳飞秦桧的主子，历史上称为南宋。可是赵构刚一行礼登极，立即就要逃命。往后四年之内，他从华中被金人追逐到长江之南，又从杭州逃到宁波，有一段时间内甚至寄身于沙船之上，沿着海岸线来往，以避免成擒，直到公元1132年金人北去，他才回到杭州（当日称临安）。1138年杭州成为国都，可是仍称"行在"，因为开封为赵宋王室历代祖先陵寝所在，不能名正言顺地放弃。

公元1141年的和议使赵构之母（以前也被金人俘获）南下母子团圆，南宋及金以淮河为界，宋承认金为宗主国，宋主所着之冠服由金供给，金即定都于今日之北京。南宋既为附庸，每年向金纳岁币五十万，半为银两，半为绢匹。

女真之金，既称业已因封贡而成为高丽人，回纥人及西夏人之宗主，于是因循中国传统，宣告其为区宇一家之大帝国。在宋使呈纳贡品之前，金朝已开始科举取士，文官之品级也已颁布，其君主着中国式之冕服，孔子之四十九世孙也被封为公爵，在祭祀孔子时，金主亲自行礼。

当日宋廷反对和议一派最有力之辩词为：国君须向异族行臣下之礼乃大失体统之事。然则反对和议也使国君之母无法南归，此又不免与传统之忠孝观念相违。此处不少历史家尚且忽视了一段事实：此时长江中游一带大部为盗匪占领，金朝正准备在当中设立缓冲国，并且已派遣投降之汉人渗透入宋朝之前方。更难于应付的则是与金交兵的时候，南方的财政尚在混乱状态，招兵也感到困难，即算各军仓卒组成，临安的流亡政府对本身之存在并无信心。

公元1161年，即岳飞被平反那年，金人又准备南下攻宋，但战斗无定局，双方之和谈迁延了四年之久。几经冲折，金人容许南宋自此不称臣，每年岁币也减少十万。

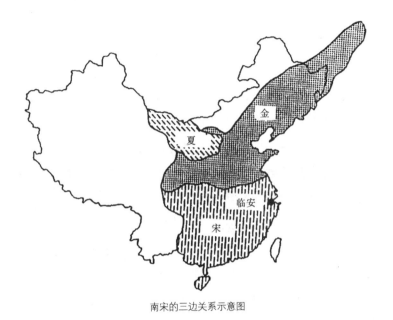

南宋的三边关系示意图

韩侂胄的悲剧下场

12世纪最后几年,韩侂胄为南宋权臣,再企图推翻和局。他的父亲与皇帝赵构为姻兄弟,韩本人又娶皇后侄女为妻,当太皇太后秉政时,韩势倾内外,有权废立天子。他既为宰相又掌枢密院事,更领有太师头衔,自是能单独决定和战。只是他在南宋朝中极不孚人望,在私生活方面也有骄奢之名。所以他在公元1206年定计北伐却出师不利时,很少人同情他。况且这1206年又是多难之秋,更北的蒙古,铁木真在此时自称"成吉思汗",在蒙古语内,这已相当于中国之天子,他的千秋功业正待展开,此是后话。刻下则金人在战场得势,胆敢向南宋要求韩侂胄之头颅,却也真能如愿以偿(由一个礼部侍郎谋杀太师,事成之后才由朝廷公布其罪状,剖棺割尸将头颅送金)。不过事虽如此,也有作史者为韩抱不平,谓攻击他的罪名大多虚构,况且他的贤愚不肖也改变不了一个事实:即韩侂胄为了一项宗旨牺牲了自己的生命。总之,这次和议成功,宋之岁币又增至六十万,宋主也在文书中自称"侄皇帝"而称金主为"叔皇帝"。

不出数年局势又大变。公元1214年宋廷乘着女真之金被蒙古攻逼得无暇他顾之际,终止交纳岁币。1232年再有一个更好之机会使南宋朝廷得报宿怨,此乃蒙古遣使向杭州,建议夹攻金人。这时候有些朝臣尚记得一百一十四年前皇帝赵佶在类似情况下约金攻辽,几陷朝廷于覆亡的惨况。可是宋人对金仇恨之深,历时之久,已容不得谨慎之告诫,于是结盟成功。不料蒙古之灭金,亦似以前金之灭辽,只费时两年,也丝毫不借宋之助力。由于他们已于1227年灭西夏,自此成吉思汗的子孙便可以专心一致地对付中土内仅存的朝代。在这一点上,南宋的作为较金人略胜一筹,兹后他们仍在风雨飘摇的局面里支撑了四十五年。

从宏观的立场上讲,南宋之和战问题与北宋王安石之新法有前后连贯之关系。这朝代不能在经济上突破,影响所及,其军事才积弱不振。

公元960年赵匡胤初登极时,地方税收的权力仍在军人手中,国家的高层机构与低层机构尚能保持适切之联系。开封行中央集权后，使此纽带逐渐消失。这帝国所能掌握之资源固然庞大，却缺乏适当的服务性质事业，使之合法合理周转。此中弱点所及，其损害超过全朝代三百一十九年和战关头之失策与犹疑。

况且提到这段史实，尚要顾虑到一种历史名词的问题。我们无法忽略在赵宋王朝期间，中国展开了一种"商业革命"和"文艺复兴"的说法。这些名目初由少数日本学者发起，渐有西方及中国历史家效尤。革命为一种社会运动，一经发起见效，即不能逆转。西方产生商业革命时，影响到很多公众组织，法律上之系统此后即以商业习惯为依归，而中国近代史初期并未有这种体制上的改变。

可是宋朝也确能用它的统计数字和它留下来的水彩画，使以后的观者读者领略到它炫人耳目的灿烂光辉。在绘画方面，当中首屈一指的无过于张择端所画的《清明上河图》。这图描画开封极盛时期，可能是金人于1126年进攻之前数年。全画幅长十八英尺，表现出一种乡村到城镇的全景，各节各段时间不同。它的右端有乡人赶着上载蔬菜的驴子上市，朝雾还在树顶。画之左端表现着黄昏到临，行人已有倦态，他们折着遮阳伞，收拾各物，带着一片懒洋洋的神情。这两端之间有城门、十字街头、大街小巷、汴河河畔，又有一座拱桥位于市中心，上有各色人物五百余，身长不过一英寸；又有各色船舶二十余，有的船舱门窗之上加有凉棚，显系私人闲游之用；在街上有小贩发卖点心及刀剪，供应食物之处所高低上下不等，自街头之摊担至三层楼客房都有，所有售酒之处皆张挂着一种旗帜，上有三条直线，好像现代的商标，甚可能因为当日酿造是由国家专利，此旗帜即为店铺之特许证。船舶、驮兽、骆驼、车辆以及水牛拖曳之大车上所载各种筐袋圆桶等，证实当日京城拥有大量之商业。各店铺之门招像是依实物描画，船舶与建筑物之构造全部逼真。各种物品之机械设计可以与时人文字之叙述互为印证。

《清明上河图》之为一种历史文件，举世无双。西方可与之比拟之图景，只有贝叶挂毯制作（Bayeux Tapestry）差可算数。在物质生活上讲，12世纪的中国无疑地已领先世界各国。张择端的杰作证实了宋人所述"行在"（南宋国都）的繁华现象。开封并非制造场所，即已有如是之商业，则南方大城市地理上更为适宜，又有更多之资源，经济发展之最高点且在张图之一个半世纪之后，实际上其繁华可能超过图上之描绘远甚。由于绘图者之耐性，凡物一概不厌其详，由此也证实了马可·波罗所记载的情况（虽说这游客有他大肆夸张的性格）。

只是纵然如此，还有待学历史的指出：这城市生活只替一个庞大的，并且以文辞见长的官僚机构服务。此和以后的现代欧洲不同，宋代中国之商业并不能产生一种品物的全能交换性（只有这种性格才能产生新的管制方式）。张择端图上显然缺乏信用机关、保险业经纪及律师事务所——凡此都未在当日出现。而《清明上河图》上有一所医生的住宅，门上标明其受有官衙之顾主，同时在文官系统中占重要位置之人物亦在图上显明之处出现，这表示在宋朝较进步的经济部门不能成为一般人民日常生活的领导力量。朝代之富庶根据当日的标准，只是使一个庞大无朋的行政机构之管理人员生活舒适。它是一种被动性的事物，而不是一种筹谋协定的主宰，因之它不能成为国家高层机构和低层机构间的纽带。

数字管理还没成熟

现有的书籍每说到宋朝，总离不了提及公元1021年的国家收入总数为一亿五千万，每一单位代表铜钱一千文。其原文出自《宋史·食货志》会计部分，但文内并未提到此统计之性质。然而根据当日折换率，以上总值黄金一千五百万两至一千八百万两之间，粗率地以今日美金四百元值黄金一两计算，则上数相当于美金六十亿至七十亿。当时全世界没有其他场所，国富曾如此大数量地流通。

虽说没有确凿的证据使我们对上述数字提出质问，我们也知道当时谎报数字和实际上通货膨胀都曾前后发生。但最低限度，我们可以说，宋代的经理者面临着一种不能在数目字上管理的局面。当中足使情况混淆上下脱节的原因甚多，有时候，有些仓库储藏逾量而其他地区则短缺。在宋朝的财政报告里，谷米之石，铜钱之缗，绢帛之匹认作可以互相交换。实际上物品的价格则各地悬殊，有时同一地尚因时间与季节而有不同。官方的历史即承认，所有兑换率通常由抽税人片面断定，致使"民无所诉"。当包税者与抽税人相持不下时，也不能断定税收应各依每处的预定数量或者根据实情而伸缩。有些抽税人本身也将款项分配开支。有时候应收数与实际已接收解库的名目混淆，遗失漂没免除的钱物也不除账。在复式簿记没有广泛使用之前，此情形也曾出现于西方，只是没有宋朝如此骇人听闻罢了。

因为上层的压力，以少报多乃是一般现象。同样的情形，军队各单位也虚报人数以便获得更多的粮饷，他们明知道发下来的时候还是要打折扣，因此也不得不虚报。这一单位如此，另一单位也一样，否则只好吃亏。本千年的初叶，宋军总数即超过百万，朝廷屡次派员查"冗兵"，却都没有明显的效果。

宋朝军队起先还经过甄选，在公元1035年兵士之薪饷还依据身长而有不同。那年之后这标准即被放弃，募兵入伍已无选择性，军队分为三级也成往事，只剩一些名目还照样保持。有时候募兵给安家费，因之收容入伍之新兵包括难民、乞丐和罪犯。如此一方面使得军费膨胀得不可开交，一方面能战之士日益短缺，在公元1126年金人来犯前夕，宋之军士甚至须在右臂刺字，以防止逃亡。

军队的情形也是国家财政的反映，而后者也应当与人民一般生活情形相协调。宋朝制度，虽说没有存心如此，却违反了这组织上的基本原则。它主要的问题乃是一方面有农民之纳税人，由它管制，一方面有农民的兵士，经它招募，两者之间的距离务须缩短。它的收入一度宣称出自"商业之来源"——主要为食盐、茶叶、香料、钾碱、酵母、酒醋（生丝列入土地税之内，有时代替货币），其实仍是农产品及乡间工业的产物。而中央集权的管制，并没有缩短上述距离，相反的，它延长了两者间的距离，并且由于官僚主义之滥用职权，使得关系更为恶化。

少数民族的军事优势

一般人之了解：宋之强敌借着半游牧的背景，有了牧人凌驾于农夫之上的优势。然而较少为人注意的则是，华北一落入他们的掌握，他们也向境内汉人全面征兵。辽将多数的汉人编成"转户"，配属在各"干鲁朵"（宫）之下，如此一来每一部落，即宫卫及优秀部队都有汉人人力充实作数，以支持契丹之兵员。金则将因世袭而参与军事之女真人杂居在汉人户口之内。各地居民自五十户至三百户编成一"谋克"，八至十个谋克构成一个"猛安"（实际户数编法各地大有出入），原则上谋克与猛安之首长只能由女真人充当。因之税收与征发经过他们的职业武士密切监视，达到行政上最高之效率。而其动员时所具有之伸缩性，更是必须经常维持一个庞大常备军的宋朝所不能比拟。所以异族或少数民族之军事优势由来有自。

操纵牧马的场所也与双方战力之盛衰有决定性的关系。《辽史》说得很清楚，与宋互市时，马与羊不许出境。同书也说及辽与金决战时不失去战马之来源关系极为重大。这限制马匹南下的禁令，也可以从张择端的《清明上河图》上看出，画幅上开封之大车都用黄牛水牛拖拉，可见马匹短少情景迫切。马匹原来也可以在华中繁殖，只是受当地农业经济的限制，其耗费极难维持，而且在精密耕作地区所育马匹一般较为瘠劣。

所以我们揭开中国历史近代篇之初年,所谓"经济枢纽区域"之解说,不见得与事实相符,但倒是可以看出中国地区因纬度不同可以分作几段地带:最北为畜牧地带;华北与之接壤,为农业地带,只是其内容仍相当的简单。与之成对照的则为华南,此乃茶叶谷米与水上交通之乡,即在工业化之前,此地带已相当复杂。综合本章所述,以上地理环境之不同,构成操农业之汉人与半游牧性的蒙古族人及通古斯族人长期角逐之背景。从长距离以不分畛域的眼光看来,则可发现,几经和战,当中一段地带终使少数民族与汉人混合。很显然的越是发展到现代,"汉人"这一名词文化内涵愈多,而不复如以前由血缘做主。

宋代向南后撤至少使朝廷赢得短暂的喘息机会。这地带的湖泊河流与运河,使来自北方的战士不能彻底发挥其长处。金人于公元1129至1130年间入侵江南,宋军以战舰遮断其退路,使其几乎遇到没顶的灾难。在局势淆乱时军事首长之自由行动也使作战之部署比较容易。譬如说岳飞的军队即以农民军、招降的盗匪和女真人征发之民兵编成,他有机会选择兵员并扩大部队。

可是皇帝赵构与宰相秦桧所经营的中央集权体制排除了军人拥兵自重的趋向。开封既已陷敌,南宋朝廷的军需问题极为紧迫。如果此时杭州拥有具实际力量的商业组织,毫无问题的,即会被接收过来,以作军队补给之后勤机构。而事实上朝廷只能以增税和临时挪用的办法解决刻下问题,此类权宜之计在短时间内一再出现:所谓"经制钱"者,即为经理节制一路财物之官经手的公费;"月账钱"为每月公费内强迫节省的余款；"板账钱"可以说是一种特别账目，以各种附加混合编成。而事实上这些名目很少实质上的区别，凡是现有的各种税收，一律按成数另增附加，总数由各地方分摊。行政之收入，例如输款赎罪，也提高征收；其他有如告状时之状贴费和许免证费也类似。这些办法仍不能供应时，只能以增发纸币对付。

马可·波罗眼中看来新奇之纸币，唐代即已出现。最初称为"飞钱"，乃是政府特许之汇票，使商人能在四川发售物品，而在其他地区收兑物价，以免携带大批铜钱来往之烦劳。北宋于公元1024年开始印刷此种可以划账之票据。其施用虽愈来愈广泛，但其制造发行仍只不过偶一为之。此种纸币有如公债，每种都有其兑现日期，通常为三年，收兑后此"票"即作废。南宋则以内地所征关税为担保；至1247年即任此种纸币永久通行，不再收兑。而因其缺乏适当之存积金，其贬值愈来愈甚，因之使民间蹙额，而货币贬值也增加政府本身之困难。这也是促成宋朝衰亡的一大原因。

值得注意的是，少数民族一经统治中原，也模仿宋朝的中央财政，也以金融管制为时髦。如此一来他们即丧失了农业社会之单纯性而同样遇到技术上的困难。女真建立的金，外表上是赵宋王朝的死仇，内心却深切地仰慕南朝。自天文占测至编制历日和宫廷音乐，他们一意模仿。而当他们印制纸币时，甚至创下了一种空前的纪录：其贬值为六千万比一。

科技的进步

宋朝是一个科技进步的时代。活字排版在公元1086年有了文字上的证明;天文时钟在公元1088至1092年之间装设于开封;以磁针决定航海方位曾在一部书中提及,书上之序注明为1119年;宋代之海船有四本至六本之桅杆,上装风帆十二张,船上有甲板四层;火焰投掷器上装唧筒在1044年之前出现;以人力脚踏发动之轮船开始于匪徒杨泰,他在公元1135年用之和岳飞作战。岳乃用腐朽之木材和野草投入其轮中,妨碍其机制作用;公元1161年则有了投掷榴弹的弩机出现。

宋朝的经济不能用以改革社会,无法否认的,是导致以上发明不能作有系统增进的一大主因。从西方的经验看来,必须商业的影响力远超过农业生产的影响时,上述的突破才能发生。中国在现代历史初期,谈不上符合所需要的准备程度。宋朝的商业虽说从当时世界的标准看来数量庞大,可是平铺在亿万农民头上,就为效至微了。军事行动既由边疆推至腹地,双方都要控制农地和操农业的人口,于是数量重于质量,均匀一致超过不同的名目花样,而持久性比昙花一现的智能要有用得多了。这种种条件都无助于开展各种发明以推广其成果之用心设计。

大多数的小自耕农使中国长期保守着传统的性格。这在有关王安石新法的争执时,即已揭露无遗,因为即使小本经营,农业工资也被限制而压至最低度。再因频年的战事产生了一批游民,免不了有的为奴为仆,于是以上的局势更不能打开。即由张择端图上也可以看出有大量廉价的劳动力。所以宋人有解决技术问题的能力,却无寻觅节省人力的动机。

儒学复兴不是文艺复兴

既然如此,他们的智能则朝另一方向发展,哲学上的检讨成为宋人精神上最大之出路。他们构成一种共同的趋势,将儒家的伦理搁置在佛家及道家的宇宙观之上,而称为"理学"。与汉代从美术化的眼光看世界不同,宋儒认为宇宙之构成包含无数之因果关系,而人之能为善,与自然法规(他们称为天理)相符。这种说法造成一种新的社会心理:一方面这批哲学家畅谈个人观感之性与命,另一方面却又在集体生活中并不感到被拘束。当然宋朝的国事与这种立场有关。从知识上的"宗谱"看来,宋代的理学家都受到一个称为华山道士陈搏的影响;以个人来讲,他们却都曾卷入当时的政治纠纷之中。在北宋时,程颢程颐与周敦颐要不是直接反对王安石就是间接地与反对新法的人士接近;在南宋朝中,朱熹首先反对与女真人议和,后来又改变立场与主战的韩侂胄作对;陆象山因为一本向皇帝的奏书大言不惭而被参劾。因此无一例外,他们都因对时局的意见而受到检举,他们所提倡之个人道德性格包含着一种"反对派"的意义,只是他们以含蓄的态度表现,不公开活动罢了。

分析比较以上各思想家的理论属于哲学的范围,这方面已有不少中国、日本和西方的学者从事,其研究结果也已载入各种书刊。历史家无从否定理学家增强了以后中国儒生的正直观念和坚决的态度。可是他们讨论的范围纵使渊博,彼此间的不同纵然多途,今日看来,他们的立场仍是过于单纯,他们仍无法脱离一种被安排的环境,即一种大而无当的官僚组织治理一个大而无当的农民集团。在这前提之下,他们的主静与主敬,和西方文艺复兴时的人物观感不同。后者自由思想之展开,与当日趋向商业化的运动同时。但丁(Dante)抛弃了衰落贵族身份而参加了富豪政治圈;乔叟(Chaucer)为伦敦一位关税监督所雇用;从米开朗琪罗(Michelangelo)至伦勃朗(Rembrandt),他们的赞助人或为教皇或为大绅商。与之相较,上述五位宋朝的哲学家和他们无数的僚友全穿着中国官员之袍服,他们是官僚的教师。

然则中国缺乏商业革命,不能产生文艺复兴,乃是因为地理环境与技术因素,而不由于意识形态。宋朝亘三百一十九年的奋斗,只证明了中国的南方虽富庶,仍不能在组织上做到整体化,因此敌不过以简单与粗枝大叶精神所组成的北方国家。

宋朝的覆亡

蒙古人最后一次对宋战争采取一种大迂回的战略。最初向今日四川南下的攻势贯穿至越南，次期的战斗指向襄阳樊城，围城之战即历经四年多的时间，从公元1268年的秋天到1273年的年初。这隔汉水对峙的双城陷落之后，忽必烈的元朝即未再遇到实质上的困难，他的军队一路顺着长江而下。

南宋最后一个重要的宰相为贾似道，他是一个雍容大度而显有心计的人物，可是他既无力作战，也缺乏实力讲和，只好以一切如常的态度使人民不致恐慌。在朝代最终阶段，军需问题恶化，因为抽税与印钞两种办法都已用到极端，贾最后采取了一个方法，即由政府强迫购买民间私田，所收购的以每户超过二百亩至三百亩之外土地的三分之一，实行的地区在长江三角洲上之六府，此处既为全国最富庶的地区，又近在咫尺，仍受宋廷的确实掌握，所付代价只需少数现金，其他杂以各种不同的价券，这恐怕与征用没收区别不大。虽说为公意所不直，有了皇帝的竭力支持，所有购田的计划仍如案完成。而这田土收入使南宋朝廷又撑持了约十二年。但最后贾似道仍向忽必烈求和，只是没有反应。在1275年他亲往长江督师，因战局不利被撤职，最后被谋杀。次年元军入临安。再三年之后，元水师与宋之水师交战于广东崖山海上，此时宋主为一个幼童，因战局不利由臣下背负跳海而死。所以赵宋王朝亡于公元1279年。

当时人多不明了技术上复杂之处，也有人对贾似道尽极口诛笔伐之能事，好像宋朝之覆亡全是他奸险及政策错误的后果。贾似道确曾在主持国计时有支吾之处，事在1259年忽必烈之兄蒙古主蒙哥死于四川合州，蒙军后撤，忽必烈北返筹措选举大可汗事。贾似道在此时虚张声势宣称宋军大胜而居功。传统的历史家借着这错误和其他小事指斥他为奸臣。其次,其为人可鄙之处,也被提出。贾似道年轻时喜欢享乐,不时在西湖上张灯设宴。有一次皇帝看到湖上灯烛辉煌,便说,看来贾似道必在潇洒自如。事实上也果真如此,不过这是他被派任为中国最富庶朝代之最高品位官职之前。

第十三章 蒙古人的插曲

从成吉思汗率领蒙古骑兵东征西讨，到忽必烈征服南宋，建立元朝，蒙古军队几乎战无不胜，攻无不克。但是如何经营这个雄跨欧亚的大帝国，忽必烈及其继承者仍是以"马上"得天下的精神治理这个国家，重武功而轻文治，以至于制度无法上轨道，改革也无法落实。90年后，这个中国史上空前的大帝国被明朝取代，中国历史开始新的阶段——第三帝国。

在旅游尚未成为一种有组织的事业之前，马可·波罗就已成了超级的旅游者。他前往中国既没有作买卖营利的打算，也缺乏传教士拯救众生的虔诚。只因好奇心发动，就使文艺复兴以前的欧洲大开眼界。根据当日的标准看来，他所留下的一段不平常纪录，已经牵涉到全世界的任何角落。纵是他轻易地接受传说，本人又喜欢夸张，可是他以亲身经验道出，就自然地打动了其他人的兴致，而使他们也欣然欲往了。他经常在书中提到："你不亲眼看到无法置信"，这样不断地挑逗读者，也使他们必须将想像力一再延伸，去欣赏远方异域的各种离奇古怪的事物。

忽必烈与马可·波罗

他书中的一代伟人乃是忽必烈，也就是成吉思汗的孙子。年轻的马可进出忽必烈朝廷之际，元朝的水师正集结准备于公元1279年歼灭南宋的残余舰队。此战役结束，"大可汗"成为全中国唯一的统治者，这是以前异族人主的事迹中所未有的。从此元朝创业之主和威尼斯之来客彼此以礼相待，建立了一段互相慕好的关系。马可·波罗从此仕元，他承应了大可汗之各种差使，也向他提供有意义之情报。

马可·波罗称中国为Cathay；南方的中国人为"蛮子"（manzi）。北京则成了"堪巴禄克"（Cambaluc），即蒙古人所谓可汗之大都（Khan-baliq）。中国人通称杭州为"行在"，马可·波罗稍一调整则成 Quinsay。

这位欧洲来访者视中国之纸币为一大奇闻。石绵则出自高山之间，可以搥碎分裂"有如树木之纤维"，然后"用作布巾"。煤则为"一种石块，燃烧时有如木材"，从山上采出，烧之生热。

从马可·波罗的纪录中，我们可以从另一角度观察忽必烈这个人。显然的，他作为一个领袖人物，既有慧眼，也相当机警。其志在战胜攻取，可是却也真心有意使他治下的人民在最基本的需要中得到满足。他多少将宗教当作一种工具看待。信仰既可以利用作为他统治帝国的凝固力，以增进团结；也可以被反利用为一种颠覆破坏的号召力，足以使之解体。所以他对各宗派的容忍，视其对自己施政方略的影响而有差异。马可·波罗对忽必烈的开明专制具有好感；可是应当批评时他也从不含糊。他有一次曾说："很多心存不轨的人，经常有谋反的趋向。"在另一处他又提出："所有的中国人都厌恶大可汗的政体，因为他所派的地方政府首长多为鞑靼人，尚有更多的色目人，他们视中国人如奴隶，使他们无法容忍。"读者自此也可以看出，大可汗以遗传的权利凌驾于中国之上的办法没有成功，只好以征服的力量来控制。于是他对本土之人不能信任，也只好将权力摆在鞑靼人、色目人和基督教徒的手里。这些人附属于他皇室之中，忠于职守地对他服务，〔其他的〕外国人也是如此。

蒙古大帝国

蒙古人能掌握到世界局势中的优越地位,在历史中可算独一无二。其人口只有一百万左右,他们的武功却使欧亚大陆几乎全在他们操纵之中,以至东西极端所幸存的地方极为有限。由于家族间的团结,又有牧人的刻苦耐劳性格,于是蒙古人有极优异的兵员。以前契丹之辽和女真之金已经将骑兵大兵团的战术充分发挥,可是成吉思汗和他的继承者更将其扩张至极致而所向披靡。他们的部队极守纪律,并以风驰电掣的速率行动,作战计划也周详完备。各骑士必要时可以倚赖他们牝马的乳汁为生,支持上好几天,甚至几星期。心理作战被广泛利用,例如让难民经行于队伍之前,散布谣言:如果被侵犯之城市胆敢抵抗,攻城之日就给以残忍的暴行和放纵的破坏。被征服的民众中若有军事和技术才能的人经常尽量地拔用。公元 1258 年蒙古人攻巴格达这个回教国时,有一中国将领参加,中国工兵一千人即操用攻城的炮弩投掷燃烧弹。十年之后他进攻襄阳樊城时,忽必烈招用两个波斯工兵设计能投掷一百五十磅大石块的重炮弩。

成吉思汗于公元 1227 年攻西夏时身故。他的帝国分作四部分:金帐汗国(Golden Horde)包括俄罗斯之大部疆域、莫斯科和基辅(Kiev)在内;波斯汗国所辖自阿富汗边疆及于伊拉克边疆;另一汗国在两者之间而向东延伸,概括今日苏联中亚地带与中国新疆,只有大可

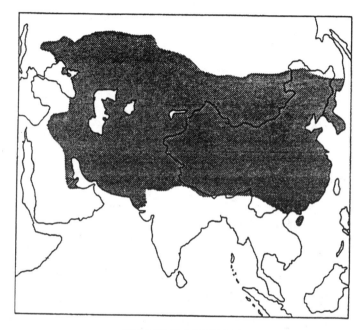

蒙古大帝国势力范围示意图

汗有权统辖以上三个汗国。他自己的领域北至蒙古沙漠地带,南达中国海之海滨。当日这不过是一个憧憬中的远景,直到这世界上最伟大的征服者死后五十年,才成为事实。

根据成吉思汗的家法,大可汗由选举产生。忽必烈取得这地位并未经过这一程序。他在公元1260年自称大可汗,在争夺名位时和他弟弟阿里不哥(Arik-Buga,元人将此名译为阿里不哥有循儒家思想指斥其对兄长不忠顺之意)兵戎相见。获胜后,他仍须对付中亚地区蒙古领袖所组织的联盟,他们是由从兄海都(Kaidu)率领,坚称维持成吉思汗家法。迄至忽必烈在公元1294年逝世之日，两方冲突仍未停息。虽说他本人征服南宋，可是也向西北用兵阻挡了游牧民族，使中国不受其蹂躏。只是如此大可汗统领各汗国的权力也就名实俱亡了。在这方面忽必烈并不介意，他一心专注于中国，企图垄断东亚。公元1271年，他在汉臣怂恿之下，创建了元朝。上章已说及又八年，即1279年南宋的抵抗才全部摧毁，至此他才成为中国式天子。

远征日本

很多历史家一提到忽必烈，就想到他曾远征日本出师不利，因为这战役也产生了日本"神风"的传说。元朝对日用兵两次。1274年的远征（当时南宋尚未完全灭亡），朝鲜被用作跳板，联合舰队里利用了八百艘大小船只，上载蒙古与朝鲜兵员两万五千人。在占领了沿岸几个小岛之后，他们在11月20日于九州博多湾登陆。日本军在完成防御工事之后等候援军的来临。当天战事胜负未决，是夜台风扫境，当蒙古人决心后撤时秩序大乱，据朝鲜方面的纪录所载，淹没于海中者达一万三千人。

公元1281年的远征已在南宋覆亡之后，兵力增大数倍。北方的进攻部队有蒙古和朝鲜部队四万人，船只九百艘，仍循第一次路线前进；南方军由宋降将范文虎率领，有大小船只三千五百艘，载兵十万，由浙江舟山岛起航。规模之大，是当时历史上所仅有，这纪录直到最后才被打破。

也和第一次远征一样，沿海的岛屿，不费力地占领，部队在博多湾登陆成功。只是在两次战役之间，日本人已在海滩一带构筑了一线石墙，阻碍蒙古骑兵的行动，于是远征军少有进展。战斗自6月持续到7月，仍无决定性的突破。8月间又有台风来临，船舶覆没数百艘。海陆军将领连范文虎在内率领巨舰逃脱，淹没的军士难以计数。陆上残存部队则被日军在滩头拘捕集体斩首。今日博多湾的"元冠冢"即显示了"神风"的裁判。朝鲜方面称，损失数在参加者半数以上而略强，中国与蒙古的死亡人数无纪录。日本方面的记载指出：蒙古轻骑兵不能发生力量，而中国军则装备低劣，士气消沉。

日本人两次将忽必烈的来使斩首，又两次使其远征惨败，忽必烈极度地愤怒，于是准备第三次远征，维持其声望。各项准备在二次失败之后不久开始进行，造船的工作及于全中国沿海，北至朝鲜半岛，中经渤海湾及今日中国之东北，商船也被征用，供应物品则大量地屯集，海上水手全被招募，甚至海盗囚犯也被宥免而予以官职以便往日本戴罪图功。公元1285年由长江下游运往朝鲜之米一百万石，表示大军的出动在即，可是1286年初，一道出人意表之外的诏令，将所有的准备全部放弃。《元史》称"帝以日本孤远岛夷，重困民力，罢征日本，召阿八赤赴阙，仍散所顾民船。"虽说所称符合情理，可是如此声张又自承以前之错误和目下弱点，忽必烈发出这种指令时不能没有道义上的勇气。

蒙古武功的极致

从历史的眼光看来,蒙古人的挫败证明了在现代科技发展之前,极难使一陆上强国同时也成为海上强国。要维持一个大舰队又要承当其损失,使付出之代价过于庞大。因为海上冒险要强迫大量人民往与他们日常生活相反的方向进出。当准备第三次远征时,忽必烈已感到绥靖安南和缅甸的棘手。公元1293年他再派兵渡海攻爪哇,也没有达到期望的效果,远征军虽然登陆成功却在土人反攻时,受挫折死伤惨重。这样看来在忽必烈的晚年,这世界历史中最伟大的陆上强国已到了它发展扩充的极限。

中国人常说蒙古人在马背上得天下,也企图在马背上治理天下,这种批评有事实的根据。可是要是说成吉思汗之子孙完全忽略经理上的问题,则与情况相左了。比如说忽必烈就花费一生不少的时间,研究如何管理他辖下跨地极为广泛的大帝国。他不仅受地缘政治的限制,也被当时的情形拘束,以前各朝代留下来的碎片,无法接收过来作为一个整体新秩序的零件。而他当时的问题又不容他好整以暇地创造新系统,使它有持久的功效。

忽必烈晚年逐渐与中国儒臣疏远也是事实,此间有几个原因:宋朝覆亡之后遗臣不降元,不时仍有谣传光复的情事;蒙古人阵容中也发生彼此钩心斗角的状态,即可汗本人也要向臣下解释他所下的决心是出自本意,并未受中国人的摆布。除此之外我们更要体会到蒙古之征服,确是以力伏人,而后面仍有地缘政治的问题,无法仅以军事方案解决。

蒙古的统治

蒙古人人数过少,文化程度又低,除了保持着他们的军事精神与军事组织之外,他们无法维持种族的面目。可是他们强悍的马术和日常生活的粗犷状态互为一体,一有都有。所以在元军之中,他们构成一种优秀部队,在多种战役之中,发生决定性的影响。其他非蒙古的游牧民族又为一系统,他们的部队称为"探马赤",通常发生第二层的功用。华北经过几百年契丹及女真人统治之后,其人民带混合性格,虽说不能与蒙古军匹敌,但却较南宋人民坚强,元朝也将他们征集服役,在平服南宋时发生了效用。蒙古人称之为"汉人"的,其实包括朝鲜人和其他各色人种。最后南宋投降的军队并未解散,而依原建制收编在元军之内。元朝并且命令属于"军籍"的户口通过遗传世代都属军籍,这样一来也俨如社会上带遗传性的等级（caste）了。

忽必烈本人没有种族主义者的征象,他只希望造成一种通过诸族之间的统治,而不使蒙古人因人数过少而吃亏。可是他统治的期间未曾设法创造一种以文墨为主中国式的文官官僚制度,他也未曾主持过一次文官考试。在他的教育系统内,蒙古文的字母至少与汉字均等。

而几无例外的，元政府里各单位的首长总是蒙古人。

元主对儒家学者以空洞的名目左右辩论深感厌倦，但他坚持各级官僚务必熟悉文牍，可见得他注重技术上的细节，本人也身体力行。这样的着眼不仅只在忽必烈在任期间如此，以后的继承人也同样注重。粗率看来，和以前各朝比较，这着眼应当是一种主要的改革，同时蒙古人提出这样的改革也算得合于情理，因为他们的战胜取功全凭武力，并没有任何道义上的成分在。

可是如此一来，他们便忽略了儒家政府潜在的基本原理。中国官僚政府诚然牵累多而功效少，有时尚且有马虎塞责，又有以伪善作口头禅的倾向，可是它必须应付成千上万的农民（他们是纳税人），所以政府必须清廉。传统中国对本人谦逊对人礼让的作风，足使很多争端无法启齿，且社会体制基于血缘关系构成，又有法律支撑，就用不着法理学上很多高深奥妙的原理，而牵涉到人身权利和财产权利了。政府授权于各家族，让他们教训管束自己的子弟，于是衙门减轻了本身的任务，各官僚在诗歌和哲学上才力充沛，也明知道他们的工作无须全部确凿切实，即司法也离不开相对的成分。由于他们不对各地区特殊的情形认真，所以他们总是可以用最低度的共通因素作为适用于全国的标准，因此整个文官组织的官位差不多都可以互相交换，而一个大帝国即可以用抽象的观念和意识形态治理。除了施政的风向得考虑，其他特殊的情事已无关宏旨。这种体制不好的地方容易被看穿，然则要改弦更张，既要对付中国广泛的疆域和内中各种复杂的情形，又受限于当日技术上能支持的程度（有如交通通讯），也就不合实际亦没有初看起来的容易了。

中国在蒙古人统治时期又在技术上有了进展：造船技术达到了最高峰，直到15世纪中叶明朝时才开始衰退；中国很多桥梁，尤以在长江之南的，在碑镌上皆提及系元代所造；元朝开始由北京通南方的大运河，其河道中途通过高峰；日本的书刊与马可·波罗同样对元军所用的抛射榴弹和纵火炸弹表示印象深刻，郭守敬是天文学家、数学家和水力工程师，曾在忽必烈朝中服务，今日仍有人认为他是当时世界上科学家的最先驱；而元朝创业之主，也钦定编修《农桑辑要》，以后出版多次，公元1315年的印数更达一万部。书中有很多农具图解，看来与本世纪上半期在中国使用的仍是一般无二，而这中间已有了六百多年的距离。此间也值得提出：元朝时的两种农作物——棉花与高粱，此时开始输入中国，它们对亿万中国人之衣食影响深切，至今已有好几个世纪。

可是忽必烈和他的继承者，并没有创造一种社会环境去持续这种发展。他不愿接受儒教的首一地位，因为由他看来，儒教的出头等于中国人的出头；他治下人民不仅种族的来源不同，即生活方式也各不相同，他企图找到一种精神上的信仰力量，足以全国通行。在他为中国之主以前，他曾央请马可·波罗的父亲和叔父替他召集"一百个精通基督之法的明哲之士"，只是我们无法确悉他是否一度考虑让全民都信基督教。但他接受喇嘛教，则无疑地有政治动机在。除了任命八思巴为"国师"之外，他也命令南宋在杭州降元的小皇帝和他的母亲同去西藏进修喇嘛教。虽说以后下落如何不见于经传，历史家却因这段记载推动了好奇心:要是这年幼的先朝旧主,虽退位仍有亡宋遗臣的爱戴,从此成了宗教领袖,回头又向异族入主之天子保佑祈福,这是何等高妙的如意算盘!可是我们也无法知悉这故事的下文了。

八思巴虽为国师,他和喇嘛教给中国人的影响也和儒教给蒙古人西藏人的影响相似——鲜有功效。初浅看来,因果报应的观念,又纠缠着重生转世,足以将精神上的力量兑现而成为来生再世的威权,加上巫术式仪节,应当对不识字的中国农民极具魅力。可是要有政治上的功效,则必须政教合一,同时也要将中层的知识分子铲除。历史证明,这套作法只有在一个原始的经济圈内有效。中国的13世纪,已不适用于此种体制。

忽必烈有意不让中国人的影响过于浓厚,于是向各方求才。聘任于政府的有波斯人、回纥人、东欧人等。这些人统称"色目",大概有"各色诸目"之意。不过整个说来他们影响并不过大。当中有好几个成为忽必烈的亲信,以后也遭杀身之祸。当左丞相阿合马(Ahmed Benaketi)被一个中国军官刺死时,元主将刺客处死,可是后来为息众怒,他也以剖棺戮尸的办法对付阿合马。桑哥(Sangha)以平章政事(副丞相)仓库财物,因为群臣参劾,也被处死。两人都被控有罪,然则事后真相则是他们两人都企图扩充税收,增广财政范围,所以极不孚人望。因为元政府具有国际色彩,其组织极难控制。因此这两人的部属在都城之外"贪饕邀利",事当有之。不过根据《元史》里面的纪载,文化上的隔阂,才是他们产生悲剧的原因。即使我们今日遇到书中此类事迹,也要将原文反复阅读,才了解传统政体之中,宁失于松懈，不能求效过功。如果领导者放弃了雍容大方的宽恕态度，其下属则无所不用其极。阿合马和桑哥看来都没有掌握到此中情节的微妙之处。他们在企图提高行政效率时，可能脱离了传统忠恕的范畴，他们的对头即可因为他们技术上的错误，扩大而成为道德上的问题，谓之死有应得。

财政问题

经过很多改革的失败，元朝财政一直没有成为定型的机会。华北的税收即与华南不同：在华北租庸调成为一种体系的制度，亦就是税收以户为单位，虽说内中仍有差别，但尽其可能地使各户所出相等。这是契丹与女真留下来的遗物，他们需要同等简单的税制支持他们的军事动员。可是在华南，元朝仍如宋朝按亩收税。再则忽必烈和他的父兄一样，将一部分付税人户分割为"封禄"或"投下"以作为一百五十个皇亲公主及文武功臣的私人收入。被封人派经纪去地方政府监接收纳，但不得以各人户的地产作为自己的庄园，或是将他们当作农奴看待。"投下"最大的包括十万户，小的不过数十户。他们的存在也产生了无数的纠纷。

从表面上看来，元朝课税程度较以前各朝为低，而以江南尤甚。在兴师灭宋前夕，忽必烈称凡南宋所征之苛捐杂税一律除免，只依正赋做主。事实上他无法说话算数，他出兵海外即用各种非常之征发支应,只是这些征发停止之日,扩充税收的办法又无成果,但至少在表面上和法制上,税收的程度低。因之忽必烈也为以前的历史家所歌颂,而实际上他既未作全面改革,也未将现有制度固定化,使他的接位人日后为难。他们既不能以正规收入应付支出,只好大量印钞,造成通货膨胀。

从宏观的角度看来,蒙古人这一阶段是中国第二帝国和第三帝国间的过渡阶段。元朝承接了唐宋的成长与扩充,在科技方面尚有继续之增进,可是它没有投入新的燃料使这运动不断地进步。当它在财政上无法突破,让税收数迟滞于低层,又强调"农业第一"的情形下,它实际上已将第三帝国的收敛态势预先提出。后者只要加入内向和不带竞争性的格调,即可以完成这历史上的大转变。而这情形也就出现于明朝。

帝国末路

中国历代创业之主乃是创制法律的人物。他们可以在各种情况尚未稳定,一切有如流水之际,独自以武力做主,指挥仲裁,以强制执行其意愿,因之在历史上作大规模的调整。这情形在蒙古人主的时期最为显著,因为蒙古人的武功有排山倒海的趋势。再则元朝一切作为被忽必烈一手垄断,他的后人只能随着他的规划,很少有所调整。虽说如此,我们仍不能忘记这一切大致上还是地理环境所赐。马鞍上驰骋自如的骑士借着自然的力量征服了大多数在小块土地上种田的农夫,却缺乏组织上的技能,使两方同时受益而前进,而彼此结合,却又无法保存这征服者文化上的本来面目。

忽必烈晚年被痛风病纠缠,他从未在南方强热的地区感到舒适。当他即皇帝位之前,每年暮春及初秋之间都去上都(今察哈尔之多伦)避暑,极少间断。以后的继位者也因循着这春去秋还的办法。然而传统帝制,经常需要天子作人身上的仲裁,皇帝久离大都(即北京,详前)不是增加互信的好办法,皇位之继承也因之发生了大问题。忽必烈于公元1294年去世时,皇位由孙子铁木耳(Temur)所得,在位十三年。此后二十六年之内,出现了八个皇帝。如同传统一样,新旧交替很少不生阴谋及宫闱之变,给人看来,情形极不稳定。随着这八个皇帝之后,又有元朝的第十一个皇帝,他倒在位三十五年,可是他也是元朝的最后一个皇帝,在明军入大都时奔回漠北,使元朝在中国历史里成为一个被驱逐出境的朝代。

忽必烈的继承者所做唯一一桩不因袭朝代创始者规划的大事,乃是公元1313年恢复了中国传统的科举取士。自此之后,会试举行过十三次。可是其目的并不在构成中国式的文官组织。当考试时蒙古人及色目人另为一科,有不同的试牒,录取的人员也不任重要职守,只在低层组织中授受不重要的官位。中国不少读书人因此郁郁不得志,只好将才能向其他方面发展,写剧本即是其中之一,从此元曲既包含着优雅的文句,又带着日用俗语,更添上戏台上技术名词,使中国文学另开别径,这也使中国之舞台进入一段黄金时代。

既有元朝之蒙古阶段，中国需要宏观历史愈为明显。人类中常有很多事迹，其历史上的长期合理性不能从短浅的眼光窥测，即使当时人物所作的判断，也可能尚有因果因素，超过他们的人身经验。或者这也是马可·波罗笔下提及忽必烈时心头带着矛盾的原因。同样的，这也可能是明太祖朱元璋心中矛盾的由来，他在1368年推翻元朝，以后提及"胡元制主"的时候，深带着汉人民族主义的情绪，可是却又将元世祖忽必烈的牌位，供奉在列代帝王庙内，与汉唐宋创业之主并列，一同祭祀。

第十四章

明朝：一个内向和非竞争性的国家

明朝，居中国历史上一个即将转型的关键时代，先有朱棣（明成祖）派遣郑和下西洋，主动与海外诸邦交流沟通，后有西方传教士东来叩启闭关自守的大门；同时，明代又是一个极中央集权的朝代，中国历代各朝无出其右者，而明太祖建立的庞大农村集团，又导向往后主政者不得不一次次采取内向、紧缩的政策，以应付从内、从外纷至沓来的问题。这些发生在有明一代错综复杂的历史事件，使明朝历史具备了极纵横曲折的多面性格，致令学史者必须谨慎细心地厘清，才能洞见真相。

中国历代创业主中,只有朱元璋的出身最为微贱。公元1344年,旱灾与饥荒降临到他的故乡时,数星期之内父母和长兄相继去世,当时其既无资财购置棺椁,朱元璋和他另一位弟兄只好自己动手将他们草草掩埋,自此各奔前程。这位明朝的始祖,初时在一所庙宇内作徒弟,任杂役,当时尚未满十六岁。不久之后,他成为一个行脚僧,在淮河流域中靠乞食为生,在这情形之下,他和当日暴动的农民与秘密会社有了接触,这些人物后来对改造朝代深有影响。原来元朝末年,朝廷对各地水旱的灾荒缺乏适当的处置;经营水利的大工程则纠集了多数的劳工,其待遇也没有保障,元军的各将领则钩心斗角,各不相让。于是各种条件都使当日胸怀大志的草莽英雄满觉得时间业已成熟,乃是兴兵发难的最好机会。朱元璋无师自通,又善于玩弄人物,于是仗着自己的组织才干,将各种因素收集综合起来。他花了十二年的工夫,既经过忘命的战斗又靠胸中的计谋,终将其他诸人所掌握的地盘接收归并,从今之后他的名位已无可抗衡。公元1368年他所控制的长江流域已是固若金汤,于是正式宣布明朝的诞生。蒙古人的元朝毫不费力地被除逐,他们的末代皇帝也采取了一段前无先例的行动:他既不死于社稷,也不留着行禅让礼,却开宫门北奔,回到他祖先所来的草原中去。

高度中央集权

朱元璋奠都于南京(过去曾称建康或金陵),在不少人的眼里看来，这是一座"不吉祥"的国都，没有一个朝代定都于此而能在史上站得长久，即使到近代的太平天国和蒋介石亦未能幸免。可是孙逸仙称南京"高山深水与平原钟毓于一处"，这伟大的背景和他的眼光却互相衔接。算来也与他的志趣相符合，今日他的陵墓以花岗石和大理石筑成，即位于紫金山之阳，俯视南京城，视界远眺无碍。

朱元璋在14世纪成为中国的国君。其既从极为卑贱的地位而登九五之尊，他也只有大刀阔斧地行事。他的都城城墙长近三十英里（今日这砖砌的大架构依然存在），使南京成为世界上最大的砖墙环绕的城市，飞机可在城内起飞降落，城中又有竹林水塘，甚至大块的蔬菜园，南京用不着郊外，它本身即是郊荒。

同时朱元璋在中国政治史经济史和社会史上留下来的痕迹，也同样地带着戏剧性，其影响所及，至今未衰。当中最大的特色无乃极度的中央集权，如果今日美国也依法炮制，则不仅加利福尼亚和得克萨斯的州长要由华盛顿派充，即使各州的市长与警察局长也要由华府任免，甚至他们薪给和衙门里的预算也同样要经过中央核准才能算数。世界历史中并无这样的例子，以一个如此庞大的国家由中枢管束严格到如是之程度。

这严紧的管制是鉴于前代之覆辙所产生。当蒙古政权被驱逐出境之日，元朝当然地被否定，即使是以前的赵宋也因为管理松懈而被指责，抚今追昔，中国的官僚组织及人民如果整个地确守纪律保持团结，此泱泱大国绝不会受制于外来之少数民族。大凡专制政体总离不开道德作护符，以明朝的事例而言，朱元璋本身即是他的发言人，他曾御制书刊数种，内中提到他的严刑峻法，仍是受昊天明命，非如此即不能使纪纲整肃。

事实上，维持高度的中央集权仅有纪律仍是不够，当中大部分的成效，实因恐怖政治而获得。朱元璋在历史上曾主持政治整肃四次，时在公元1376年至1393年之间，被检举的对象有政府高级官员、高级将领、公费学生、寻常百姓、各处地主，以及家族首长。其检举之程序似有定型：起先首犯人物以贪污谋反的名目造成刑狱，是否有真情实据不说，只是刑狱的范围只有越做越大，与谋的同犯及嫌疑犯也愈罗致愈多，和主犯曾有来往也是有罪之凭据，一种含糊的道德上之罪名即可置人犯于死地（专家曾作估计，因这样的检举而丧生的不下十万人）。当案情结束之际，皇帝也以各项罪名将各审判官处死。

经过这四次整肃之后，这国家与社会即使以中国的标准看来，也算是极度均匀，从此中枢不设宰相，迄至明亡，这体制不变。国事不论大小，全由皇帝出面主持。所谓"言官"，即监察人员，有权检举施政不法之处或官僚机构中不循常规之处，必要时也可以向皇帝诤谏。他们若含默不言，算是疏忽职责，然则言官并不因为建言，即可无罪而置身于刑罚之外。有明一代曾有不少言官因为执行职务时冒犯了皇帝，御前不赦，而死于监狱。

俾斯麦曾认为德国经他经营，至19世纪末年已达到饱和点，因之此后不再拓土。而五百年前朱元璋也有类似的看法。他决心固守中国"内地"，不再向外发展以避免额外之枝节。他以朝代创业人的地位，传示于他的子孙，声称明军"永不征伐"的国家凡十五个，这十五个

十五世纪的明朝示意图

以朝鲜与日本及安南（越南）领先，及至南海各小国。当倭寇侵扰海岸的时候，朱元璋为着息事宁人，将沿岸一带之中国居民后撤，明令明朝臣民一律不许泛海。不过与外间各国接触并未完全放弃，有限度的商业，一般借着外夷进贡的名目进行，仍继续不断，只是监视得严密罢了。面对北方的防线，修筑"边墙"成为一种值得专注之事业，今日外间旅游者所欣赏的中国长城，大部都是明代遗物，由朱元璋手下的将领徐达所建，上面的碉楼则系16世纪由另外一位明将戚继光新添。对于此时尚留在中国境内的蒙古人和色目人，明朝新皇帝另有指令处置：他们不得同种互婚，亦即是婚嫁必以汉人为对象，违反此令的，查出受鞭挞八十次后发放为奴。

明朝的军事设计仿效元朝，但是不以种族区分为社会的阶层，而是全民分作"军户"及"民户"。一般军户不纳税或仅纳少量之税，尽可能时还分配有田地耕种，且是子孙相继，但他们有向国家服兵役的义务。所谓各"卫"及"千户所"，即等于各团营之司令部，既配置于边防线上，也零星搁置于内地。各"所"有指定的"军户"，永远保持兵员不会欠缺。作战动员时，等于师旅之战斗序列即由以上各单位抽调编合而成，视需要的情形而定。在朱元璋御宇期间，全国有一百七十万至两百万的军户。在这组织系统的有效期间，征用军事人员的工作因之简化，而最重要的是，使一般农民不至受征兵的打扰。

明朝的财政

朱元璋另有一套设施，是关于财政与税收，其关系更为重大。经过他四次政治上的检肃之后，全国确实散布着无数的小自耕农。一般土地税的税则至轻（虽说地区间的差异仍是很大），征收时多以收取谷米及布匹为主。不过税率虽低，纳税人由各乡村里甲的领导人监督之下，有向国家指定之仓库交纳之义务，这些仓库有时在边区远处，而且政府衙门所需要的诸般服务也不长久地隶属于各单位，而是以无给制向民间征用，例如衙门内的传令、狱丁，都由各乡村轮派，即使文具纸张，甚至桌椅板凳公廨之修理也是同样零星杂碎地向村民征取。官方旅行，也由民间支应，全国有上千的驿站亦即是招待所和中继所，内有交通工具及食宿的诸项设备，只要有兵部（军政部）颁发的戡合（公事旅行证券），则各驿站有招待的义务，而被指派的民户也有供应的负担，但各地区以接送其官员自某一驿站至另一驿站为原则。

每一县份都将它向民间征取的人力与物资列成账目。全民编成班排轮流供应服役。当朝代创始于 14 世纪时，每一民户只在十年之内有一年轮到服役，只是当中有些应差的名目，夹带着不定的财政义务：管理仓库的收账人要负责每一石谷米到每一支蜡烛的交代；各地方首长派向远处交付粮食者还必须赔补途中的损耗；所有的驿站必须供应所有的旅客。兵部所发戡合愈多，其民间的支应也愈大，因为需用的饮食车船马轿和人伕全系向民间无价征来。原则上这种有财政责任的服役指定由富裕之家承当，公元 1397 年户部报告全国有七百亩土地（约一百二十英亩）的人户共为 14341 户，其名单送呈皇帝御览。显然的，在朱元璋亲身切眼的监督之下，这一万四千多人户必在各地区担任有财政义务较为沉重的服役。如是也好像采用了一些累进税制精神。

朱元璋的擘划

六百多年之后我们翻阅这段纪录，深有感触的不是当中节目的详尽，而是如此一部计划在事实上竟可以付诸实施。很显然的，朱元璋的明朝带着不少乌托邦的色彩，它看来好像一座大村庄而不像一个国家。中央集权能够到达如此程度乃因全部组织与结构都已简化，一个地跨数百万英亩土地的国家已被整肃成为一个严密而又均匀的体制，在特殊情形下，则由民间经济做主，形成人力与物资可以互相交换的公式，而厘定分工合作的程序，其过程虽复杂，但在朱元璋督导之下，则可以借行政上的管制付之实施了。

仅是对朱元璋的褒贬还不能全部解释此中的奥妙。不管说设计人确实是具有天才的创造人或是极毒辣的阴谋家，还是不能解答当中最紧要的问题：何以这古怪的设计竟能在事实上通行？这样看来，元朝因蒙古人的军事占领而留下的复杂情形，必已超过我们一般的了解程序。同时我们也可想见，由于宋朝以经济方面最前进的部门使财政上的资源整体化，遇到惨痛的结果，才有以后退却与保守调整之必要。明朝在中国历史之中，为唯一借着农民暴动而成功的朝代，它在创始时，因借着农村中最落后的部门为基础，以之为全国的标准，又引用各人亲身服役为原则，看来也是合乎当日的需要了。朱元璋并非不通文墨，他自己即曾著书数种，身边也有不少文臣替他策划，此人思想上的见解不能吸引今日一般读者，可是他的设计，最低限度在短期间内确实有效。他牺牲了质量以争取数量，于是才将一个以农民为主体的国家统一起来。

可是他所规划的长久影响则只有令人扼腕，这等于向中外宣布：中国为世界上最大的农村集团，它大可以不需要商业而得意称心，政府本身既不对服务性质之组织与事业感到兴趣，也无意于使国民经济多元化，至于整备司法和立法的组织足以使经济多元化成为可能，更不在它企划之内了。

所以明朝官僚主义程度之坚强与缺乏弹性，举世无比。其依借社会价值作行政工具的程度也较前加深：男人强于女人，年老的优于少壮，读书明理之士高于目不识丁的无知细民，就像自然法规一样不待解释，也是昊天明命。以上三个条件既与经济无关，又不受地区间的阻隔，即可以促进全国之团结，通行南北无阻。只是倚靠着文化上的凝聚力，也使明朝主静而不主动。各处少变化，这种形态阻碍了任何方向的进展。及至朝代之末，事实上的利益冲突无从用实际的言语道出，有些权力上的斗争，原来因技术问题而产生，也要假装为道德问题，好几次皇帝宫闱间的纠纷也被衣着锦绣的朝臣用作出发点去支持他们的争论了。

15世纪初，朱元璋的一切规划好像全被他的第四个儿子朱棣所否决。

明成祖朱棣改弦更张

当朱元璋于公元1398年逝世时，南京的皇位依照传位于长裔的办法，由皇太孙朱允炆继承。不到一年，朱棣反叛，内战三年之后，叔父打败了侄儿（后者可能在宫殿里失火时丧生）。夺位之后，朱棣采取了几项行动使他父亲朱元璋所有的方针政策被推翻：首先他即不顾朱元璋的遗命，进兵安南。最初明军之行进极为顺利，朱棣乃将今日越南北部划置为中国的行省，只是后来越南人采取游击战术，中国远征军进退失所，加以交通通讯困难，补给不继，迄朱棣于1424年逝世时，此问题仍未解决。

在北方，朱棣也不相信不介入政策。他自己即亲率大军讨蒙古五次，两次渡过克鲁伦（Kerulen）河（今日在蒙古共和国境）。在此之前，中国的君主未曾亲率大军如此劳师远征，朱棣的部队每次大概有二十五万人左右。当最后一次远征南返途中，他因病而死在今日内蒙的多伦诺尔附近。

重建北京的宫廷与城垣，在他督导之下经营了十二年，使用的匠人达十万，劳工达百万，城垣高四十英尺，周围十四英里，直到1962年因为疏畅市区的交通，这城墙才被拆除，今日只有前门和地安门，两座像堡垒式的建筑依然存在，上有碉楼数层，好像表彰着中国在历史上的生命活力，自15世纪迄至今日，已在各种变乱之中经历了不少的风霜。此外紫禁城里的故宫则全部保全完整，宫殿内有房舍九千间，当初由朱棣下令建造，以后又续有新添，更因清朝的大规模翻新，现有的故宫成了中国传统建筑最大规模的现物陈列。有了这些，经营明朝的第三个皇帝又修正朱元璋的设计：他于公元1421年移都北京，将南京称为"留都"；由蒙古人创建的南北大运河，朱棣也将之重造，既将河道掘深，又加筑闸坝以增进其效率。

郑和下南洋

在这一切纷至沓来之际，朱棣更命令宦官郑和屡次下南洋。第一次航行发动于1405年，计有大船62只，小船225艘，上载军民27800

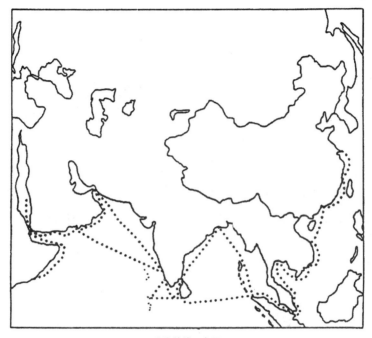

郑和航线示意图

人,最大的船,长440英尺,宽186英尺,即次级之船亦有370英尺长,横宽150英尺。这样的巨船只见于书刊不见于实物,可是1957年考古学家在当日船厂附近发现有船舵舵竿一桩,经过估计,其舵叶之高宽都应当在20英尺以上。

郑和曾前后下南洋七次,最后一次航行于1432年间,已在朱棣之身后。在后面主持此次派遣的乃是朱棣之孙朱瞻基,明朝的第五个皇帝。平均计算起来,这七次航行中每次费时二十个月。这舰队曾在马六甲海峡(Malacca Straight)与海盗作战,干预爪哇(Java)之内政,擒获锡兰(Ceylon)国王(今日之斯里兰卡 Sri Lanaka,企图劫夺郑和之船只),发解南京听讯,又劝说了好几十个国王与酋领向中国进贡,有些国王还亲来中国观光。这舰队巡弋于印度洋,派遣分队前往主要航线之外的地方,从波斯湾到荷姆兹(Hormuz),非洲海岸之桑吉巴尔(Zanzibar),红海之入口处亚敦(Aden)。舰队之中有七人还曾往回教圣地麦加(Mecca)。

郑和之后再未有遭派舰队之事,船员被遣散,船只任之搁置废烂,航海图被兵部尚书(军政部长)刘大夏焚毁。现代中国学者,对于郑和之下一辈在上述灿烂光辉的创举之后不事继续,既感惊讶也觉得愤恨。看到不过百多年后,中国东南沿海即要受日本来犯的倭寇蹂躏,澳门且落人葡萄牙之手,不免令读者切齿。中国从此之后,迄至19世纪无海军之可言。而19世纪向外购办之铁甲船,也在1895年的中日战争被日本海军或击沉或拖去。

这问题迄今仍没有确切的解答。不过朱棣的经历,在历史上确有离奇巧遇之处:1405年坦麦能(Tamerlane)正准备侵犯中国,但却在举兵前夕逝世。中国的幸运君主因之避免了与世间最伟大的军事领袖之一周旋;西欧之海上威权,则待到朱棣舰队耀武于南海纵横无敌之后,又经过若干年才开始出现;他之攻安南并交趾所留下来的不利后果,不在他生前暴露出来,却遗患他的子孙。为什么这些事在时间上如此巧合?我们不能置答。可是在已经发生的情事内,我们倒可以提出若干解释:即朱棣之作为已超过他可以支付的能力,他的帝国接受了极度的负担,已近乎破裂点,他的继承人必须全面地紧缩,才能避免朝代之沦亡。

在此关头需要特别提出的则是,朱棣的征敛只能因循他父亲的规划,得自农村经济。而农村经济既缺乏省区间的联系,又无各行业间的经营,于是筹措的办法,要不是直接科敛,就是引用足以产生反效果的手段,有如将朱元璋辛苦存积的贮藏抽用,加紧添发纸币,再不然就是平面地向下层加压力,勒派额外捐输,增添不给酬的工役。朱棣为人机警而有城府,也带着几分魅力,他经常在身边役使着一群文学之士,他们将他的年鉴和施政的号令一再修饰,也算写得令人动听,只是皇帝的苛政既已施用广泛,已不能全部掩饰了。例如各地的方志即提及国都北移,多种赋税之附加,凭空地派上了八百英里的脚费;工部的报告提及,工匠原应服不给酬的工役,每人每年只三十天,而修建北京时,却有整年不返情事;一个知府因反对额外科征,被置放在一辆槛车之上押解赴京,由皇帝亲自审讯;户部尚书(财政部长)夏元吉任官二十年,只因为反对漠北用兵,被朱棣监禁三年,直到皇帝去世才重获自由。

现存的资料证实,郑和准备航海时有权向沿海地区直接征用人力与物资。这舰队之出动虽也有商人参加,可是其被抨击,仍是由于其缺乏利润。郑和最大船舶有甲板四层,内有家属用之船舱及公用厅房,有些船舱内设衣柜,亦有私人厕所,使用者持有钥匙。随行家属包括妇女及孩童。虽有商人夹杂其间,他们并非个别出资经商。海船的往返,找不到一种不可缺少的商品作大规模的载运,因之其劳师动众,更为人指摘。这些船舶所载出口商品为绸缎、铜钱、瓷器和樟脑,回程的入口商品有香料、珍宝、刀剪、油膏、药料及奇禽异兽,此类物品可以增加宫廷生活之色彩,却不适用于大众化市场。即使胡椒与苏木被政府使用当作文武官员薪俸的一部分,其价格仍不值得建造和维持如此巨大舰队。郑和所率领的军队虽在海陆战役里获胜,可是一次战役也可能死伤数千。另外南京之龙江船厂曾造大小船只数千,所有的人力和物料全系向民间征用,此更招民怨。

明宣宗朱瞻基

当朱棣于1424年逝世时,皇位由太子朱高炽袭承。不到一年,后者也相继驾崩,接位者为第五个皇帝朱瞻基,当日不过二十六岁。他曾受极好的儒家教育,御前也有好顾问,在个人讲,朱瞻基不乏对国事判断的能力,在明朝皇帝之中可算难得。他的艺术天才与宋朝皇帝赵佶相比,尚可能较赵佶为优。今日他的作品可见于美国麻省剑桥的福格博物馆(Fogg Museum)、堪萨斯城的勒尔生美术馆(Nelson Gallery of Art)和纽约之大都会美术博物馆等处。朱瞻基与宋朝优柔寡断的君主不同,要是事势需要的话,他既可以极端的强硬,也可能极具决心。

他登极不久,北方边境的情形已相当的和缓,原因乃蒙古人分作东西两支忙于内哄,已无暇问鼎中原。而困难的问题来自南方:朱棣之征安南,至此用兵将近二十年,休战之日尚不可期,中国的资源与人力好像投入一个无底洞里。朱瞻基登极时越南人又以游击战术大败明军，新皇帝派遣他手下能将带着援军前往，而战局只有更恶化，援军司令只能与越南人谈判，让中国文官和残余部队撤回明境，而他在公元1427年回国即被拘押而判死刑。

国内全面叛变情形尚未展开，可是征象已相当的明显，长江三角洲为全帝国最富庶的地区，看来也最是当日危机四伏的地区。此中尚牵涉到一段法律上的问题，因为南宋强迫购买这地区内的民田，迄至朝代覆亡，所应付之价款并未付清，元朝又据之为公田，且更扩大了这地产的范围。朱元璋创建明朝时，同样地规避了法律与主权上的纠纷，他只称此间人民在他登极之前曾支持过一个和他作对的地方首领，因之他以战胜者的地位没收了全部有问题的产业。可是他也未设局司掌管这带田地，所谓租金也混同在一般土地税之内，而在久历沧桑之后，地形也有了变化，人民田产分割的买卖因之含糊不清。及至此时，问题已不在产业的主权，而是管业人每年向政府所付费用，称为田租也好，称为土地税也好，超过其他各处纳税人所付远甚，使很多小自耕农无法支应。朱棣的额外征收更增加了问题的复杂性。

在朱棣最后几年内，此地区的税收，已开始累欠。中国人民的欠税一般有传染性，很多纳税人看到邻居不付税也依着照办，他们也知道如果欠税的人多，衙门别无他法，只有将一部豁免，于是无论有力摊付与否，他们都同样地拖欠。公元1430年苏州府一府即欠税达八百万石，是为此地三年应缴的额数。所以朱瞻基登极之日，并没有继承到一个舒适的皇位。

安南的问题与长江三角洲欠税的问题一时俱至，年轻的皇帝不得不采取果断的行动：他提议从安南撤退，立时使朝廷意见分裂，因为这地区名义上已构成中国之一行省达二十年，当然是全帝国之信用和威望所攸关，所以朱瞻基不得不利用本人权势去堵住主战派之嘴。当全部撤退付诸实施时，他也赦免了已判死刑的司令官。对付长江三角洲的问题，他则任命周忱为当地巡抚，此人无官僚习气，而勤于任事，兹后他任巡抚达二十年，远超过朱瞻基的在位期间。他的办法是将减税的方案不彰明昭著地施行，因之避免了向时下压力屈服的窘困。他也经常巡视各乡村，与农民展开对话，调查收税纳税之程序，研究拖欠付税的远近原因，同时将过程中各项罅隙填实，将零星的错误纠正。关于货币问题，皇帝接受了户部尚书的建议，此人即是祖父朱棣囚禁了三年的夏元吉，其建议新辟一些商业税，所收全用纸币，以和缓通货膨胀。朱瞻基并未全部停止郑和的航行，但减少了举行的次数，他御宇十年之内只批准了一次。此外，他也延缓了无数的建筑事业。

他的政策全站在消极方面，因之不能扩大帝国的威权，也不能增加其声望。假使没有采用这些更正的步骤，以后的结局如何殊难断言，可是从需要撤退和紧缩的程度看来，我们至少可以说，如果环境的开展与事实上的情形稍有差异，朱棣在历史上的声名很可能和隋朝的第二个皇帝杨广等量齐观。

缙绅成为社会的中坚

当朱瞻基在公元1435年去世时，大明帝国已不复可能由上端随意地操纵把持。中国的朝代以一种权利的架构筑放在一个大规模的社会基础之上（纵使我们并不把经济因素介入），所以它不能随意创造，或随意地颠覆去适用于短时间的目的，即使根本上的改组也不能避免某种程度的暴力出现。当朱元璋主持国政时，当日的社会尚在一种游动状态，可以由他以勤苦节俭的情调组织摆布。他的农村政策，主要仍是地方自治，尽量地避免干涉，所以其精神为简单节俭。他的文官组织充其量也不过八千人，薪给之低，即依中国的标准看来，也算特殊，因为朱元璋自己以农民而为天子，在他的心目中，官僚之为人民公仆，就必定要照字义上成为公仆。在类似情形之下所有称为"吏"者，也另成一系统，尚且是官僚组织之下层。多数的吏员系奉召服务，一般不给酬，如果他们有薪给的话，最多亦不过维持家室的食米而已。

这时候每一个村庄沿照朝廷的指示制定它的"乡约"。又构筑"申明亭"和"旌善亭"各一座，村民之有善行及劣迹者，其姓名由父老查明公布。此外，村民因为遗传、婚姻、财产交割，及殴斗而发生纠纷者，也由父老在这两座建筑物前评判分解。

每当农历正月及十月，一年两次，各地方主持"乡饮"，所有的人户都要参加。在分配饮食之前，有唱礼、演讲，宣布朝廷法令和批评乡民不守规则行为之各种节目，如果有劣行的乡民规避被指责的程序，则由全体与会者指摘其为"顽民"，按情节可呈明政府，充军边疆。这样一来，所有地方政府按部就班的职责都已经在乡村中实施兑现，于是官僚即可以在城垣内执行他们的任务。在朱元璋的时代，所有官僚除非特准，否则不许下乡，如有擅自下乡的，可以以"扰民"论罪，判处死刑。

经过七十年之后，以上各种法制规章大致已被时代淘汰而不复生效。文官组织已经一再扩大，其员额超过当日两倍而成长至三倍。一般官僚生活舒适，即使名义上的薪给如旧，他们已有各项半合法的额外收入。当初的14341殷实的户口此时已无人提及。他们已被"缙绅"阶级替代，西方的学者照英国习俗称之为gentry。这缙绅阶级包括所有文职官员和他们家庭中的成员，并及于监生贡生和捐资纳监的人物，他们由政府准予"冠带荣身"，人数远较朝代草创期间为多，可是最多时仍不及全国人口百分之二。并且也只在朝代末年，土地已有相当的集中，捐资纳监的泛滥，才有这程度。切实的数字无法获得，只是我翻阅过一大堆各地方志、传记、官方文件等等，约略估计可能有二十五万户各拥有田地在二百亩（约强于三十英亩）至两千五百亩（稍强于四百英亩）之间，而且下端的户数远较上端的为多，超过以上资产之户数则极稀少。

这缙绅阶级要不是与文官集团通声气，即是当中的成员，所以他们是全国中等地主和大地主，既为朝廷的执事人物也是乡村间的地方领袖，因之构成了高层机构和低层机构间的联系。他们公认，良好之政府植基于保持传统的社会价值,并且这一个优秀分子集团的成员又因为社会之向上及向下的流动性不时更换。一般因为科举考试的成败,影响到一家一室之兴衰,如此也替这集团觅得新人物而淘汰旧户室。明朝之后又继之以清朝,这种组织及其功能在中国近代史里发挥而为一种稳定局面之因素。可是积习所至,也在20世纪的中国需要改造社会时,成为一种切实的障碍。

明代历史的特性

官僚阶级既将他们心目中的政府当作一种文化上的凝聚力作用,其目光又离不开小自耕农用精密耕作的方式去维持生计,自是不能欣赏现代经济的蓬勃力量。后者从不平衡的情形而产生动力,而中国的官僚与缙绅阶级则预先制造一种平衡的局面,使各地区勉强地凑合一致,因此他们背世界的潮流而行,与宋朝变法的人士立场相左,而整个地表现内向。

明朝的税收制度也是一大阻碍力量。简单说来,明朝的第一个皇帝不顾世界潮流,制造出来的一种财政体系,过于简陋;第三个皇帝又不顾其设计之目的,只拉过来将之滥用,第五个皇帝采收缩退后政策,使之不致全面崩溃。可是演变至此,要想改造这制度的机会业已一去而不复返,如果要构成经济上更为有效的组织,则必须采用一种不同的会计制度,如是则整个文官集团都要重新训练,更用不着说要组织银行培养带服务性质的事业了。可是事实上，这时候明朝政府手中所掌握到货币工具，即令维持现状，仍属牵强。虽有朱瞻基和夏元吉的方案，纸币还是因为印刷过多，逐渐被人拒绝使用。这弊病还要追究到元朝上面去，自先朝滥发纸币，即忽略了制造铜钱，这五铢钱是中国传统上民间交易下至乡村的媒介，及至白银大量输入于中国，民间即用碎银作为交换工具，流通既久，明政府不仅无法禁止私人交易之用银，连它自己的财政单位也逐渐地以银为本位，于是政府对货币整个地失控，既不知道使用货币的数量，更谈不上接济操纵其流通了。

明政府与自然经济的力量分离，是它行政上的特色之一。其衙门机关既缺乏在业务上增加活动范围的力量，只好强调儒教的意识形态，而且其施用政治上的威权也愈来愈过火了。在许多情形之下，这政治威权带着负性格，而甚至影响到皇帝之使用特权。皇帝可以处罚任何官僚或一群的官僚，可是他极难提拔一个亲信或者令之任要职，他可以在现行法令之中批准例外情事，可是他没有权力推行新法影响到全国。如果在皇帝的龙椅上宣布御旨，要不是一种仪礼上之做作，即是追认某项既成事实。

这可不是说明朝的历史读来只是干燥无味，相反的，这相持不下的局面内产生无数的纵横曲折，包括了各种阴谋巧计。只是读者如不具备若干基本知识，则可能在这各种花样之中迷惑，也不能分辨何者为重要，何者不重要，何者为离奇古怪的矫情造作，何者为真精神好汉性格。读者不要忘记当本世纪60年代文化大革命在人民共和国兴起时，明代史即曾被用作一种武器，为宣传专家抛掷来去。

第十五章

晚明：一个停滞但注重内省的时代

明朝自宣宗以后，很少皇帝能专注于国事，朝廷作为主要操在官僚手中，而皇帝则被赋予浓厚的神秘性格，仲裁百官间的争执，强迫性地执行开明专制。当时的士绅官僚，习于一切维持原状，而在这种永恒不变的环境中，形成注重内思的宇宙观，使今人看来，晚明时期显得停滞而无生气。

明朝有十六个皇帝。第一个皇帝葬在南京,第二个皇帝的遗骸迄未发现,下面要提到的第七个皇帝朱祁钰,则单独埋在北京西郊,另外十三个皇帝全葬在今日国都北方约二十五英里处,这十三个陵寝大致以马蹄形的形状环绕着一座储水池。今日很少旅游者去过北京而错过了明陵,原因之一,第十三个皇帝朱翊钧(中外人士都称之为万历皇帝)的陵寝于1958年被发掘,兹后几百万人曾往他的地下停柩室参观。

我们参阅历史纪录反而可以看出这些皇帝有一种奇特之处:自朱瞻基之后,他们很少有机会在重要关头定决策而影响到全帝国,只有最后一个皇帝朱由检可算例外,可是为时已晚。所谓奇特之处乃是他们在和战的关头,君主与臣僚通常意见一致,很少有争辩的地方,反而他们的私生活倒成为公众的问题,百官争吵不清,通常牵扯着皇帝御前的行止和他家庭中的纠纷,好像人世间最重要的事体不发生于他们祖庙之内,即发生于宫闱之中。

皇帝的更替

第六个皇帝朱祁镇不到八岁登极。自小他就受着宦官的影响。公元1449年他年近二十二岁,有一个宦官劝他巡视北方边境,在行程之中他遭蒙古人瓦剌(Oirat)部落的酋领也先(Esen)奇袭被掳北去,群臣与皇太后商议之后决定立朱祁镇之异母弟朱祁钰为帝,以免也先挟制当今皇帝而在谈判时逞上风。这计策成功,次年也先恭送朱祁镇返京，自后他称太上皇，居住在宫廷之内的偏僻之处，在中国"天无二日，国无二主"的传统，其被监视有如囚禁。公元1457年，在这样的安排六年半之后，朱祁钰因病不能临朝，太上皇的手下人趁机兵变而使朱祁镇复辟。他们始终不承认朱祁钰有登九五之尊的资格，也不算作名正言顺的皇帝，所以他身后遗骸也不能占用北郊千秋享配的地区。历史家自此承认公元1449年可算明代的一段分水岭，象征着这朝代的军事力量由盛而衰，可是这与朱祁镇的关系不深。此外他两次御宇的期间并无其他大事值得渲染，即算1457年的兵变也仍不过是弟兄间的私事。

第九个皇帝朱祐樘的母亲是广西土酋的女儿。因为当地土人叛变，她被明军俘虏，带至京师分派在宫廷内管理储藏杂事。她和第八个皇帝的邂逅生子先保持着为宫闱间的一段秘密，迄至他五岁，其出身尚在隐匿之中。不久他的母亲去世，他被立为太子，公元1487年，朱祐樘十七岁得登大宝。传统的历史家一致恭维他为好皇帝，既明智而又体贴人情，可是他们翻阅全部纪录之后，看不出此人有何值得夸异之处，看来也不过是一位胆怯而缺乏安全感的年轻人，风云际会一朝得为天子，被安排成为一个业已整体化之文官集团名义上的首长，在位十八年。当时唯一的事变为1494年黄河改道，这灾难有兵部尚书刘大夏适时对付，此人即是当初焚毁郑和的航海纪录，以免以后再耗费国家财力和人力的模范官僚。

在个性方面讲，第十个皇帝朱厚照，是明代君主之中最具风味的人物（虽说不是每个人都觉得他是最值得同情的人物）。也因为命运的安排，他在公元 1505 年承继皇位之前很少受到传统父母的管束，其时尚未满十四岁。不久之后他即迁出内宫，而在皇城之内他自己营造的"豹房"内居住，与他交往的多是宦官和喇嘛僧，有时也与声名狼藉的女性厮姘，更有异方术士加入他随从之行列。他的寻乐与冒险，了无止境，有一次朱厚照亲身出面驯虎，险遭叵测。

他不举行早朝，而在傍晚和群臣聚会，当朝臣中文学之士和他的教师对其一再规劝时，朱厚照即给各人升迁并派遣他们至远方的职位。公元 1517 年蒙古领袖小王子伯颜猛可（Batu Mengku）自长城之北侵犯明方的边镇，年轻的皇帝接受了这挑战。他将防军拨归自己指挥，亲往前线规划，两军接触之后蒙军被击退，可是所有的文官都没有参加这次征役，他们强调明军的损伤超过杀伤对方的人数。

1518 年皇帝又出边搜索敌军，这次经过沙漠边际，始终没有和蒙古人相遇。当群臣诤谏，天子以九五之尊不应冒险如是之险时，朱厚照即下令任命自己为明军之将领，接着他又封自己为公爵，以后他更以命令发表自己为太师，自此他自己的官阶都超过所有文武官员之上。1519 年消息传来，皇帝又将以公爵、太师和大将军的资格往江南游历时，一百四十六个文官赴阙啼泣，哀求收回成命。请愿者的心目中以为皇帝的举止乖谬，朱厚照大为震怒，他指令凡抗命不离宫门的官员每人受廷杖三十下，其中十一人或当场打死或以后伤重而死。

皇帝将他的南行日期延后到秋天，他逗留于南方迄至 1520 年年终。在一次钓鱼的行程之中，朱厚照所亲驾的小舟倾覆，虽说被救不死，据说他从此不愈，一直没有完全复元。次年他身故于豹房，未有子嗣。廷臣与皇太后秘密商议,决定召皇帝之从弟朱厚熜自南方入京,他因此成为明朝的第十一个皇帝。

当日廷臣的想法是,这年轻的皇子不仅继承皇位,他更应当视自己祧承为伯父之子,因之皇室之遗传才能一脉不断地出自正裔,在祭祀时,也不生枝节。可是朱厚熜拒绝这样的做法,他登极之后,表明他仍旧以亲生父母为父母,并且给他业已身故的父亲皇帝的名位,他的母亲也取得皇太后的地位。廷臣因皇帝的举动而意见分歧,这一纠纷也经年不得解决。公元1524年又有一大堆的官僚赴阙啼泣,皇帝震怒之下将其中一百三十四人囚禁,其中十六人死于廷杖。而且很不幸地,朱厚熜亦即嘉靖皇帝,御宇期间长达四十五年之久。

第十三个皇帝的行止更令人扼腕。朱翊钧又称万历皇帝,刻下他的陵寝供众观鉴。他在位四十八年,在历史上颇得荒怠和浪费的声名。传统的历史家认为他最大的过失,乃是让他自己的私生活阻碍公众事务。他的长子常洛出生之后不久,他热恋着他第三子常洵的母亲。当他企图传位于常洵而置常洛于不顾时,整个朝廷为之震动。群臣要求他立长子为太子,他一再将建议延搁。各方指斥他废长立幼,违背了传统的习惯。他又一再否认,可是痕迹俱在,虽否认也不能令人置信。在常洛四岁时、七岁时、十多岁时,至近二十岁时,廷臣不断地催促,皇帝仍是接二连三地推诿。直到公元1601年,实在无可再推,朱翊钧逼于众议,才意态泱泱地立朱常洛为太子。可是这还不算,宫闱之间传出,有人企图谋杀太子。此消息或假或真,或者应当据实查究,或者应当大事化小,小事化无,总之就使百官站在不同的立场,掀动了他们本来原有的各种明争暗斗。公元1620年朱翊钧逝世。常洛以三十八岁的成年人即位,是为明朝的第十四个也是在位最短的皇帝,刚一个月之后他即随父亲而驾崩。群臣听说其死因在于用药不当,又要追究责任,将这疑案和以前的争论纠缠在一起,如是者二十四年,直到明朝覆亡方止。

官僚体系成为决策的中心

当我们企图将中国历史之纲要向初学者及西方人士介绍时,不论是口讲或笔写,以上纠缠不清的人事问题,都使我们感到为难。一方面我们固然不应当规避这些情节,本来各项轶闻与秘史,也是历史的一部分,我们提到英国的宗教改革时也不能撇开亨利第八因为热恋着安妮(Anne Boleyn),想离婚而不遂,引起和教皇的冲突;在说及俄国女皇凯瑟琳的开明专制时,也免不了要提到谋杀彼得三世才使她获得政权之由来。以此看来,中国历史也就避免不了类似的情节,即算这些故事轻佻琐屑,只要时人视作重要,也不便由我们于几百年后另自做主,将之摒斥不提了。只是此间我们所说困窘之处,无非明代史里此种故事接二连三地整幅出现,有时翻阅十年的纪录几乎无其他的事可说,全部历史尽是轻佻琐屑的故事。

几经思量之后,我们觉得后面还有一点待提的地方,这是当时人既未提及也无法提及的。当明朝经过创造的阶段而固定下来时,朝廷的主动部分实为百官臣僚之集团而不是君主。文官因为科举取士,也就是甄别选择的所有程序都有定规可循,即一般的考核升黜亦复如是。即算朱元璋罢宰相这一官位而终明代未曾复置,以后之各"大学士"实际上亦填补了此缺陷。大学士为文笔之士,起先参加皇帝各项诏书之起草,逐渐因拟稿而有了决定方针与政策的能力,到后来官阶和声望与日俱增,实际上成为统合文官组织的主持人和他们的发言人,只不过他们的行动与决策还是要通过皇帝的正式批准而已。

这实际上是一种表面奇特而内中有理的安排。当一个国家尚不能用数目字管理时,君主立宪不可能成为事实。可是独裁制也有它力之所不能及的地方。当日北京的朝廷自认将无数的村庄集结,而在其管制之下维持一种难得之平衡,绝不可让皇帝尽量地发展其人身的权力。虽说在理论上讲,这种权力并无限制,最后的办法仍是以人本主义调和这天授皇权,或者说是强迫的执行开明专制。皇帝登位之前既为太子,则有管文学及教育之臣僚任太子的师傅,讲授自我抑制、对人谦让的大道理。从15世纪末叶的情形看来,恐怕此时的君主已经了解,他们惟一的实权不过在惩罚方面,但其施用自然有限度。另一方面则朝廷之中毫不含糊,也从不间断地举行各种仪节以强调皇帝宝座的神秘性格,以致构成一种弄假成真的信仰。这样一来,如果有任何争执找不到确切的解决办法时,有了以上的安排,则皇帝的仲裁自然有效,他既本身不介入,也无个人之利害在其争执内,他的判断就具有天子所赋予的威权了。

从此我们也可以窥见,为什么顽皮的朱厚照要给自己官衔与职位,以便将他自己和皇位分离,可是其臣僚却不能将这轻浮的举动一笑置之。他们既不便公开地反叛,只有采取消极的不合作办法。而另外的一个极端:朱祐樘为人中庸,也无个性上的表现,正是做好皇帝的材料,也算是无才就算有德了。

其他的故事中可以看出百官对皇位之继承极端地注意,他们坚持立长不立幼的原则几乎带着宗教性的虔诚。这问题容易产生敏感,乃因其关系臣僚本身的安全。如果皇位可以由人为的力量给予或褫夺,则其神秘性已不存在,百官的信仰也成问题,以后的结果极难逆料。有了这样的理解,我们可以看出上面各段轶闻并不全是无关宏旨的小事,既有这么多有识之士以生死争,这也是在尴尬时期内,以一种笨拙的办法对付可以谓之为宪法危机的诸项问题。

财政紊乱的原因

明朝有两个主要的原因使它不能在数目字上管理:它历代沿用的军户制度很快地衰退,它的财政税收过于迁就农村经济之习惯,而不易作全面的改组。

军制的衰退不难解释:最初奉命以军户登记的户口并非全部出于本愿,很多是被强迫"垛"入。如果他们分配有耕地的话,则其地产并非集纳于一处,而系和其他私人产业相错综。被分配田地的户口,将地产买卖转当无从查悉禁止,经过数代之后,有的户口死绝,有的逃亡，军户只有不断地减少，总之就是去多来少。在边区屯田，其情形稍优，在16世纪初叶，大概很多屯区尚能维持到百分之四十的人户数，在内地的卫所则所存通常不及什一。

税收当然较朱元璋时代已有增加，可是其增加从未有系统的制定，基本的税收数以谷米之石计算，整个朝代很少变更，历二百七十六年，其基数大致如故，所增加的是基数外的附加、加耗，和盘运的脚费等等。一般情形下，因为上层要求下级政府做主，自行斟酌地添增，所以毫无管制。朝代初年以责任繁重之役加在富户头上的办法已不复施用，接着的是将其负担配予中等人户，最后只有摊及全民。不给偿的工役很少例外的，已改为出钱代役。服役的年限最初每户十年一轮，中间改作五年一轮，最后则每年出钱代役。这样的调整有将全部义务按年征取全部用银，也有将土地税和服役之役钱互相归并之势。其详细办法各州各县不同，大概视其经济发展的情形而定，只是其趋势则全面一致。在16世纪这样的调整归并通称"一条鞭法"。

可是事实上没有一个县份做到理想的境界，将所有的"赋"与"役"全部归并而整个地一次以白银征收。让有些纳税人担任财政上职责的办法迄未完全革除。因为它自身没有带服务性质的机构，中央政府只能将收税机关与经手开销的机关成对地配合。对中央政府讲，收入和支出如是已一款一项地彼此对销。当税收以实物缴纳时，全国充满了交错的短距离补给线，又因为缺乏银行及中继机构，其收支用银的出纳方法大体上仍是如此。一个边防的军事机构可能接收到一打以上县份的款项，同样的一州一府也可能向数以十计的仓库库房缴纳。

这种办法除了极少的调整之外，以后也为清朝袭用。政府之中层缺乏经理能力是第三帝国一个极为显明的特征。

从现代的眼光看来，虽说税率增高，但一般所抽仍低，情形也每州各县不同。因为税率是水平地施行于全体纳税人，及于每家仅有三亩或五亩极为单薄之下户，其税收极容易达到饱和点，亦即逾此一步，纳税人已无力负担。将下户免税或以累进税制增额于大地主的办法迄未曾提及，大概交通、通信困难，民智未开，无法在乡村之中确切地监视，即使用简单的现制执行，各地方政府已感到棘手，再要将税收的程序繁复化，恐怕技术上的困难足以使整个制度解体。很少人注意到，此中尴尬之处乃中国在近代史里所遇到的最大难关。因为如此，这帝国的资源才不易收集作有效使用，地方政府的效率也无法增进。另外户所积存之剩余很少用在投资的用途上，要不是用作高利贷的本钱，即供无谓的消费。因为财政之本身紧贴在农村之上，它也无力扶助村镇工业和地方上之商业作更进一步的发展。

其弊端尚不止如此，财政之实施既缺乏强迫性的管制工具，其账目数字错综，无从标准化，因之随处都有错漏，某种程度的不尽不实，只好任之听之。虽然中央政府在上端以严格的标准行事，其所加压力因有技术上的困难在，愈至下端只有愈松懈，在执行上，效率也愈低。这样令人扼腕的种种情形，有如痼疾。

倭寇的侵扰与蒙古的犯边

在16世纪的中期，大明帝国的雍容安静气氛被"倭寇"犯境而打破。倭寇在西方文件中称为"日本之海盗"，他们以波浪式的行动在中国沿海骚扰。按其实，他们的领袖为中国人，也有中国人参加其队伍。不过在作战方面讲，本地人效用浅。其进攻的根据地在日本，所有的战法和装具全由日本人供应。严格说来倭寇亦非海盗，他们从未在海上作战，只是登陆之后包围攻取城市。

明帝国因为组织上的特殊情形，务必保持一种与外间绝缘的状态。倭寇之起与走私贸易有关，这样的不法活动业已进行一段相当的时期，政府官员既被沾染，地方上之士绅也杂身其间。中国向无海事法庭，当中有力量的船主在参加这贸易的人士中，便有了武力仲裁者的声望地位，一切以自然之态势形成，这些人终为倭寇之头目。

当这些强人愈无忌惮地上陆修船，并且私出"传票"，指令村民在他们"判案"的程序中出"庭"作证时，明政府猛然省悟此风不可长。这海上之威权虽说尚在新生状态，如不及时对付，迟早会向以农立国之朝代挑战。可是问题愈严重化，明政府愈暴露了本身之弱点。有的卫所早已在历史之中被疏忽遗忘，此时无从动员，临时募集的士兵则不愿战，也不知战法，更缺乏款项足以供非常状态之开销。因之自公元1553年开始，倭寇流毒于东南沿海达二十年之久。

只是坚持到最后终有想象力丰富之戚继光将之剿平。他凭空创造了一支军队,从招募、训练、给予补充装备几乎全部从头做起。他的军官由他一手提拔,所以保持着袍泽间密切的情谊。他的士兵全部由内地农村中招募而来,其选择之重点在于坚韧性而不在于灵活。他给队伍具有折磨性的操练,他要部队间生死与共,而以连坐法相胁迫。士兵的饷给只比农业的工资略高,他的武器全在本地制造。从政治的角度看来,他的戚家军完全符合明朝之农村气息,并无优秀部队之形影。军费之由来乃自现有各种税收内统添上一种"兵饷"的附加税,所征收限于为倭寇侵扰的地区,只因为附加率低,收集时尚不发生太大的困难。只是有些县份之内原有税额已近于最高限度,再经过此番之附加,则所有可以征收的税源至此用罄,以后再想增税,即无能为力矣。

在北方蒙古酋领俺答(Altan Khan)自1540年间即已从各部落间构成一种力量庞大的同盟,起自今日中国之东北,西迄青海,所以他能在一次战役中投入十万战士。自1550年代以来,每到秋天即来犯边,无岁无之,有时甚至逼至北京郊外。所幸俺答无农业基础,为他服务的汉人,人数稀少。1570年俺答之孙投奔明军阵内,中国防区将领乘着这机会与俺答媾和,授之以顺义王的名号,允许他每年互市,又予以津贴,自此之后,终明代,蒙古人未再为边防之患。简概言之,倭寇及俺答之侵犯,虽说一时局势紧张,其为患仍不深,未能逼使明帝国改组。

我们今日看来明朝末季停滞而无生气,可是当时人的观感很可以与我们的不同，特别是身兼地方上绅士的官僚，他们习于一切维持原状，在这种永恒不变的环境之中，个人生活不是没有令人心悦之处，大凡个人在科举场中得意即有社会上之名望，而做了中等以上的地主，其优秀阶级的地位已有了相当的保障。这一时代地产换主的情形经常有之，反映着社会上的流动性依旧存在。大概一家一户之盛衰与科场之成败互为表里。此外不论做清官或贪官，只要像我们现代人物一样被逼着至死方休地求长进，那么只要做了几年的官便可以退居林下，虽然不足以过奢侈的生活，至少也可以舒适地享受清闲了。

明代的文艺

这种种条件构成一个注重内思的宇宙，在散文、诗词和绘画诸方面表现无遗，在哲理谈论上也可看出。明代的艺术家极少例外，都属于缙绅阶层，这批悠闲人物逃避了世俗间的繁忙，他们目光所及的世界，表现着他们自己心境上的灵感。明人所写小说至今犹为人欣赏，其题材有历史与社会背景，又及于色情与幻想，可是最流通的小说，每篇都各有天地自成一系统。作者有把握地将人物和事物以极大规模的结构盘托出来，但通常其组织不脱离对称与均衡，在其衍进之间造成一段大循环。即使是现实的描写，也被笼罩于一原先具有轮廓的宇宙之内。如果还不算，小说家又在每章段之间以韵文和故事穿插，表现出作者的智慧，超过日常生活的范畴。这样看来，这种小说家的艺术可以与日本之石铺庭院相比。

明代最大的哲学家王阳明。他将佛家顿悟之说施用于中国儒家的思想体系之内。只是迄至明末，王之借重于自然的倾向，被极泛滥地引用，因之也产生了不少的王学支派，这和王阳明的注重纪律有了很大的区别。

从缙绅官僚阶级的立场上讲，教养在先，富庶在后。学术上之精到，文质上之选择和举止上的合乎大体超过一切。所以利玛窦（Matteo Ricci）于公元1583年来到中国时，他赞美这国家是由一大群的"哲学家"管理。可是向人炫耀为人之常情，尤以暴发户为甚。一个缙绅家庭可能在门前树立几桩旗杆，以表示子弟进学中举以及捐输为监生的人数，地方上显赫人物也有在轿前摆布着一大堆的随从；修筑花园和精制桌椅使富庶之家的屋内外更为讲究，这在明末风靡一时；收藏艺术品也成为风尚，古物尤被珍视，有时一块古砚可以值银三十至四十两，足为农家全年用度。

经济制度仍难突破

可是所谓资本家在这时代产生的说法并无根据，虽说间有商人成为巨富，但数目极少。农业商品化也只有间或一见的例子，并且缺乏继续经营的证据。制造棉布仍是一种家庭工业，妇女纺纱可以补助家庭的收入，在贫困佃农的户内尤不可少。虽说这与欧洲同时的"外放分工制"(putting-out system)有若干相似之处,单独的有这样的安排却不足以使社会经济改观。总而言之,提倡晚明中国经济有突破的说法,有它基本的弱点在。与当日带服务性质之事业无从展开的情形相较,这种说法不攻自破。这时候无银行,无发放信用之机构,保险业始终未被提起,相反以高利贷为主的当铺倒以千计。此时也没有适当的法律和法庭组织足以提倡现代型的商业,而促进资本之存积。何况支持现代商业的法律程序以私人财产权作基础,首先即与孟子道德观念相反,而后者正是官僚体系奉为天经地义的。本书前面也曾提及,明政府自15世纪中以来已无从制定有效的货币政策,当这么多必要的因素全付之阙如,现代商业如何能在中国发展?

科技的进展经过宋代之最高峰后,明朝缺乏继续之进展。从丝绸之纺织至陶瓷之焙烤,特殊之机械设计及处理,似乎都端赖技工的眼光。水利工程及药物学因具有实际需要之价值,明人在这两方面颇有作为。可是无意于节省劳动力和不注重以探索知识为其本身之目的,可能为停滞的原因。因为中国人既已有了现阶段的成就,如果继续钻研,似乎不难引至利用更高深的数学工具,获悉宇宙内更奥妙的神秘。

在农业方面,明代特别值得提出之处为烟叶、玉蜀黍、甜薯及花生自新大陆输入。后面两种农作物因其可以栽种于前未耕耘之山地,对于解决食物问题更具有特殊之价值。可是在农业技术方面说,明代甚少进展。元代忽必烈所颁发之《农桑辑要》内中图释之农具,几个世纪之后再无增进,可见得传统的农业技术在相当时间之前即已达到其最高限度。

然则明朝尽力使中国内部均匀一致则超过以前任何朝代。中期之后华北即无异族逗留的痕迹，华南有了省区之间的移民，使人口更能疏散到广大的地区，也使西南之少数民族更感到压力。历史上估计中国的人口，总多少带有冒险性。可是中外学者已有共同的观念，认为公元1600年前后，中国人口已接近一亿五千万，这是历史上的最高点。虽说明律不许人民泛海，事实上向东南亚各国移民好像未曾间断。公元1567年明政府已片面开放福建之月港，当地接近厦门。以后国际贸易相次展开于广州及澳门似从1578年始。

利玛窦于公元1595年来到南京，1598年到了北京，留下了一段有趣的晚明纪录。我们今日看来，可以想见中国在16世纪末叶，颇像一种玉制的装饰品：从美术的角度看来有它本身之完满，可是在结构的方面看来实为脆弱。因为受着法律和制度的限制，内部的增进已至极限。用不着说，这样一个国家不容易动员，对外界的压力亦缺乏抵御的实力。

张居正与万历皇帝

实际上在利玛窦行经大运河北上之前，大明帝国已经尝试着穷最后之力作一番振作。这运动是由张居正一手经营，他这时是首席大学士，同时也是朱翊钧（即万历皇帝）的导师。当万历在公元1572年以九岁登极之日，张居正因皇太后之信托，成为皇帝的保护人。他和宫内的首席宦官有了默契，于是行使职权时具有相当的威望，有如宰相，只是没有宰相之名目。他将自己的亲信布置在内外机要之处，也将自己权势推广至朝臣之监察弹劾部门和文书教育部门，同时亲身管理吏户礼兵刑工六部。张居正不辞劳瘁，经常以个人之书牍和各地巡抚总督谈论国事中之各种问题，所以各种方针与政策事前已有了默契，当各臣僚建议于御前，而张居正以大学士的资格代皇帝批答时，不过将经过协定的谋略具体化。张居正既有人事权，便常利用各人的升迁为饵来笼络部属，张居正以这种方法独揽国事达十年之久，迄至1582年他刚五十七岁却出人意外地溘然长逝。

张居正具有智谋，精力充沛，也会使用手段，而且经恒持久。他遇到最大的困难乃是明太祖朱元璋一手造成的大帝国自创立之始即不容改革。它不像一个国家，而像由一种文化塑成的形体。在某些地区，卫所制度无法废止而找到接替的办法，而国家的财政资源则过于分离散漫。

张之运动不能算是整体的改革或局部的改革，它不过重整纪律而严格地奉行节俭。在他策划之下，所有不紧急的支出全部从缓。预算之紧缩及于各部门，所有账目均严格地核查。各地方政府必须强迫达成节余，毫无宽贷。所有官员都要将任内税收数额如预定的征足，非如此则不能升迁，即已退休的官员也可能召回追究责任。此时刚值倭寇荡平和俺答和议成功之际，这一套部署使明帝国在十年内，国库里存积银一千二百五十万两。兹后在公元1592年及1597年明军两次被遣往朝鲜阻挡丰臣秀吉的入侵,作战时两方都犯有战术及战略上的错误,经年胜负未决,只是明军能支持到1598年秀吉之去世,因此虽无决定性的胜利却已达到战果。造成这结局的一个主要因素,即是支用张居正揽政时代之库存,使军费有了着落。

可是张居正从未企图改组政府或重新创制文官组织。除了加紧边防之外,他惟一可能导引到主要改革的步骤乃是1580年的全国土地测量。不过在测量结果尚待审核之际张本人先已去世,以后无人主持,其数字未得继任者的切实注意。

张居正的筹措虽有限度却已使百官踧踖不安,一到这运动的主持者身故,反对派及被他逐放的人物也乘机卷土重来。而另一批人则认为张逾越了他的权限,他们联合起来进行一场平反,而此时拥张人物及其所提拔的官员则被排斥,他所主持的各事也为之停顿。

万历皇帝到此已成年,他接受了反对派的指摘,认为张居正确实蒙蔽了御前的视听,而下令褫除张居正生前的各种荣衔。他没有看清臣下本有各种小集团,也各怀不能公开的利害关系,倒因借着拥张与倒张,整肃和平反,更分成派别。再加以万历自己对于传位的问题处置乖方,使情形更为恶化。这两件事原不相关联,只是彼此都与明帝国的基本组织有关。自当时人的眼光看来也彼此都与道德有关,于是各种问题一起汇集,都助成党派间的辩驳。1587年前后,臣僚又开始因对皇帝之诤谏而指责御前的过失,称万历奢侈荒殆,偏爱于皇三子的母亲。

起先万历赫然震怒,可是他领悟到,惩罚向他攻击的人,只能使他们在其他诤谏者心目中成了大众英雄，于是他也采取消极抵制的办法，他将各项呈奏搁置不批，重要的官位出缺他也不补，同时住在深宫之内，停止了各项仪节，不在公众之前露面。

当他向臣下罢工，使百官缺少绝对仲裁的权威时，皇帝已不能加于他们头上更大的灾害。后来臣僚又集中攻击各大学士，使有为的人无法安于这职位。在这情势愈来愈不对之际，一群较年轻的官僚组织一种重整道德的运动以期挽回颓局，因为当中有好几个利用无锡的东林书院作为议论朝政的讲坛，他们的运动也被后人（尤其是今日西方的汉学家）称为东林运动。可是要拯救明朝，除此而外，他们不能采取更为成事不足败事有余的手段。在我们看来，明朝的上层官僚组织已将道德的名义一再滥用，因着意识形态造成派别，其争执愈为笼统抽象，愈使他们无从看清当日的技术问题已超过他们所能对付的程度，其中又以我们所谓"宪法危机"尤然。当东林人士自称君子而指责其他的人为小人时，和他们作对的人也与他们一样，使用窄狭的眼光，随便评议人物，只不过将君子与小人的名义倒置，而应当作仲裁的皇帝却高高在上，不闻不问。

朝代的殒落

经过这段蹉跎之后，万历之孙朱由校亦即明朝的第十五个皇帝（他即位时紧接万历，因为第十四个皇帝朱常洛在位只一个月），在位期间有一个"宦官独裁者"魏忠贤出现。他用特务人员迫害文职官员，使各方愤怒。可是今日研究历史的人将所有纪录仔细检讨，只看出当时的官僚组织已不堪管制，文官吵闹之中却无一定的目标，也就不能自辞其咎。

万历时代还发生一些事没有被人察觉。白银由海外流入，使东南受益却未及于西北，西北诸省倚靠中央政府向边防军的津贴，才能维持平衡，而且流通于全国的银两总数也有限。例如张居正存积库银时立即引起通货紧缩，重要的商品价格因之下跌。当明帝国用兵于东北，与满洲人作战时，朝代的资源重新安排，实陷西北区域于不利。我们不能忽视此中关系和以后流寇横行于西北的影响，他们终使朝代倾覆。还有一点则是北京政府处在各种争论而且僵化之际，全国各处地方政府之行政效率也都有衰退的情势。

这些隐性因素必须与明朝覆亡的显著因素相提并论，例如万历的懒惰与奢侈。而最值得注意的：此时缺乏任何值得振奋的因素。张居正身后被谪，等于昭告中外明朝已无从改革。

玩世不恭的万历无法逃脱应有的后果。公元1619年4月，去他死期不远，他的十万大军在今日东北被日后庙号称清太祖的努尔哈赤击破，后者最多亦不过率兵六万，却胆敢以骑兵向拥有火器的明军冲锋。现存的文件证实，清朝的创始人将明朝之天命夺取过来之前，已看清对方的各种弱点。

努尔哈赤自己将于下一次的战役中殉身，万历皇帝朱翊钧的生命尚有一年有余。他的皇位终于传给他不愿由之接替的儿子。一个月后他的一个孙子又接替为继承人，也在位不过七年。另外一个孙子再接替而在位十七年，终于在朝代覆亡时自缢殉国。可是自 1619 年战败，朝代的命运已被注定，此后的四分之一世纪只有令人感到颓丧。战场上一时的胜败不足以左右一个基本方向：明帝国今后要两面受敌，西北有农民暴动的流寇，东北有满洲的骑兵，而帝国的财政资源大致在南方，无从有效动员利用，去支持这两面的战争。最后，亦即第十六个皇帝朱由检，为人急躁而带不妥协的性格，只向各方表现出命中注定他轮上了一个悲剧性格的角色，却又罄其所有地挣扎，结果，成为一段实足道地的悲剧。

第十六章 满洲人的作为

面对流寇及满洲人的内外侵扰，财政早已破产的明朝迅速崩解，清朝大军随即在吴三桂等开关延领下，入主中国。尽管他们是来自长城外的异族，尽管他们曾因实施薙发令和文字狱，而大肆屠戮汉人，但在他们刻意弭平满汉间歧异的努力下并未引发大规模民族冲突。相反的，历经清初四帝的治世，清朝成为满洲人和汉人共同的帝国。

我们不容易找到适当的解释说明，何以满洲人人口只百万左右，却能在公元 1644 年取得中国的皇位。直到 1599 年他们始有文字，所谓八旗兵制，厘定了动员程序和部队间应有的农村支援，于是使部落的结构适用于官僚组织的支配。可是这制度于 1601 年才刚施行，而自 1635 年他们才自称满洲（曼殊）人，一年之后又称清朝。前后不出半个世纪，如此一个部落组织间尚不十分紧凑的同盟竟能摇身一变而为一个领导集团，统率一个文化悠久的大帝国。

满清征服中国与以前少数民族入主中原的情形不同。以前来犯者，都在中国内部分裂时加入而为竞争者之一；而他们是在长城之内取得了立足点，管理过胡汉混合的民众才开始南进。满洲人从中国本土之外一跃而为华夏之主。

公元 1644 年，明代流寇李自成向北迂回至长城经昌平而入北京。当他取得外城将入皇城之际，明帝朱由检自缢而死。他的遗旨称："任贼分裂朕尸勿伤百姓一人。"今日故宫的景山，亡国之君悬颈之树已不复在，只是小山坡上有牌匾标明约三百五十年前悲剧终结之处。南望北京城，垂杨与璘瓦相间，旅游者犹可想见当年情景。

满洲人入关

1644 年的春天，明军部队唯一可能防制这悲剧演出者，为山海关总兵吴三桂。当北京危急时，曾有旨召吴三桂勤王，只是这计划尚未能付诸实施,京城业已失陷。吴三桂于是开关让满洲兵进入。各方传说吴对明朝及崇祯帝朱由检全不关心,他原有意降李自成,听说李在北京已夺其爱妾陈圆圆才改变初衷降清,于是影响到数亿中国人今后几个世纪的命运。这说法逐渐为人所信,甚至登入历史之门,主要原因是因为有当日名士的一首诗,内称"痛哭六军俱缟素,冲冠一怒为红颜",辞意含糊似若影射。作诗人吴梅村自己就降清,后为国子祭酒,亦即新朝代国立大学之校长。

这传说纵使确实,仍不能解答当前基本的问题,不过和其他传闻一样,这种故事倒反映着当日亡明的群众心理。当这朝代初建立时,其组织之原则稀少,可是这简单结构之下的复杂问题,却不能得到解决。自我抑制和对人谦恕实际上妨碍了合理的争辩,每个人甚且不能将本身的利益道出。明代官僚既缺乏技术上的能力去解剖"硬"的问题,转而以争辩对付"软"的问题,于是涉及道德标准与皇位之继承。而对于朝代覆亡的责任,也以同样方式对付,亦即避坚而从柔,在各种传说之中夹杂着理智上取巧之处。明代覆亡时,其变幻之速超过一般人的意料,事实之演进令人惊诧。当时人可能因为歪曲的报告使他们对实际发生的情形视而不见,或者有意自圆其说,以便甩脱他们的内疚和狼狈。总之,以后人目光批判,这种心理不能算作正常,也不健全。

公元1644年4月25日北京落入流寇或农民起义军手中,对明朝遗民来说,是令人涕泣的日子。当日户部尚书倪元璐在家中悬梁自尽,一门同时殉身者十二人;其他高级官员自杀者有工部尚书,副都御史(监院副院长),刑部侍郎(副部长),大理寺卿(最高法院法官),中级官僚殉身者不可胜计，宫女约二百人自溺而死。

显而易见的，明朝并没有完全失去其军民的拥戴。可是，何以李自成仅在入北京之前两个半月在西安称帝建国号大顺，此后渡过黄河，通过山西省的全境，取得长城上的堡垒，如入无人之境，即攻京师也只遇到极弱的抵抗？

满清入关之后，地方上之抵抗首先在长江下游零星展开，以后又在湖广与广西持续进行。看来要是有合适的领导，各地方人士不是没有牺牲的决心。那么他们何以当初又如此的短视不慷慨捐囊，筹募适当的人力与物力拒敌于千里之外，及至清兵犯境才仓促举兵？

这一类的问题没有简单直接的答案。

此悲剧牵涉之广泛，使我们不得不重新检讨当中主要的几段发展。历史家似有公议，认为明代之覆亡由于财政之破产。迄至1644年明军欠饷达白银数百万两，很多士兵已经年累月领不到饷。一般看法则又称，自军兴加饷以来，各地税收过高，可是实际上并不是赋税有附加，超过全国纳税人力之能及，而是现有的财政机构本身，力量脆弱，经不起动员的压力，在执行任务时先已拖垮。

其崩溃有好几个原因。第一，当明帝国两面作战的时候，军费应由比较丰裕的地区担当，可是既无适当的统计数字，又缺乏执行时的威权，户部只好将额外征收数平均分摊在全国各州县上，其计算则根据各省的耕地。这数字既不准确，且早已过时，结果使某些原来应受接济的县份更为不堪。早在1632年各处缴解中央政府的欠税数即达百分之五十以上，以县计即已为全国县数的四分之一，当中有134县分文未缴。第二，在各县之内，新增税也是以同等税率加于所有纳税人头上。过去捐资纳捐可以使某些纳税人一次向政府整数贡献，之后就得到了优免的特权。迄至朝代覆亡前夕，有些县份一县即有如此的特权户数一千户以上，所以付税的责任只有被转嫁到低门下户间去，而他们最无力应命。第三，所有军费，极少例外，概用白银支付，而大部分出自长江以南。每年北运数预计约为两千万两。当日全国民间所有之银，据时人估计，可能为一亿五千万两，所以其责付之数量过于庞大。第四，即使此庞大数目之银两如计划北运，其运转也缺乏民间经济的支持。在16世纪末期，原来南方各省每年向北京及北方边镇输银五百万两，接收之地区即用此数购买棉花、棉布以及其他产自南方的物品，使银两回笼。可是因军需而北运银两突增的时候，却没有另作安排，保证此数目之南还。向从来罕用银两之处抛散大批银两只有使物价昂贵。即在公元1619年，总督熊廷弼已提出在辽阳纵有银两亦无法买得所需之衣服装具，因他亲见士兵裸体穿甲，无内衣可言。兹后监察官员报告，发付之银两并未正常使用而为将领所中饱，并随即将银两送回内地。

满洲人和造反之农民军与货币经济不相关联，完全避免了上述的问题。

改造帝国

对满洲人来讲，1644年6月6日进占北京，开始了朝代的接替，为使清朝的权威下达民间永久有效，他们必须在组织期间提出一套办法。加上汉人的合作，他们可以如计划执行。由此也可以看出他们有心改造一个大帝国，使之复苏。所以以清代明，并非等闲。

当他们站住脚跟之后，他们即将八旗制度行于华北。一"旗"并非一个战斗单位，而像一个军管区，它下辖若干军屯单位，在作战军需要兵员之际，各按预定之额数供应。公元1646年及1647年，华北地区被指定承担如此之组织。"圈地"开始之日，被圈入的人户强迫另迁他处，于是留下来的农地房舍，拨为来自东北的八旗人户之用。前朝所严重感觉到的兵员与军需等问题，至此大为和缓。旗兵以前蹂躏的中国边区，兹后反成为当地的保护人。

在南方作战，满清以明降人作先驱，压制了所有的抵抗。亡明的三个皇子，在这时候前后称帝，但都被各个击破。当大局抵定之日，满洲军驻扎在中部的省份，将部队集中于重要的城市。福建、广东、广西、四川、贵州与云南则划为三位明朝降将的防区，此三人之中吴三桂当然也不可少。

所以这占领的部署表现出梯次配备的原则。满洲人发祥之地东北原封不动，华北则以预备战斗人员盘踞，占领军分置于长江流域的重要城镇。更南的地区，明朝遗民的力量依然存在，则以汉人对付之。这样的布置使满军不致过度地分散，也无各方受敌之虞。迄至公元1681年"削三藩"（即逼着三位明将造反而将他们讨平）之日，此部署维持了三十多年。1683年清军又占领台湾，自此全中国才被全部占领。

在财政上讲，清胜于明的一个因素，乃是用银的输送至此改变方向，从此白银不向边区投散，而集中在内地周转。前朝的贡生、监生捐资免税的人物至此也失去特权，使地方政府松一口气，同时也开新朝鬻爵之门。将来这捐资免税的办法虽构成满清之累，不过那已是很久以后的事了。当时满清的另一长处，乃是它有实力执行税收政策。公元1661年对长江下游欠税人的惩罚，列举了13517个犯者，实际上也将同地区内缙绅阶级几乎一网打尽，内中甚至包括欠税额白银千分之一两的，所以看来其雷厉风行带有恐吓作用。明朝对铸造铜元历来疏忽，清朝则殷勤将事，起初十年之内所铸钱数已超过前朝276年所铸造总和，于是民间得有廉价的货币流通。

民族主义在此时期的中国牵涉到很复杂的因素。在本能上讲，没有人会志愿拥戴异族为他们的主子，何况在他们入主之前十年，满洲人还迁回于内蒙古，越长城而入华北平原，攻略城市、蹂躏居民。在1644年以前，汉人之任职满洲者，大概为被俘之后被迫降清。当日的习惯法，俘虏若不称臣换主即罹杀戮，而本国惩罚降人则不仅严厉也及于家属，处在两者之间，实在没有自身做主的机会。

从另一方面讲，满清人与华北汉人在容貌上很难区别，同时他们有心汉化。除了强迫执行外表上及仪礼上对新朝廷之臣服外，他们也不另外生事，构成种族间的轩轾。满汉通婚被禁止，但是两族没有法律上的不平等。满洲人以八旗军籍世袭，可是汉人和蒙古人也能在旗下入籍。当满洲人在1644年入北京时，他们命令所有明代官员全部在职，次年即继续举行科举取士。语言文字上由满人沾染华风，而不是由汉人接承满习。一般说来，满清的君主之符合中国传统，更超过于前朝本土出生的帝王。

从历史家的眼光看来,满人成功,端在他们肃清了一个宪法上的死结。他们在17世纪给中国人提供了一种皇帝所具有的仲裁力量,此时的汉人反而一筹莫展。朱明王朝业已失去信用。李自成入北京之前,数度劝诱崇祯帝禅让,而由新朝廷给他封王,可是始终没有成功。如果诰天之明命,除旧布新,传到民变的首领头上,有了前朝退位之帝的承诺,则事实显然;可是朱由检宁死而不屈,他的遗嘱在群众心理上有如致命武器,它给李自成的打击力量不亚于他自己投缳的绳索。他自杀之后,再也没有一个明代遗民能够臣仕于李自成,而能不感觉廉耻丧尽,良心有亏。

在实用的方面,清朝不待财政上的改组,即已使帝国的府库充实,这也无非是严格执行明朝留下来的法律,有如张居正执政时。李自成既被称为贼,即很难不用暴力而能获得同样的成果。

这样一来,明朝亡国遗老就进退两难了。传统上孟子的原则,只要民情欢悦,国君的出处不成为问题。在这条件之下,他们没有抗清的凭借。可是依照当日习惯,消极的承受就是变节,于是也免不了内心的矛盾。很可能在如此紧张的心境里,名士吴梅村才写下了一首抒情诗,指出当日混淆的局面,咎在一个漂亮的女人。

有了这些复杂的穿插,反满情绪也不能一时平息。抗命于新朝的人士感觉到一生的名誉与对朝代的忠忱已不能区分。有些觉得做人的大节在此时受到考验,有些在故居本地举兵的,可能觉得保卫乡土事关自己的身家财产,这也与做烈士的动机有关。

在长江下游立即引起反抗的近因出于薙发令。对男子的理发作规定，原来是中国的老传统，明代即规定头发挽髻，以针插在脑后；满洲人则将头发之前部及于脑顶剃去。1645年新朝代命令全国男子一律照办，限10天之内办毕，如不照办则是违抗天命。汉人越觉得薙发为一种被奴辱的处置，而满洲人执行命令的态度也越强硬，好像大帝国的出处全靠臣民遵命与否，而一切存亡去就之间全靠剃头刀作主宰。一位翰林学士私下里议论这政策，立即被判杀头罪，只因他与皇室接近沾恩以绞死执行。究竟有多少人决定宁死不愿在这命令之前屈服，无从计算，因为这薙发的问题也和其他抗清的原因混为一体。

满清另一个不荣誉的政策，为大兴文字狱。任何印刷文件如有谋反的嫌疑立即被官衙追究，通常并将情节奏呈御前。极少数例子，撰文者会直率地提出他们忠于朱明王朝，多数情形，只在文字之中提及史事，从侧面后面看来则似有对新朝廷不满的嫌疑，例如有讽刺性的诗句、被禁止的字体、非正规的辞语、谐音的文句等等。如果一项文件被认为有谋反的罪名，不仅作者和出资赞助者被惩罚，也连累到读者、刻板者、印刷者和售书者。在最严重的案情中，犯者被凌迟处死，家属被判死刑，或流放，或发放为奴。即犯者虽已身故也剖棺割尸。当皇帝震怒时，一件案件可以株连好几百人，可是也有不少案情被告判为无罪而开释。这类文字狱断断续续地执行到清朝的前半期间，直到18世纪末年才停止。

然则所有残酷生事的地方，抵不过各处近代史里提及的民族间的紧张。因着汉满两方缺乏永久的仇恨，使我们想到现在所谓的民族主义其实是近代社会的产物。在现代社会里，文化上的影响，再加上经济上的利害，使每个人切身感到集体之间在对外态度上有其独特之处，如因外界的干预而使这些社会价值有剧烈的改变，必招致强烈的大规模反动。在17、18世纪时，满清无意将中国传统作大规模更动，汉人也未曾觉得他们的文物制度整个地被威胁，所以受激动的仍在全人口中占极少数。

清初盛世

对大多数的民众讲，这一个半世纪（大概自清朝入关迄至1800年）是一段和平与繁荣的时代，满清最初的四个皇帝因之享有盛名。

顺治（本名为福临，在位于1644年至1661年）幼年登极，初时由叔父多尔衮执政。顺治宗教思想浓厚，他既受耶稣会教士汤若望的影响，也对佛教极感兴趣。康熙（本名玄烨，在位于1662年至1722年）在各项标准上，符合了传统中国所谓内圣外王的尺度，他既仁慈也不乏决断力。他在国内主持大政，也带兵领将驰骋于边疆。在位六十一年，也正是满清在中国巩固其统治的日子。他的臣民不会忘记，当南巡的时候，船泊于乡间，而皇帝灯下读书至午夜未歇。康熙雍容大度，他的儿子雍正（本名胤禛，在位于1723年至1735年）却严刻而有心计。他在这时注重纪律似有必要，但是因本身及家事间的纠纷而对臣僚采取严密的监视，引起特务政治的抬头。因他而流传下来的侦探政事，带有惊险的色彩。四个帝王的最后一个是乾隆（本名弘历，在位于1736年至1795年），在位六十年。他并未在1795年去世，只是传位于子而自称太上皇，仍在幕后操纵国事至1799年驾崩方止。全中国历史中，未曾有如此数代帝王，继续不断将开明专制政绩保持到如是之久。四人个性不同，却都富于精力，也都称能干。他们对政局之用心，集体说来也是特出。在朝代开始之日，皇位左右备有大批译员，可是顺治朝结束之前译员已无必要，皇帝已熟悉汉语汉字。雍正只在咒骂时才用满语。康熙与乾隆本身即是学者，只是他们汉学造诣的深浅，历史家并无定论。

　　尚没有充分说明的则是，此期间的和平与繁荣也由于各种有利的条件一时汇集所致。这一个半世纪之内，国际贸易对中国最为有利：茶叶行销于俄国，生丝及丝织品见爱于日本（自德川幕府初年即如是），而此时欧洲正值启蒙运动抬头，沙龙鼎盛之际，中国之瓷器、地毯、漆器、首饰与家具使西欧各国首都表现得富丽堂皇。未漂白之棉织匹头称为"南京货"，初行于欧洲，后及于美洲。在工业革命前夕，中国乡镇工业产品仍保持着一种黄昏前的质量优势，直到西方超越中国为止。中国所赚得的外汇有助益于传统之农村经济，由外输入之白银主要来自日本及菲律宾，经常又持久，于是使流通的货币量增多，加上国库及各省区的铜钱铸造，更使流通加速。通货虽膨胀但为效温和，在人口增加，耕种地扩大的环境里，也无恶性的后果。

　　17世纪80年代消灭吴三桂等三藩后，省下不少向南输送的兵饷。于是税收所得之银两可以向北拨付。这时候八旗制度仍然生效。公元

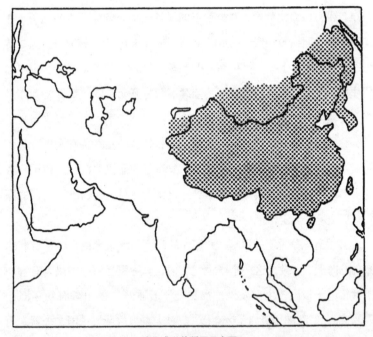

清代盛世的版图示意图

1696年康熙亲率兵八万出塞,与蒙古领袖喀尔丹周旋,军中有西方式的炮车,为前所未有。昭莫多一战公认为历史上结束中国边疆游牧民族以骑兵占优势的转捩点,战后喀尔丹可能服毒自尽。18世纪乾隆又继续占领新疆,所拓领土至巴尔克什湖以西。

在这期间中国与沙皇统治下的俄国接触,1689年尼布楚条约和1727年的恰克图条约都在有清一代军威最盛年代所签订,于是将北部疆域固定化。当日所辖地区远较今日为广。

高丽(今日之朝鲜和韩国)已在满清入关之前臣服,这时候暹罗

(今日之泰国)、安南、不丹和尼泊尔也为朝贡的属国。只有蒙古与西藏另有栖处，满清不以之为国家，但是其为边境的属土，却又与内地之省份不同。

及至康熙在位末年，国库充实，于是诏令全国人丁税以公元1711年为准则，以后人口增加亦不增税。按其实，皇恩浩荡，但臣民之所得却不一定为御前所赐，因为中国赋役之"役"内的"丁"，一向只是一相对的单位，可能没有任何年代之丁数与成年的人口数完全吻合。各地区编造丁册的方法就各不相同，以后按丁册征取人头税，也依中央及地方之需要而向上或向下调整。只是康熙的一道诏令，表现出当日皇帝对现局有绝对的自信而已。

整体说来，清朝对明朝的制度很少更变。官员的俸给仍然是极度低薄，各员的额外收入，从各种既非违法又不合法的"事例"而来，例如熔解银两之"火耗"。雍正下令兹后将这一半合法的附加正规化，因之"养廉"成为一种公开的名目，凡是经理财务的官员，都有是项收入。

满清虽承袭了朱明王朝组织系统，可是它在功用上的表现和以前不同。最显著的是，清朝前期在财政扩张之际，皇帝能行使之职权，远胜于明末之帝王，他们在明朝只是百官名目上的首长。清室坚持皇室之继承问题全系家中事，不容外人置喙；他们也让皇帝之亲王称为"贝勒"者为御前的顾问。如皇帝未成年，他们正式指定摄政王，而不像明朝还假装是由幼年皇帝实际作主。这样使汉人的官僚分为朋党借此争辩，及以监察官倚靠抽象的名目争执的办法无从实现。清代的宦官一般只在宫中，活动较受节制。

所以除了最初的抵抗之外，满汉关系与时增进。通婚受禁止，实际上则一直未施行。好几个满洲皇帝有汉人的妃嫔，传说康熙及乾隆的生母均为汉人。汉人参加政府的机会极少限制，只是最高的职位要和满人分权。每一部的尚书（部长）二人，满汉各一，侍郎（副部长）四人，满汉各二。大学士为皇帝的秘书，也依法如是安排。1729年雍正创设军机处，在军机处"行走"的官员或为大学士，或为尚书，或为侍郎，都由皇帝指派。他们同时又兼理原来的官职，所以这更增加了官僚权力，而减低了满洲亲王贝勒的力量。以后汉人之任总督巡抚者也愈多。

因此，用现代眼光的学者想从清代的纪录之中寻觅汉人民族主义的导火线，却找不出来。在清朝入主之后所出生的汉人，仕清已不能算为服侍异族之主。这是"他们的"帝国，他们有出仕的义务。

第十七章
1800年：一个瞻前顾后的基点

公元1800年前后，西方人因为工业革命的成功，促进了文明大跃进，也开启现代国家的序幕；但同时期的中国，虽然出现实用主义学说，却因改良的科技武力仍然屡战屡败的经验，及往后一连串的文化罹难与退却（文化大革命），致令"现代中国"迟至20世纪才出现。

公元1800年拿破仑在意大利向奥军进攻,杰弗逊和蒲尔在美国选举中相持不下,英国首相庇特好像已将不列颠和爱尔兰的合并构成事实。中国的乾隆皇帝曾自称"十全老人",死去不过一年,他的亲信和珅已被拘押而由御旨令他自裁,从他家中没收的财产以亿万计。白莲教徒的反叛已一发而不可收拾,在湖北、山西和四川他们获得广泛的支持,政府军一再宣称叛徒已被击溃消灭,可是事后看来他们的力量尚在扩大。因着两广总督的建议,皇帝下诏禁止鸦片入口,不许白银输出已在一年之前奉旨施行。这一连串发展,引导着一个新世纪的来临,对中国来讲,这是一个失败和极端困难的世纪。

从上一章所叙的光荣和成功的事迹来看,读者不免要发问:何以中国由盛而衰竟有如此之神速?

朝代循环与长期停滞

中国作者通常强调朝代循环。当乾隆退位之日,清朝已达到成长的饱和点。旗军的尚武精神至此业已消散,这也和明代的卫所制度一般无二,前所登记的人户也不见于册籍。雍正的"养廉",虽说各主管官的薪给增加数倍,仍不能供应他们衙门内的开销。更不用说官僚阶级的习惯和生活费已与日俱增,而为数万千的中下级官僚,他们的薪给不过是聊胜于无。因此贪污的行为无从抑制,行政效能降低,各种水利工程失修,灾荒又不适时救济,人民铤而走险为盗为匪,也就事势逼然了,这一连串的发展前后见于中国之历史,在西方与中国针锋相对前夕,清朝已未战先衰。

今日距当时即将过两百年,我们的观点因之似应伸长。前述四个皇帝的纪录初看灿烂光辉,但从宏观的角度判断已与时代相违。虽有剩余的款项来往手中,但他们从未用以改造上端组织或者加紧上下之间的联系。这时仍然没有一个中央的金库,全国的收支仍是由收税人和派用者零星地侧面交授,因此一切统计无从核实。经济方面纵有进展,但民法仍无长进,也不能相辅而行。中国仍不过是一个多数农村的大集团。

也只是因为我们又有了近两百年历史的纵深,我们可以看出中国的改革,说来容易做时困难。多数农民只能集体地指挥,官僚既以一千五百个县为可以互相对换的职位,也不便令他们互相竞争以增进技术上的进步,唐宋的历史已有殷鉴,第三帝国要想领导全体大众,只能注重那些共通之处,那就只好着眼于意识形态的和谐了。当我们检阅科举考试的内容,人事考核的程序,以及地方政府的施政情形,我们可以看出其倚赖于意识形态的情形极为显著。

可是保守的力量做主,中国就像一个庞大的"潜水艇夹心面包"。上面一块长面包称为官僚阶级,下面一块长面包称为农民,两者都混同一致,缺乏个别色彩。当中的事物,其为文化精华或是施政方针或者科举考试的要点,无非都是一种人身上的道德标准,以符合农村里以亿万计之小自耕农的简单一致。以这道德标准辅助刑法,中国缺乏结构上的实力足以成为一个现代国家,她缺乏必要的应变能力。

一个现代国家，其社会由货币管制。内中分工合作情形，物品和服务工作彼此交换，与其因此而产生的权利和义务全有法律明文规定。一个多元的社会成为可能，是因为它所需的数目字以公平观念为准则，能使其公民做以前不能做的事。新的教堂由信徒出资支持。艺术家和自由职业人士互相竞争，赢得赞助者和雇主。现在看来这种程序被称为"由封建制度进展到资本主义"[1]实为历史学里的一个错误安排。这说法将阶级斗争的观念一提出，就把其他各种原则与程序全部抹杀置之不顾。也因为这说法具有道德的含义，加上技术上的困难，使人不便将整个问题分析清楚，忽略了其在东方和西方的不同发展。

清朝组织有它的特点，它不可能效法西欧的民族国家。西方民间的自由源自于封建体制里额外颁发的城市特权。可是市民阶级的资产力量，仍无从构成社会的大改造，只有国际贸易增多，在全国经济里的比重升高，商业财富的力量伸展到农业财富里去，牵动了全局，才构成实力，如此才可以改造社会。当日政府也仍不肯立时服输，只是抵御不得，才无可奈何地承认改组，此后便以商业原则作为施政的准

---

[1] 布罗代尔（Fernand Braudel）提出资本主义（capitalism）一词在19世纪很少被使用，马克思即始终未用此一名词。布罗代尔认为首先以现代的意义使用此名词以和社会主义对立的是宋巴特（Werner Sombart），时在本世纪初年。见布著 Civilization and Capitalism, 15th –18th Century, Vol. II: The Wheels of Commerce, trans. from the French by Sian Reynolds（New York: Harper & Row, 1982）, p.237。克拉克爵士（Sir George Clark）则使用资本主义一词表示"现代经济制度"是19世纪中期社会主义者所"发明"的办法。见所著 The Seventeenth Century, 2nd ed.（New York: Oxford University Press, 1947）p.11。

据。同时中国的情形,可自亚当·斯密所述一节看出,他说:"中国历来就是世界上一个顶富裕,也是一个最肥沃,耕耘得最合法,最勤奋而人口最众多的国家。可是看来她长久以来已在停滞状态。马可·波罗在五百多年前游历该国,盛称其耕种、勤劳与人口广众的情形,和今日旅行该国者所说几乎一模一样。可能远在当日之前,这国家法律与组织系统容许她聚集财富的最高程度业已到达。"〔1〕

斯密所说中国的法律与组织赋予存积资本之限制,无疑地合乎实情。明清政府构成时,其宗旨即在支持大多数小自耕农,可是后者的生产方式一进展到某种饱和点即再也无法增进。正如上面已经说过,六百年来基本的农具仍是一模一样。另一方面,现代商业需要广泛的展开资金之借用,经理与所有权分离,各种技术上的支持因素全盘分配。这三个条件能够行得通,全靠信用,而信用要在法律面前生效,可以由司法机关强制执行。所以政府消极地不干预各人公平交易,使物品和服务互相交换还是做得不充分,它必须有维护这种制度的赞助者、法官和警察。我们只需看一看明清政府的财政管理情形就可以断言,第三帝国既无力也不愿尽到这样的责任。中国感觉到自身连用数目字管理的程度都还不够,也只好提倡各人对自己抑制,对人谦让,但这样,不可能在治理亿万人众的范围内,做到公正合理

---

〔1〕 亚当·斯密与乾隆同时,他在世时不可能知道自己会被后代称为资本主义的发言人。他只区分"政治经济之系统"为两种:一为"农业之系统",一为"商业之系统"。内中商业之系统亦即是"现代之系统"。此节出自《原富》卷一册四导言,即 An Inquiry into the Nature and Causes of the Wealth of Nations, vol. I, Book IV, "Introduction"。

的地步。

斯密所说的停滞状态也值得批评。没有一个国家可能先后停滞到好几百年。实际上在这段长时间内,中国经过好几次政策的改变与反复。远在11世纪,王安石就决心将宋帝国财政片面地商业化。不幸地,当中一个失败原因,却正是由于他的规划缺乏商业资本和民间的支持,当时惨痛的结果,历久而不能忘。这财政之展开既无出路,蒙古人入主之元朝也未贡献任何对策,至明朝才打开僵局,其办法却是大规模地全面退却。从此中央政府不再亲身只手去掌握各种财政上的资源,而用预算及限额去节制其抽取与支用。政府本身不与经济上最前进的部门发生关系,而且也坦白声明,提高人民生活程度不是它的宗旨,所以它所标榜的道德无非也带着泥土气息。清朝虽然也无意于改革,但到底将它手上所主持最缺乏弹性的管理法稍微放松,例如让较多量的货币流通,在某种条件之下,对财政采取现实的态度,不完全期望官僚枵腹从公,开放广州的海禁等。然则大体上讲,全局已定,也无从推翻。国家体制的最大功用是将千万的农村纠结在一起。意识形态较科技优先,文化上的影响比经济更重要,各级官僚的消极性比他们适应环境的能力还要被重视。甚至边境上的武装冲裝也不足改变这作风。与第二帝国的高度动态相比较,第三帝国确为机动性,这结果可能使《原富》的作者觉得中国长期"停滞"。

地缘因素

这是谁的过失？我们是否要责备宋代的改革者，他们过于轻举妄动？要不是他们的失败，为何一千年后，无人再敢尝试以货币作管制的基础？是否咎在忽必烈？他一心只顾到战胜取功，而未将中国本部构成一种系统？是否我们又要谴责明太祖朱元璋？他是否对宋朝的失败反应过甚，因此才把钟表向后倒拨，超过了任何合理的程度？是否清朝的皇帝也有罪愆？他们一心只想做中国式的天子，而不敢真实地恢复中国固有文化的长处。甚至今昔环境已有不同，他们生在17世纪与18世纪，应当对外间世界多几分认识？简单地说，从短视界看来，或否或臧，以上假定，其中的一个或是全部都可以经过一番搜集，构成令人置信的专题。

但是把这些事迹摆在一起，前后贯通地看来，我们则觉得当中有无可避免的地缘政治因素在，它的影响超过所有历史人物及各朝代作为的总和。本书在前述各章内，前后提出各种议论，综合起来都可以归并于亚洲大陆整体性所赋予历史的影响。既有两千英里容易被人侵犯的前方，中国不得不构成一体，于是才能生存。战略上的需要不仅要顾及攻势的力量，能对沙漠地带有冲击力，尤要整备后方，造成长期作战的持久性。更重要的则是，要有后勤的能力支持以上两种要求。在这些条件之下，断定了数量的优势超过质量。亚洲大陆的气候如是，所有的皇帝与中枢主政的官员，不得不经常想起饥馑和可能引起的谋反与叛乱。如何使生活更丰富优渥只能摆在这些顾虑之后。另外要防制地方力量威胁中枢，则贵族的庄园不容考虑，在此情况下只有向个体农户直接抽税。简单均一成了当中最重要的原则。开庭审案在这种体系之下不容易，法庭的用费以及训练一批精通法律的职业人才都得再三考虑。有了以上的前提，则在经济上比较合适的安排，如唐宋之交"五代十国"时，南方比较有效率的国家设施都不能经久。中国历史上的大帝国如汉如唐都是建立在粗线条的基础之上。宋朝对货币的着眼较为前进，可是结果仍被比较落后的明代制度席卷。清朝皇帝的优点与劣点已经摆在眼前，从历史上长期合理性的观点看来，他们等于被邀请松解一个宪法上（此指不成文宪法，亦即基本的组织）的死结，他们文化程度较低，至此反成为长处。因为他们无牵挂，所以更能一视同仁。他们也更能心甘情愿地学习，因之他们施政之纲领有社会环境的支持，它总是重视最主要的事物，也注意于满足人类最基本的要求。

于是，有一个可怕的情形要预先提出：有朝一日中国被迫改造，革命程序定要推翻一千年来之所作所为。在西欧和日本，以商业上的条理治国可以从组织的中层发动，商人可作有效的贡献，中国则需要将商业条理与组织加于成百上千的官僚或以亿万计的农民头上。而社会的习惯又一向不注重民法，内中私人财产权有了君子不言利的习惯，又用自我抑制、对人谦让的教条阻塞正当的争辩，结果只有使真伪不分，上下颠倒。有了这些复杂的因素，来日革命要将这一切清算,必定会旷日持久,也会悲痛惨切。

社会经济方面的限制

现在我们可以再从1800年的立场重新检讨朝代循环说:乾隆的纪录不如他夸示的完美。一开始,他并没有接收一套完善的财政系统,有如最近的研究所发现。也像和珅事件所显示,他生前有不少难为人言的事迹,当时仔细地遮盖,事后才逐渐暴露。传统官僚主义的作风,真理总是由上至下,统计数字反映着上级的要求与愿望。"十全老人"的"十全武功"主要是由汉人组成的"绿营"担当,他们曾遭受严重的损失,只是没有对外公布。白莲教为一种秘密结会的组织已有多时,事实上也在他御宇的最后数年内公开叛变。

与群众暴动密切相关的,是由于过去一百五十年内部的和平与繁荣引起人口之激增。迄至1800年,中国的人口已接近或超过三亿。无可怀疑的,在满清前四个皇帝在位期间,他们所统辖的人口已经增加一倍。在这农业国家内,劳力即是资本,农业上的剩余很难转移到其他方面去生利,只方便地用以支持人口。可能开拓的新地日见稀少,这国家就不幸地落入马尔萨斯的"惨淡的科学"范畴里去。马氏的人口论与法国大革命同时,只比乾隆去世日早了十年。

接近1800年,山西之票行已开始在各大城市设立分行。苏州与南京地区间,丝织品的缎机据称以万计。制盐业、铜矿和瓷业的制造雇用了大量的劳工。这些传闻通常零星地载于各种资料之内，缺乏详细的记载陪衬，有时使现在的读者感到迷惑与怀疑。实际上这些情形最多不过表现，迄至欧洲工业革命之前，中国仍有若干财富单独集中的例子，为西方所无。可是这些零星的情节不足以构成一种系统。如果我们一定要用资本主义这一名词的话，我们一定要想象其为一种组织和一种运动。一个社会要从"农业的系统"转变而为"商业的系统"之际，不仅它的法律工具要全部调整才能适应新环境，而且所有人民也要经过相当的准备，然后他们之遵守新法，才具有一种社会的强迫力。个人及各公司给予彼此之信用，所涉银钱证明私人财产权已经固定，所以分工合作，将服务及货品互相交换已是不教而能，也不待劝说而自愿参与。因此症结不在财产之多少，而是这财富如何才能交换而用于投资，使它继续成长生利。及至今日为止，所有的国家有了如是一段的突破经验后，即发觉其改变无可逆转。中国在1800年毫无与这程序接近的征象。所以将上述例外的情形集合起来，而称中国已有了"资本主义之萌芽"实无意义，这等于说一个小孩子不称他为小孩子，而勉强叫他为"预备成人"。

清朝实用主义的局限

　　清朝在学术上以"实用主义"著称，在1800年前，好几部伟大小说已经出现。可是这里所称实用主义的只不过说当时的学者不效法宋儒之作形而上的揣想，也不学明儒之接近于参禅以求顿悟。他们仍然缺乏一种物质上的环境足以使他们独立地思索，所以也无法脱离根深柢固的社会价值，这些社会价值既已与官僚的经理管制结不解缘，他们也就信而不疑。这一批思想家更正了过去学者若干的矫揉造作，可是所谓实用主义者紧随儒家经典与历史，始终无法产生一种透视的眼光，看到肉眼之所不能见。实用主义有何用场？还不是脱离一种思想系统以便制造另一种。像培根和笛卡儿所发现，科学因长久的和坚持的"不相信"而产生。清代的实用主义者无此彻底，他们也没有希腊科学家的程度，相信自然法规需要不断地展开（这种想法日后对欧洲的文艺复兴产生了作用），且清朝的实用主义尚不能产生有如战国时代"百家争鸣"的多元形态。

  清代的小说也实有它们独特之处。它们将当时的生活状态以极悠闲的态度写出微细之处，非其他文字所能勾画。可是从历史学家的眼光看来，这些小说仍为官僚主义之下的产物。《红楼梦》带着唯美的色彩，过度地追怀过去，过于感情化，过于女性味；《儒林外史》极端讽刺，却好像一部论文集。作者之愤怒和自我怜惜表彰着他们生活范围之窄狭，他们的读者与爱慕者想必深切地了解而具同感。

  我们是否把一个时代批判得过度？如果我们的目的只在叙述18世纪，那可以说立论过于苛刻。要是不脱离18世纪的眼光，本来我们也可以循着欧洲的启蒙运动，赞扬中国为社会上和谐的好榜样，或者像法国的重农主义者一样，相信中国人总是将注意力集中在要紧之处，再不然又可以学着当日的技工，欣赏着各种中国式（chinoiserie）的物品，从柚木桌椅上的镂空雕刻到几尺高的漆器花瓶，其外表有如绸缎之精美。可是片面的优雅高尚只引起另一方面的危机和危险。公元1800年距鸦片战争只四十年，那一天来临时，中国和满洲的士兵要用过时的梭镖与大刀对付一群以五百四十尊火炮摆在十六艘船舰之上渡海而来的敌人。以后尚有接着而来的一百五十年苦难事迹，这些事迹也都是源于同一基本原因而产生的压力与紧张性，一路下去终至于文化大革命。外间的观察者看不清其来龙去脉，所作分析，才会以"疯狂的根源"(Roots of Madness)为题。

我们虽对18世纪中国有苛刻的批判，其用意无非说明此中确有"根源"，但无"疯狂"。假使读者愿意追溯深远的话，则表面上看来不可思议的地方仍有其解说。其根源出自地理，也出自历史。在那情形之下，1800年并不是一个分裂点，它是一个适宜的基点，让我们稍作逗留，瞻前顾后地反思一遍。

第十八章 从鸦片战争到自强运动

17世纪以后,西方列强的势力正逐渐侵入亚洲,中国更成为列强竞逐的场所,经历了鸦片战争、英法联军等一连串的挫败,使朝野部分有识之士体认到改革的重要。外来危机越深,改革呼声也就越高,中国近代历史发展,便是在这种危机与改革不断深化的情形下,前仆后继,犬牙交错。

今日有了一百五十年的纵深，我们对鸦片战争以前的一连串行动有可以和前人不同的看法，虽说基本上的事实并未变更。先说钦差大臣林则徐，他也可以算是采取了主动。他给维多利亚女王的信吁请英国自动停止鸦片贸易，抄写了约二十份，凡遇有任何欧洲的船只西返，即给予一份，请代投递。可是他没有把英国纠集船舰即将远征中国的消息放在心上。他以为英人之举动不过恫吓。他一方面查询华特尔（Emeric de Vattel）所著《国际公约》（Law of Nations），另一方面他又依着中国的官僚习惯执法起来，将以前虽在书上见诸文字但始终无人注意的条文一时雷厉风行，照字面上不打折扣，而且执行的办法仍是"集体的责任"，也就是说他处置犯者时，分门别类（例如视所有英国人为一个集团），只图适应官僚系统之方便，不顾对各人内在的公平。义律（Charles Elliot）当然无意将争执和平解决。他劝英商将鸦片交付与他，因为他是英国的商务督办，经过他转手之后，钦差大臣没收和焚毁鸦片就要向英国女皇负责。自是构成了以后取赔六百万银元之根据，列入英国向中国要求战后赔款两千一百万元之一部分。道光皇帝（本名旻宁，1821—1850年在位）处置问题不能说是持正。他对臣下的要求超过他们能承办之能力。他起先鼓励他们冒失从事，一到事情做坏，又毫不犹豫判各人死刑，虽说一般情形其判决按传统递减为充军于边疆。

鸦片战争

战争的本身倒没有什么了不得之处，但这是第一次戳破"天朝"威严门面。英国派遣远征军四千人，他们的装备训练远胜于清军。1840年初，由印度政府代英国宣战。不久他们即占领舟山之定海，封锁长江的出海口及珠江，才继续北上威胁中国首都。清朝也可能在此时屈服。两方人员已构成了一种临时的协定，只是事后同为两方政府所否定。北京认为让步过度，西敏寺（英国政府所在）认为让得不够。

当1841年秋天战事再起时，英军占领浙江沿海之宁波。远征军经过增援，有兵员一万人，蒸汽轮船十四艘。中国军队在珠江口及舟山的抵抗英勇而无济于事。全面反攻由皇帝之堂侄主持，只是在失败之后再加孟浪和失策。他司令部里不少幕僚全系文人，无军事训练。反攻前十日他们指望着宁波收复在即，竞相预写胜利的露布。为了筹备战费，在不同的地方设立银柜，以接收朝廷命令各地方政府交纳之现款。大批银两出入于此银柜之间，可是总数无法对头。火器由无经验之人根据二百年前之书本在战场上临时制造。中国之火筏，原来希望焚烧英国船舰，可是在远距离即先被对方击中着火。夜袭宁波则落入英人陷阱之中。1842年夏天，有组织的抵抗结束，英军占领了上海与镇江，后者接近大运河，尤为南北之孔道。一月之后，《南京条约》签字。

《南京条约》

和约包括了巨额赔款,如上文所叙。中国将香港割让给英国,开上海、宁波、广州、厦门与福州五口通商,以后进出口的关税税率有了定规,又决定今后两国来往文书采取平等地位。次年之附约决定关税税率大致为值百抽五。又由中国承认治外法权,英国领事得以裁判与英人有关之案件,又承让"最惠国待遇",亦即此后中国向其他任何国家让步,其同等之优惠即须自动给予英国。《南京条约》签订后不久的《中法条约》和《中美条约》也将最惠国的条款写入。

一个多世纪以来,中国的作家和西方的作家已对道光皇帝和他的臣僚作口诛笔伐之能事。无数谴责字眼,如自大、不负责、贪污腐化等都堆在他们头上。虽说没有人能替他们辩护而撤除此类恶名,可是今日事后看来,既有组织上的重荷和文化上的传统压在他们头上,其他任何人处在他们的地位也不见得能做得特别不同。中国是无数农村组成的一大集团,当中的弊病尚且大过贪污。她的整个组织即是不能在数目字上管理。如果让中国继续闭关自守,那她也会继续以精神和信仰上的运作掩饰组织上的缺陷。施政要带美感,这种要义以近乎宗教的力量支持。所以即在危机之中钦差大臣林则徐仍在吟诗,而且在赏月。传统习惯要他对皇帝之章奏和向人民之布告不离道德眼光,这种要求胜过内容之真实。可是林则徐并非不诚。这样说来,中国人之公众心理也确有一段自欺之成分。真理并非出自客观之观察，而出自皇帝之志愿。天子最大的德行不是对每个人给予其所应得，而是不偏不袒。道光可以罚林则徐充军，但是他也能判自己的堂弟奕经（反攻宁波的将领）死刑（后减免）。这样的无偏袒才使百官能团结一致。

清朝之内向和缺乏对外竞争性尚不及明朝。不过承续着明朝，它也接收了前者很多性格。维持着亿万农民安居就业和上万官僚宁静在职，缘于一种精微的平衡。为保持如此之平衡，清朝也不愿对财政作更大的更革和寻求科技发展。自此我们也可以注意，鸦片战争失败之后，清政府并未组织一调查委员会事后决定事体发生的情形与各人的责任。没有派官员出国考察，也没有在组织上作任何更改。美国官员愿意供给制船造炮之蓝图，被婉言拒绝。《南京条约》和附约里各种苛刻的待遇，满人汉人的官僚都接受。倒是内中提及今后两方的文书要用平等语气来往，开"夷人"随意置喙之门，反而使他们不安。耆英与英国的璞鼎查（Sir Henry Pottinger）接触谈判，他给道光帝的报告，继续轻视西方的国体组织，将它们缺乏中国式之门面一致即当作无道德品格之证据。对中国多方面的缺陷，一字不提。

战败之影响：图存

可是中国人之不幸，则是公元1839年11月3日珠江穿鼻岛附近两方之交火，已将他们对外不取竞争性的地位永久摧折。即是为了拒毒而战之正直,也无从发生作用。中国在今后一百五十年的历史成为长期图生存的奋斗。基本上,一个庞大的农业国家因社会价值而结构松懈,又有宽宏的度量,向来能容纳行政上不规则之处,今后被逼务必要变成一个在数目字上管理的国家[1]。通常的观察没有看清当中的困难,因为这项规模庞大的工作只能由一种群众运动造成,也只有亿万计的农民和诗人似的县官——亦即这社会里的主要人物——参加动手,才有希望。从这里我们也可看出,将内部的联系性加紧,使与现代科技接近,其目的不仅如亚当·斯密之所说只在"使人民富裕"。从今后一个半世纪的事迹看来,这是一种出死人生的奋斗。

可是这种景象即公元1842年8月29日《南京条约》于英舰"皋华丽号"(Cornwallis)签字时仍无法看得清楚。即是最近几十年内,我们也仍无从了解在我眼前的暴力与动乱也还是这长期而惨痛奋斗之一部;这种斗争上溯至道光皇帝和钦差大臣林则徐,下至今日。只有所有的真相大白,我们才能意识到这庞大运动的恢弘范围。

今日《南京条约》和附约的规定大概都因以后事实之衍化失去了

---

[1] 通常很少提及的,英国本身也须经过一段改造才能为一个商业性的国家。宗教改革之前,意大利之银行家经理在英收入之汇兑,他们通常先预付于教廷,再利用各地所收集与英国之牧羊者构成契约。于此,他们操纵了英国羊毛向欧洲大陆之出口。伦敦之银行街称"朗巴德街"(Lombard Street),乃因当日之意大利人混称为"朗巴德人"(Lombards)。因此意大利人之区域已有日后在中国出现之"租界"的现象,因条约而开的通商口岸内有特别区域,由西方人管理。在上述情形之下,意大利人亦享受"治外法权"(extraterritoriality)。名义上治外法权为互惠,可是对英国人缺乏意义,因英人在威尼斯、热那亚及西安纳居住者少。英国站在劣势之地位,因为商业法律无法在乡村实行。因之当时英国不能说可以在数目字上管理,或在货币上管理。这种情形一直到内战期间及斯图亚特(Stuart)王朝后期才得改正。

效用。人民共和国之收复香港尚待实现；但是和平接收的协议业已签署。这皇家殖民地分作三部分：香港岛割让于1842年，有如上述。九龙半岛已在大陆，由于1860年中英《北京条约》而割让。所谓"新界"(New Territories)则在原割让之九龙更向大陆延伸，包括整个殖民地百分之九十的面积，因1898年之九龙租借条约而租与英国九十九年，至1997年满期，也是刻下预定全部地区归还的日期。北京已保证让本地人自治，在接收后五十年内不更变现有经济体系及法律制度。

这政权所标示的"一国两制"如何在将来施行尚待揭晓，历史家所能确切指出的乃是，将一个疆域广大人口众多的国家由农业管制之方式更换而为商业管制之方式，问题复杂。粗率看来，当一切趋于稳定之际，即国家这一观念与马克思主义的定义都可能因着中国而改变它们习惯上的面目。很明显的，中英处置香港的妥协方案算是得体，乃是因为它处理这问题时将之视作后面一个更大问题之一部。当中有地理与文化之影响，而不仅经济与政治。

英法联军

本书之叙述，尚要回到19世纪之中期。

《南京条约》签定之后十年，感到更不满意的不是战败国而是战胜国。和约将中国之商业开放，可是商业有赖于双方自愿的和积极的参与。假使通商口岸的居民受官僚的鼓励对外来者采取敌视态度，又当如何处置？假使中国商人与外商订约，却又违约而逃赴内地，不在领事职掌之内，又如何处置？外商如何抗议，要是他们照规定关税付税，内地的官吏却在同货品上课以昂贵的转口税？关于鸦片贸易，问题更多。1842年和约始终没有提及鸦片。是否今后其贸易可公开？抑或中国禁烟的法律依旧有效？简概说来，"条约之系统"如果要有实际效率，各通商国家理应在北京设立公使馆驻留永久代表，中国内地应开放外商来往，转口税应有节制，若鸦片贸易已开放，应当明白承认其为合法。1856年有了一个新机会提出以上各种要求。中法和中美条约签署于1844年，内中有十二年后可以修订的文句。英国人则根据最惠国的待遇，如果法国和美国提出修约，他们当然也可以坐享其成。

自1854年，三国的外交官及海军军官即已在中国海岸南北来往，企图得到中国的反应而有成果。中国官员之中以广州总督叶名琛最为执拗。广州市民也曾在前后数年抗拒英人入城。更使问题恶化的是新皇帝咸丰（本名奕詝，1850—1861年在位）极端仇外。这种情形促使两个欧洲国家再度用兵，此次的军事行动有些历史家称为"第二次鸦片战争"。

一艘中国的船只在香港注册，悬英旗，叶名琛的兵士登轮将英旗拆下，这就给英人以用兵之借口。不久法国也参加，其缘由则是一位法国传教士在广西被中国官员杀害。克里米亚战争（Crimean War）和印度兵士的叛变（Sepoy Mutiny）将这联合行动推迟一段时候。可是英法部队一度集结，他们在1857年最后几天毫不费力攻占广州。叶名琛被俘，客死加尔各答。广州在战争期间受英人治理三年。

　　1858年夏，英法美俄军舰集结于天津附近海岸。前二者采取军事行动，后二者在近距离观望。大沽炮台被攻下，天津被占领。所谓《天津条约》签署于6月，实际上包括四种条约。这些条约一般地让各国派遣使节驻在北京，关税值百抽五，转口税2.5%，此外指名将内地口岸通商，于是所有的内地省份，包括台湾和海南岛，中国承认外国船只可航行于内河。这数国持有护照之公民得自由来往内地。在《中英条约》上，承认鸦片贸易为合法。中国向英法赔偿军费。

　　以上条约，彼此政府批准互相交换缮本之后生效。次年，外国军舰准备执行交换，抵达塘沽海岸时大沽炮台正在修理，海河至天津一段设有障碍。只有美国公使接受中国官员之指示由陆路入京，交换缮本，虽说中国方面之接待缺乏友好态度。俄国使节原由陆路来华，也交换如仪。英法公使率领船舰十八只，决心扫除河中障碍，与炮台上新炮位互相开火冲突。中国方面之部队由蒙古将领僧格林沁指挥，英舰四沉六伤，死伤四百余人，可是到头来中国仍须赔偿损失。

　　1860年英军一万八千人与法军七千人，又在华南雇得中国苦力两千五百人担任后勤，由陆路侧背攻击大沽后占领天津。途中和议耽搁了联军的进展，但是在10月他们已进占北京。咸丰皇帝逃往热河，死在行宫。圆明园为皇帝夏季离宫，去今日之北京大学不远，首先被联军掠夺，次由额尔金伯爵（Lord Elgin）下令焚毁。1860年之中英中法条约由咸丰之弟恭亲王奕䜣出面签字，承认1858年之条约有效，将九龙割让与英，并承认法国教士有在中国内地购置地产的权利。

在连串事件之中得到最大收获者为沙皇统治下的俄国。俄国领使自称有劝说英法军离京之功,要求并获得黑龙江以北、乌苏里江以东之地,包括今日之海参崴(Vladivostok)及伯力(Khabarovsk),虽说在中国内忧外患无力支顾期间俄人已进入该处空旷地区截界筑屋,并威胁中国地方官接受其主权。此间所辖土地逾三十万英里,1860年之《中俄条约》只算承认既成事实,又扩大范围。

太平天国

在此段外患过程中,满清尚要在另一方面迎战,以图延续其生命。自1850年始,华中与华南卷入几个大规模内乱之中,当中最有威胁性的无乃洪秀全所领导的太平天国。这个乡村私塾先生曾在广州街头接到一纸基督教传教士所发的传单,又科举场中失意之后为病魔所缠,于是在昏迷状态之下发生幻视。复元之后他读及传单,才确切相信自己乃上帝耶和华之子、耶稣基督之弟。当时广西村民在忧患之中又受政府煎逼,听他的福音即为所煽动。因此他不难策动好几个与他背景相似的同谋者,从此驱使被说服的农民。他的拜上帝会相约为善而拜真神,凡信男都为兄弟,信女都为姊妹。他们立誓扫除的魔鬼既包括乡村中的偶像,也涉及贪官及其皂隶。1851年春,洪秀全以太平天国发难,他自己为天王,其他五个助手为东西南北王及翼王,以羽佐天朝。额前不薙发,脑后不蓄辫使他们看来与人不同。这些信徒有热忱，又受招术把持，立即屡败派往剿伐他们的清军。1852年，在数月之内太平军相继围攻桂林及长沙，亦即广西与湖南之省会，虽说两城都未攻克。洪秀全放弃这两处的围攻，继续北进，1853年初取武昌，亦即湖北省会。自此他拥有大量船舶，也从满洲军夺下不少武器与供应品。至此他手下已有五十万之众。两个月之后，太平军拥有武昌至南京之间长江流域的重要城镇，于是定都南京，改称"天京"。他们盘踞达十一年之久，直至1864年夏天为止。

从今日的眼光看来，太平天国的积极性已不容过度重视。只在一种极含糊的形态之中，天国人物似乎提出，中国农民被传统政治视作笼统一团的生产者，无发言之技能，似应改变，倘非如此，中国不能产生新秩序去适应世界潮流。可是太平天国不是这问题之解答。过去不少历史学家随着前后之事迹，责备洪秀全取得南京后不尽力于北伐，又不与中北部所谓"捻匪"或上海一带之"小刀会"联合，也不争取西方人士同情。本来西方人正在与满清交涉时觉得北京不可理喻，幻想着太平天国人物既为基督教徒，或可为较好之对手。从全盘组织结构的角度看来，这类臆度，着眼过微，今日已无意义。

太平天国人物因为他们的战斗意义，非理性的性格，对政府不存信心，原始的共产主义，在某些方面像欧洲宗教改革期间新教之左翼。可是在欧洲，左翼活动仅在城市表现其扰乱性。洪秀全因着他片断的基督教义，企图发动一项全国运动，其为效更微。因为新教所提倡的良心自由在中国农村社会中缺乏实际意义。太平天国的神基始终未离开巫术性格，他们起自社会中之低层，也未预计在组织上使全社会整体化。如果全民都解放，只有使社会解体，是以天国的破坏性至为明显。

这样一来，传统国家社会之结构，过去既能经恒历久，此时仍可发生作用。尤以科举取士，以一种隐蓄的办法给予有关人士物质上之报酬，责成他们维护正统社会价值，这种社会价值自孟子以来一脉相承至今，使农村社会上文教力量之终点即是国家政权力量之起点，两相缝合，不生罅隙。亦无法严格分辨此系一种经济组织或一种社会习惯。中国皇帝的君父地位和基本组织接近，远逾于旧约中之上帝。他也在各种仪节之中取得实际的权能。虽说从以后的事迹看来，清朝将这安排一再误用（如慈禧太后拘禁光绪帝及以幼童宣统登基等），可是在19世纪中叶，要想改换朝代而且更换传统朝代各项组织，显然过早。

太平天国禁鸦片、娼妓、缠足、嬖妾与赌博。可是其提倡男女平等不能阻止最高层人物妻妾成群。定都于南京，所有各王也不再生活俭朴。1856年之后，其上级已在互相倾轧。所谓天朝田亩制度，本来即以传统架构方式写成，也始终只是纸上文章。"天朝"也举行过它的科举考试，从现存考卷的资料看来，即出题人亦未看清这科举取士的社会经济意义。

湘军与淮军

于是曾国藩得以以传统之正宗作号召,为清朝剿灭太平天国。他出身于朝廷文职之士。和三百年前的戚继光一样,他的"湘勇"招募于农村,军官由他一手选拔,内中很多为小地主,来自曾之故里湘乡。于是部队间精神上团结巩固。他的军费出自"厘金",亦即一种新的物品转口税,也有了各地的津贴,大概自愿捐助与勒派均有。他组织的水师其实乃是一种两栖部队,起居于内河帆船之上,持有火器,使战事带机动性。湘勇首先为团练,雇用以保护地方,因其成效超过正规部队,1854年之后出征各省,其人数从最初之两万人增加数倍。湘军与太平军全面战斗展开后,长江中游及其两大支流即湘江与赣江成为拉锯争夺之处。有墙围之城市不仅因战略价值而被争夺,尚以其操纵人口与资源之故。交战两方都向对方施用残暴手段,杀俘之事屡见叠出。战区食物缺乏,又疫疾流行,人口减少而助成以后战事之结束。

但是1860年以后太平军失去对内地省份之控制,尚死灰复燃,将叛变引伸到长江三角洲沿海一带,苏州、杭州、宁波与上海为争夺的地区。这区域的丝绸工业遭受打击。也是在这一段战争期内,曾国藩手下之李鸿章从此露脸。他仿效湘军体制,在他出身的安徽省组织一支淮军。满清对英法战事结束,"常胜军"也参加讨伐太平军。他们原来是上海商人组织的自愿军，以西方人为军官，用以保卫本地。至此由列强赞助，正式为政府军助战。他们的功绩树立了美国人华德（Frederick Townsend Ward）和英将戈登（Charles George Gordon）的浪漫声名。有了他们襄助，李鸿章肃清了东部沿海地区，使曾之湘军于1864年7月收复南京，洪秀全于事前服毒自杀。肃清太平军在福建之残部于次年完成。即是最后这一段战事，也与美国内战四年时间相埒，而中国之内战死伤人数更多[1]，而解决的问题反少。

自强运动

"自强运动"名称出自《易经》，由"天行健，君子以自强不息"而来。用这标语概括1860至1870年代中国大效西方，其名称已表现着防御性的动机。当日提倡向西方学习的人物恐怕自己的行动必被批判，因之引经据典强调时代之不同，才有这举动之必要。同时他们也用"中学为礼，西学为用"的解释说明学自西方的无非是一种技术性之事物。在各种基本的条件内，他们始终不脱离中国文化的传统。

实际上纵有对他们的批评，其态度并不苛刻。可是维新运动本身范围如是窄狭，也就无从达到预期效果。

1860年各国与中国订立和约之后十年，一段短时间双方关系良

---

[1] 此次战乱死伤估计达两千万人。

好。西方人既已由中国满足其要求,不再施以更多压力。强硬派如额尔金及巴夏礼(Henry Parkes)已离华,一批新外交人物如英国公使阿礼国(Rutherford Alcock)、美使蒲安臣(Anson Burlingame)和任中国总税务司之爱尔兰人赫德(Robert Hart)都主张双方开诚善意相待。他们相信,若予以适当鼓励,中国为本身之利益,亦必将门户开放。同时恭亲王为"议政",辅助幼年皇帝同治(本名载淳,1862—1874年在位),也觉得条约带来的天地无从规避,中国理应对条文真实地履行,不当妄想借机废除再回复以前外夷进贡的局面。因为这种和谐之气氛,自强运动一时有了长足进展。

1861年北京设立总理各国事务衙门,对待外国使节,管理因条约而产生的各种事务,与旧式的部院同时存在。又设同文馆,教授外国语言,不久其他类似的学馆也开设于各通商口岸。辉登(Henry Wheaton)所著之《万国律例》(Elements of International Law)于1864年译成中文,由总理衙门刊刻成书。与太平天国决战之最后几年内,中国以学者出身而总管军事之人物对轮船及新式器具有极深刻印象。所以一到太平天国剿平,曾国藩、李鸿章和另一湘军领袖左宗棠都借着他们在各处为总督的地位,于南方大城市设立机器局和造船厂,其器械由海外购来,也雇用外人技师。至1870年后与欧洲各国关系再度恶化,这种举措亦并未终止。轮船招商局设立于1872年。一群中国学童被派往美国留学。开平煤矿始于1876年,在天津附近。这期间内,中国城市也开始有电讯的联络。

有了这些活动,自强运动表示着一种意志简单的目的:中国希望借西方之科技以充实军事力量而已。改革者所需要的乃是轮船与枪炮，所以他们设立的是船坞与兵工厂。所有的改革也与其他部门隔离，以免妨碍旧有法制规章。所训练的"洋务"人才，预定为中国旧式官僚手下之技术助手，所以传统教育制度不因之而更变，科举取士的程序也原封不动。

这有限目标始终无法获得，原因不难解释。当时人所谓"洋务"，实际为"西方事物"，乃全部西方现代物质文明所产生之后果，缘于社会上注重效率，在各处请求准确之所得。这和中国的官僚组织立场全部相反。后者有了一个庞大的架构，一向站在非竞争性的立场，几百年来只望维持一个大体过得去的标准，以保持内部凝聚力。因生活方式之不同，西方采取重商主义，中国维持农业社会习惯。这习惯之不同，影响到每一件兵器的制造者和使用者，更别提到他们的组织人与协调人。这差异也在每一日发生影响，在每一行动之中发生影响。

这些兵工厂和造船局设立时好像商业组织，可是它们没有相对的公司可以发生商业上的关系。他们为制造者，可是社会上没有材料与零件供应者和推销员。它们与外面有来往，其关系也松懈。组织中的账目无从认真核算。他们也无从编制预算，因为政府本身尚无预算可言。人事之管制必漫无标准，因为中国全部的经济生活即缺乏人事管制标准。

称以上情形为"腐化"，可能对整个问题产生错觉。腐化必由以前正常之形态恶化而产生，用如此道德上的名义加以谴责，则必须承认事前已有一个完整体制，在其恶化之前确曾站得住脚。

事实上它站不住脚。一个测验立即于1884年来临，中国由于对越南之宗主权与法国发生战事。短时间内法国舰队使台湾基隆炮台无所施其技，也占领了澎湖。法国人回顾中国大陆之际，他们只花了几小时就破坏了福州的船政局，这马尾船厂过去也由法国资助而开办。

1885年中法之战结束时中国觉得藩篱尽失，其弱点也更暴露，以后只能挺身而作生死战。十年之前，日本即已不顾中国主权，径自征台。在中国西北角，俄国又已攫取一大块土地。公元1881年《彼得堡条约》名义上尚称为中国外交上之胜利，可是中国仍要向沙皇付卢布九百万，而且失去巴克哈什湖一带疆域。与法国停战之年，英国也夺缅甸为其保护国。

19世纪末期，因着西方工业革命之成熟，已是社会达尔文主义时代。任何斗争之失败者，都可能被视为品格低劣。中国在外交上一贯的失败也愈使自强运动看来差劲。最低限度，它使中国抛掷了二十年宝贵时间。可是在中国现代史里，它尚不过是一段连续"失败"之第一次。直到最近，我们才有机会将这串事迹以较积极的眼光看待。有了新的纵深，我们可以断言，即算失败，它们也是一种庞大革命之前无可避免的步骤。与鸦片战争后之全无反应对照，1860年间的改革在实践方面很严肃地向前跨步。因其如此，改革者尚要以传统的名目自保。他们小心谨慎，但传统中国之架构已被他们打下了一个大洞。他们"自强"的结果在我们看来固然失望，可是从当日时间与环境看来，已不足为奇。我们不能忘记，他们使中国工业化，尚要从编撰最基本的数学教科书做起，学习语言的学生也限在十四岁以下。这使我们想起其道路是如何的遥远！自强运动以接受科技作基点。三十多年之后，公元1898年的"百日维新"，已准备写宪法，在制度上求改革。再过二十一年，中国进入民国时代，知识界也猛省到改革不仅应从他们自身着手，而且要从他们自身的思想开始。虽然无计划，这一套事情向前推进，似有阶梯，使我们感受着历史力量之大。它有它的逻辑；它的长期之合理性也让中国的革命多出一点时间作充分的准备，更给它相当压力使它贯彻到底。以目下问题之大，这一切庞大的规模与纵深只能算是合理而有实效。

第十九章

百日维新、民国成立和五四运动

甲午战争的挫败,不仅使清廷颜面扫地,民族自信心尽失;战后的割地、赔款更使中国从此成了列强的俎上肉,变法图强的主张乃在知识界中日益高涨。从甲午战争到五四运动时期的中国,在保守派、改革派、革命派三种势力互相激荡的情形下,传统的制度、文化、思想等方面都产生了激烈的变化。

中国在1894年和1895年被日本从海上到陆上战败，产生了严重反响。中国作战的目的在保持朝鲜为属国，经此一战，这局势已失去而再不复返。辽东半岛、台湾和澎湖因此割让与战胜国。战败赔款银二亿两是一种极难承受的财政负担。中国向日本商业上的让步除了向欧美国家提出的之外，尚加上日本可以在中国城市开设工厂的条款，写入《马关条约》。当然，因为最惠国的规定，这特权也为其他国家分享。总算有了俄、法、德三国干涉，辽东半岛的割让未成事实，由中国再加添赔款三千万两算数，可是沙皇的政府仅候三年即提出整个半岛租与俄国二十五年的要求。从此之后这地区落入俄国手中，又从日俄战争之后转交日本，第二次世界大战之后再度由前苏联掌握，直到1955年中国才收回主权，至此前后已六十年。

甲午败绩之辱

被日本打败，中国感到深耻奇辱。中国过去曾和日本作战，可是未曾认为日本人是优势的对头。不用说，种族优越感双方都无从避免，这也是1894年战争起因之一。此时尚未及注意的一点是，一个国家之现代化，主要是以商业组织之原理加于国事之上，因之公众事务之分工合作也和私人生活之分工合作异途而同归，所增加之效率，使这国家的功能提高。所产生的机动能力与品格无关。日本在德川幕府后期本来已朝此方向发展，与中国无法分类的大多数人相比，显然效率要高，此中差异也在战场上表现无余。

在两个世纪相交之际，世界上遍处展开的人种主义达到了最高潮。德皇威廉第二是它热烈的发言人。日本人很容易接受了他的解说。日人爱国而好战，好像比懒惰而无气息的中国人要强得多。伊藤博文与李鸿章交涉的时候，确切地掌握着机会报复。过去中国不少作家笔下提及日本时很少注意到日人的敏感，一味以轻蔑字眼写出。李鸿章及中国的高级官员受胜者粗鲁待遇，也早有其原因。

这深耻奇辱使中国群众的反响注入相反之极端。一派主张接受日本人之优越，应聘请伊藤为中国首相。另一派主张不承认和约。日本对中国的要求不妨分作数份，赠予沙俄和其他国家作为报酬，只要他们向日本交兵。虽说李鸿章没有采取后说，他已受这说法影响。他于1896年与俄国外务大臣签订密约，西方称为李与罗拔诺甫条约（Li-Lobanov Treaty），所给帝俄的让步，包括修筑中东铁路贯穿满洲北部。谣传俄方曾以丰厚贿赂酬答李鸿章签订此约。

这战败给中国当前最大的困难仍在赔款。只有向外借款能解决问题。愿意向中国放贷的大有人在。可是他们每一个代表一个外国政府，他们的目的，在以中国海关关税和内地工矿的权利作为贷款的保障。中日战争之前中国所负外债不多。兹后中国行政完全被外国银行团把持。凡出口进口之关税，盐税之收入，以及内地之转口，同为外债之抵押品。此后因修筑铁路也涉及外债，才激起了1911年的革命。以上情形在中国进入民国时代后基本上未有更变。也因为对关税收入的处理，孙中山与西方各国争执，才决定与苏联联合。

回头再叙 19 世纪。1898 年为诸事纷至沓来之际。英法德俄日五国都于此时在中国构成势力圈。如果中国任何行省划入某一国家之势力范围，中国必须申明此省永远不割与其他国家。当中一个重要的港口城市若是租借给享有势力范围的国家，租借期为九十九年。中国不得在内外设防，也不得派兵进入附近地区，通常以十五英里为度。此外，列强也在省内独享铁路工矿和敷设电信的权利。要是中国本身在省内营建此类工程，则不得由第三国投资，也不得雇用其他国家的工程师。当中此类的条件有由外强以最后通牒方式提出限 48 小时内承允的例子。这情形使孙中山称中国为次殖民地，亦即低于一般的殖民地，他们与中国不同，只服侍一个主子。当世纪之交中国受着列强压迫，美国国务卿海约翰（John Hay）于 1899 年及 1900 年两次提出的中国"门户开放"政策，对中国很少实际裨益。

百日维新

1898 年夏天，北京的官僚圈经历了一段前所未有的情形。从 6 月 11 日到 9 月 21 日，一共 103 天，御前颁发了两百多件诏令与批示，宣称政府之组织必须改造，预算将要编制，海陆军将要现代化，所有教育制度和文官组织也要改组，所有农工商业一并都要提高以符合世界标准。如果这套工作可能因皇帝龙椅前之公告而完成，则中国应当立即成为一个现代国家。可是这西化之决心以与西方习惯相反的姿势提出。"百日维新"如传统以意志力事，并且引用了真理由上至下的原则。这种办法相信一项工作由皇帝诏令宣布，即等于工作已实际完成。

维新人士并不是全不了解此中的毛病，他们还是做了。103 天之后，全部运动突然终止，皇帝被软禁，终身再未重享自由。六位维新人士被处死刑，两个最显著的领导人亡命海外，又有约四十个官员被革职。

光绪皇帝（本名戴湉，1875—1908 年在位）乃慈禧太后之妹与老醇亲王的儿子。醇亲王奕譞乃是道光的儿子。堂兄同治皇帝于 1874 年无嗣而终的时候，光绪才三岁，被意志坚强而好卖弄权力之慈禧指定为皇嗣而继位。可是迄至他在 1908 年去世，慈禧未曾放弃她为事实上的国君之地位。她即使不垂帘听政，也仍在幕后揽握大权。她也利用亲信大学士和宦官与廷臣联系。在这朝代进入暮期之际，凡是满清的总督等重臣及海陆军高级将领要不与这后门发生关系，则官位难保。

光绪帝颇为明智，也容易动感情，他看到一本说得剀切的奏呈，就会流泪。以这位有志改造一个庞大国家命运的君主而言，他在宫廷里幽居的生活与自孩提之日未曾有机会执行本身决策，都可算作严重缺陷。他维新的赞助人为康有为和梁启超，同为广东省人。康是古典学者，擅于使用古籍里利于改革的文字推陈出新，翻作今朝之标榜。梁比较趋向实用主义，他的文字流畅而有普及性，所叙也不只古典。在 1898 年之前，他们至少已提倡改革三年。他们以普及新式教育为论坛，曾组织会议，到处演讲，发行期刊，捐募款项以贯彻这宗旨。也有西方传教士赞助，使这运动传播甚广。如果自强运动可称为造船制炮的改革，则百日维新不妨称为编预算写宪法的改革，虽说康梁等人胸中另有城府，他们的志向超过目前之规划。

慈禧深切注意侄儿所作的一套，只是在短期间之内没有直接干预。一个使她采取行动之近因似与人事有关。当皇帝一贯地排挤反对维新的人物而提拔亲信的时候，新旧两派之冲突终不可免。也因此触发了满汉大臣的互相嫉妒。据说皇帝将接见伊藤博文，可能被劝说游览日本，成了一时的警报。最后导致政变之原因为皇帝召见直隶按察使袁世凯密商，不通过直隶总督兼北洋大臣荣禄。后者为满洲人，也是太后亲信。

在这里我们要相信袁世凯数年后给《伦敦泰晤士报》的谈话，他在这里提出，他出卖各人的原因乃是改革者嗾使他谋杀太后，事实上她也是皇帝之养母。或者我们应当相信《上海字林西报》和《申报》的报道，内中提及光绪密令袁世凯向御躬保驾。事实之发展则是袁世凯成了告密人，他出卖了皇帝和维新人士而站在慈禧太后和荣禄一边。慈禧突然由颐和园回到北京宫内时，维新人士的计谋为之挫折。他们被整肃，有关国事的政令全部作废而恢复百日维新前的情形，光绪皇帝和他的亲信要付出前后行动和秘密交往之代价。

提到目下历史之题材，作者别无他法，在叙述时不得不循照以前历史家之铺陈，可是他要再三提醒今日读者，在解释以上情事时，前人之论点大体已失去用场。因为他们批判以上事迹时，缺乏今人眼见之纵深，是以强调当事人物之人身关系，而低估组织与结构上的原因。百日维新使全部武职人员震惊，他们的官衔职位由八旗绿营的背景而取得，也使全体文官失色，他们熟读四书五经和朱熹的注解，由科场发迹。这点,以前的历史家也重视。我们还要更进一步讲出:他们不仅保持了既得利益,事实上他们也代表着这帝国和中国社会组织的逻辑。几百年来中国倚赖一种世袭的武职人员,他们在技术上的教养不深,也倚赖一个以文字见长的官僚机构,他们意识形态的凝聚力成了这永久组织的磐石。这样的安排不斤斤计较技术上之进步,只图赢得社会的安定,因之构成了全国的均匀一致,使帝国无可动摇。如果将这些支援的力量消除,则全国的组织也将立即垮台。可是另一方面的难处是,若不宣告此类组织迟早必须更换,就毋庸谈及改革。

百日维新失败,光绪被批评为犹疑胆怯。可是没有历史上的证据可以解说他有别路可走。他既为皇帝,就以人身为表率,代表着传统的道德。这种德行从村舍里甲一路上来,透过整个社会,而以"孝"为先。稍一决断,他就会损坏了他在臣下心目中的观感和皇帝这一职位。他或者可如康有为在9月上旬的建议,出走上海。可是那样一来他既背叛了社会习惯,也逃避了自己的朝代。如果改革者愿意做到那样彻底,那他们又何必一定要依附着光绪皇帝和清朝,两者已不过是改革的累赘?他们难道不能直截地树立民国,问题简化?以后事实之演进也表示历史终于肯定地容纳了这条路线。

只是以问题之大,使其程序无从简化。革命前途之任重道远,已由谭嗣同看出。他是慈禧太后一怒之下被判死刑的六人之一。他决心为烈士,也不愿逃避。他在遗书中提及除非新旧两党流血遍地,中国永远无指望:"各国变法无不流血而成,今中国未闻有因变法而流血者,此中国所以不昌也,有之,请自嗣同始。"

公元1898年9月28日他实践了他的预言。当日被派往监刑的刚毅，不久即成为支持义和团的清朝大员之一。

经过9月21日的政变，慈禧企图褫夺光绪皇位，另以一小童皇帝替代。可是她遇到几位南方总督和一群社会上文教领袖反对，后者以上海为中心，有西方各国的支持。百日维新首要人物康有为逃至香港，有英国人援助，梁启超则由日本使馆的保护离开北京出国。各国使节犹且一再询问光绪帝下落，也带着质问的态度。太后的企图无法实现，她反外的心理激热化，以后影响到她对义和团的判断。

义和团

义和团照字面上的解释是仗义又拥护和平的集团。它不过是华北人民秘密结社中之一种，会员练习武术，主持神秘的集会仪式，所以也被称为"拳民"或"拳匪"。当中有些自称练气功可以阻挡子弹。在世纪末年，山东居民和德国侨民暨华人基督教徒发生冲突，义和团参杂其间，趁机生事扩展。不久之后，他们见外人即攻击，对一切由外洋输入之器物均行破坏。在1899年，山东巡抚本人也是一个仇外者，称义和团员为"义民"，收容他们入团练。次年，义和团蔓延至直隶省。慈禧亲信中只有荣禄称义和团不可用。

此时太后之心境值得臆度。她之把持不定，有时显然是由恐惧及迟疑而生，并非一贯的坚决透彻。期间所发诏书有时称义和团为"游勇会"及"乱民"、"拳匪",可是有时又称其为"拳民"、"朝廷赤子",甚至"义民"。直隶提督聂士成既剿拳匪,又拒洋兵,最后战死于天津近郊。好像外人愈逼清廷剿匪,太后愈决心抵抗外来压力。此间详情充分暴露中国皇权的内在危机。这时候世界情势之复杂,要求政府机构极端警觉以应变,北京的朝廷尚且完全从人身关系的角度对付问题,以至外行的气象可以一眼看出。这样,慈禧太后在历史上有用之处即在于她帮助揭露了组织上的缺陷,使对中国两千多年帝制的清算得以加速。

1900年6月21日她公布了她的宣战令。作战对象不是一个国家,也不是条列的某些国家,而是"远人"和"彼等",事实上就是与中国接触的所有外国。此时义和团在北京攻击使馆火焚教堂,已生事十日。6月11日日本使馆书记杉山彬遇害。6月16日各国联军要求天津外围的大沽炮台于次日晨2时以前交出,天津总兵不应命,联军于晨6时开火而攻取之。至此总理衙门于6月19日照会各国公使于24小时内离京。20日德国公使克林德(Baron Klemens von Ketteler)仍想交涉,在往总理衙门途中遇害。

宣战之前,朝廷反外集团交付慈禧文件一纸,据称系各国勒令她归政之照会。及至此时,她仍召集御前会议,廷臣百余人跪在殿前,太后询问各人意见,可是内中两人反对敌对行动,终由她下令处死。

各国使馆被围56日。当中停战三次。7月下旬,中国政府送往使馆面粉西瓜果蔬数车(前哥伦比亚大学教授富善先生Dr. L. Carrington Goodrich时年六岁,随父母被围于北堂教堂,亲告本书作者不知有赠送食品事。富先生髫龄即锋镝余生，但是对中国人民不存恶感，对中国文化极端尊敬）。荣禄不许部下用巨炮攻击，将可能之死伤数减低。解围时外人约二百五十人丧生，本国基督教徒死者犹多，但是无确切数字。联军出自英、美、德、法、日、俄、意、奥八国，入北京时只一万八千人，以后叠增至十万五千人。内中除日美部队外，其他见中国人即恣意报复，对平民施用奸淫掳掠及枉杀等事亦不堪记。在全部敌外期间，南方之总督巡抚与各国侨领协商彼此保持镇静，对朝廷6月20日以后之诏令置之不顾，事实上持中立态度。其称"拳匪叛变"或"义和团造反"（Boxer Rebellion），理论上谓朝廷被暴民胁迫，所取行动非复本意也。

慈禧太后与光绪帝于8月15日即联军入北京后一日仓促出奔，一行抵达西安，至1902年初始回北京。这段期间李鸿章得以从容与联军交涉和议。所谓"辛丑条约"（Boxer Protocol）于1901年9月签字，去李鸿章易簀只两月。联军要求纵容义和团之朝臣十一人判死刑，四人至此业已自杀，以后三人由朝廷"赐死"，又二人被判减为边省充军，实际处斩者只二人。

条约其他款项停止四十五个拳匪生事城市之科举考试五年。中国派遣特别使节往德国及日本谢罪。所有自海岸至北京之通道不设防，连大沽炮台一并拆毁。外国有在北京使馆驻兵之权（后来卢沟桥事变时日军出现于北京近郊，即是引用此项特权）。中国两年之内不得输入军火。中国对各国赔款银四亿五千万两，大略为全国五年之财政收入。再加以应付利息，此数必至四十年方可偿清（以后美国发起以赔款在中国兴学,有数国循例照办)。条约签定之后,帝俄占领满洲之一部分不撤兵,是为1904年至1905年日俄战争之导火线。

即仍在西安避难之日,慈禧太后已开始下诏改变方针。回京之后,她实际等于重新公布光绪之改革,亦即四年之前她所嫉视之改革。在某些方面她尚将其范围扩大。例如改官制,即成立内阁之十一部,将以前各旧式部院裁撤归并(如陆军部辖以前之兵部及太仆寺,礼部辖以前之太常、鸿胪、光禄三寺)。全国科举包括殿试乡试概在1905年停止。又派遣考察团由亲王一人率领赴海外观察各国行政情形,准备立宪,定期召开各省及全国之咨议局及资政院。

此时太后无从了解中国纵在20世纪之末期亦难行使民权、组织民选政府、对选民负责,何况八十至九十年前。当中基本的困难已由本书一再指出:传统中国有如水中之鱼无从立即化为空中之鸟。其缺乏适应之能力尚超过满清之品格性质。满清为帝制最后一个朝代,在这情形之下,它也可以被视为历史上受罪之人。中国庞大而不按技能分科的文官组织在皇权仲裁之下能发生功效,限于这国家保持内向而不带竞争性。在那情形之下,凡公众的事务可能产生公意,天子的权能也可以在举行各种仪节的庄严大度之中执行。下面庞大且不因南北水旱地域而有剧烈差别的农民,能在各行政区域范围内驯善而各安本分,可以视作良民。这也不是法制或非制,而是文教与纪律。及至公元1900年夏天,上端成了一种专制魔王,既愚昧无知,又缺乏自信,下端则成了无法管制的暴民。很显然,如此组织结构不能仅凭自由解放和纸面上的改革即渡过新世纪之难关。

帝制结束，民国肇造

公元1908年11月14日，光绪皇帝去世。不到24小时，慈禧太后也驾崩。这离奇的遭遇似有暗算。虽说他已多时健康欠佳，她却健康活跃。事实上她在13日主持立宣统（本名溥仪，1908—1911年在位）为嗣君，后者才三岁（可是也有她身体欠安的传说）。其实，内幕如何，已无关宏旨。宣统命中注定为中国最后一个君主。再三年而有中华民国，不仅满清入主267年至是终结，而秦始皇于西安创造之帝制共历时2132年，也成了历史上的往事。

医学博士孙中山，大革命家，看来曾希望实现他改革之理想而不推翻清朝，否则他不会作上李鸿章书而盼望能见。到1895年中国被日本战败之后，他才蓄意反清。他既是广东人，又谙英语，就容易和海外华侨接近。可是从他的回忆录上看来，他起先觅取支援仍至为艰难。

在1911年10月10日前，孙曾发动推翻满清运动十次，每次失败都免不了人命牺牲。其中有些烈士尚为他切身的好友。他的革命会党基本上是社会精英，却无法和群众接近。初时他们也采取"古典型"革命行动，散发煽动性的传单、暗杀和占领官署发难。逐渐的，他们才认清他们也可以利用现有的秘密结社和潜入清朝新成立的海陆军作为以后行动之根据。

孙先生也写出：各方在八国联军后的反应给了他的革命行动新的力量，入党的人增多，海外筹款，较前有效。可是十次之中的最后一次在1911年4月于广州发难，仍然失败，七十二烈士因此丧生。不料，不出六个月之后，竟能成功。这次，革命党员在汉口的地下组织不慎，使一颗炸弹爆炸。经过巡警调查，一批党员名单败露，内中牵涉新军里面的下级军官和士兵。事既如此，他们逼不得已提前举事，既无安排好的领导人物，也无预定计谋。黎元洪，满清新军协领（旅长），被强迫推戴为革命军总指挥。又在这紧急关头，清朝的总督不战而逃，给革命党人一个求之不得的喘息机会。不久其他省份接二连三宣告"独立"，也就是脱离专制的朝代，准备与武汉的革命党人协商。清朝的新太后（隆裕太后，即光绪正妻）只有替义子主持退位。

新旧体制不衔接

民国成立后的二十年是一段令人愁丧的开始。孙中山将总统的职位让与袁世凯，他就是1898年出卖光绪帝的人物，只因为他这时候还控制着满清的新式陆军，理论上还有打败革命党的可能。有了这样的妥协，和平成为事实。欧战在1914年爆发，列强无力东顾，日本于翌年向袁提"二十一条"，这些条件如果全部履行，中国在理论上和事实上都成了日本的保护国。幸亏袁世凯死在1916年，他的皇帝也只做了81天，因为各方的反对，他临死之前已将帝制撤销。在这段混淆的局面里,又有蓄辫的将领张勋复辟。1917年他将宣统搬出来再度称帝。这一次为时更短,君主制度只存在了21天。从这时起迄至蒋介石于1928年北伐成功在南京成立国民政府,中国进入军阀割据阶段。

在这十余年期间,中国有两个中央政府:一在北京,由北洋军阀承接交替;一在广州,以孙中山的护法运动为理论上的重心。可是两方所能控制的地域都极有限。内战经常沿着铁道线展开;军阀以他们的派系区分。西藏与外蒙脱离了中国的掌握,后者的分离从此具有永久性。外国的炮艇不断在中国内河航行。国际贸易由各大城市里的外国租界操纵,注重各色商人的短期利润,无视于中国的长期发展。出口物品以农业为主,进口货品主要针对新兴小市民阶级的嗜好与购买力。这批人士为数过少,他们的兴趣过于倾向于西方,因之不足以改变人口众多和带着大块陆地的中国之命运。

以上各种情节与景象有如万花筒,只在半个世纪之后才显示了它们历史上的一贯性。中国的首要问题仍是新旧之间不能衔接:现代体制需要所有因素都能在数目字上管理。旧式的组织不以中央为各部分总和之代表,反倒以一种道德上的力量自居,将各部分牵扯出来,也将它们的力量视作彼此相等而互相抵消,于是全体都立于一种微妙平衡的局面里保持表面上的宁静。这种新旧之间的不相融洽已在民国成立时看出。所以帝制必须取消。根据过去的经验,坐在龙椅上的人物虽以道德号召,要不是以出卖旁人为习惯的老手,即是一个被人愚弄终身的小儿。况且皇权之极端与社会组织之无法妥协互相倚重。要不是有了这些原因,1911年的革命不可能如是侥幸成功,以后两次重建帝制图谋也不会失败得那样厉害。

可是向"负"的因素反抗，本身并不能立即成为"正"的力量。我们确定中国的问题适于英文 constitutional 一词的解说。可是 constitution 固然可以译作"宪法"，也可以解释而为一种品物之结构影响到它的性情、品格和行动范围。中国人历来以文人治国，过度重视 constitution 为一纸文书，签字盖章而庄严收藏者，而忽视 constitution 有似于我人天赋之性能。殊不知议会采一院制或两院制，行政权由总统或内阁掌握，当日所写之宪法与下面一大群农村组织之关系极微，因为乡民的识字率一般认为只有5%，农民只能集体指挥，而重要的统计尚付之阙如。传统的管制办法着重男人优于女人，年长的优于年幼，读书明理的优于目不识丁，这和全民投票的原则以及每一个人都有同等经济之机会不仅不相衔接，而且大相径庭。况且以千计的贞节牌坊，歌颂大人物丰功伟绩之神道碑，以及祠堂里的神位和乡祠里的偶像，代表着中国的大传统及小传统，过去统统有利行政之辅助工具，至今无一可资改造利用以增进民权，或者转变为多元社会之桥梁。更有甚者，1905年停科举，高层机构即政府衙门和低层机构，亦即乡村邻里对话交流的联络线，即因而截断。在这种情形之下，代议政治只是一种伪装，新成立之政党纵以不同的宗旨号召，当中无一可以切实代表各选区（constituencies）。同时城市内新兴的市民阶级力量也过于低微。如果他确有能力决定全国的政治，一定会向那方向动手。换言之，中国之现代化可能容易得多了，假使中国文化之发展一向与西方传统平行，那么人民之自由权（civil liberty）可因城市权（municipal franchise）发轫，以后普及于全民，或者有如日本，他们私人资本力量在德川幕府后期即已超过大名藩主的力量。

我们读过无数记载，指出贿选、强制解散议会，或者公开违法的行动。可是在这段混淆的时代里，真正的悲剧是由军人出身的总统或总理执政，其为好人坏人不说，当中无一个可以成为实际之强人。他们缺乏效能的主因在于财政。民国成立，所接收过来的是一个空空如也的国库。传统之收入大宗为土地税，可是这用以维持旧式之衙门，为数过少而且分布过广泛，不能算数。其他的收入又当作向外借款和赔偿军费的抵押品。对内发行公债则无人认购，于是只有向外举债一途。谁愿向中国放贷？无非受外国政府支持的银行集团。这样一来，中国的领导人看起来总是外国主子之工具而对自己本国人民跋扈嚣张。此中最好例子即是第一次世界大战期间所谓西原借款。此事因接洽之日而得名，外表上之目的在充实中国实力以便加入协约国赴欧参战，实际情形则利及接收款项的人物，他们对内倾轧而符合了日人的意向。

军阀割据在这段期间成为普遍现象。旧体制既已拆卸，新的尚未产生，只有私人军事力量可以在青黄不接之际维持短期团结。可是这种办法全靠高级军官间的人身关系，也就很难在超出省区间的场合生效。于是"实力政治"（realpolitik）更进一步，阴谋与政变成为家常便饭，一切都带流动性。

军阀一般为带悲剧性格的英雄人物，他们也并非个个存心做坏事。一位英国观察者指出不少中国军阀可能在英国陆军里成为出人头地的将领。他们将个人之野心和他们所想象的救国救民宗旨合为一谈，因之极难向他们的部下及中国民众解释明白。张作霖初受日人培植，以后成为热烈爱国者。冯玉祥起先被称为"基督将军"，以后向苏联靠拢。阎锡山组织了一个"洗心团"，给以种种宗教式点缀。唐生智几乎完全皈依佛教，他以超度的观念补偿他的杀戮。军阀也非个个粗蛮，吴佩孚即系诗人。可是性格淘气的张宗昌据说生平不知所带兵员人数、手中钱数和各房姨太太数。

话说回头，军阀给中国之损害并非不严重。他们给中国经济的坏影响无可衡量。当日创造新社会的工作亟待着手，军阀之行动除有极少例外，大都具破坏性。他们也使全国士气受挫。军阀割据使刚出生的中华民国丧失了所有尊严，这情形也造成十多年的憔悴和失望。如果军阀在历史上有任何贡献的话，那是在八十年外强侵略之后他们更增加了内部压力，于是强迫着中国的青年自行着手寻觅着一套救国方式。

有了"五四事件"，他们找到了一条线索。"五四运动"则赋予他们行动一种意识上的支持。

五四运动

1919年5月4日是星期天。当日午后1时30分，三千个学生代表北京十三所大学和学院集结于天安门前示威抗议凡尔赛和会将德国在山东所享特权划归日本。这种特权出自"势力范围",也是不平等条约中令人最不能忍受的部分。中国因1917年对德宣战与以后派遣劳工服役于战场,已站在战胜国一边,并且因为宣战而早已卸除了对德的条约关系。可是在凡尔赛,中国不仅无法分得任何胜利后果,反要将本身领土之完整作为特权转让去满足另一战胜国,这是前所未有的例子,也更令人发指。可是会议中将各项秘密条约公开时,中国的地位已动摇。过去劝说日本参战之各强国已事前各别保证作如是之转让。更使中国地位受损害的是,日本代表团当场公布以前东京与北京间所交换的文件,证实中国军阀主持的政府曾作同样的认可。5月4日,示威者发散传单申明中国人决不承认卖国贼将国家主权转让与人。他们游行到东交民巷,将通知送交各国使馆。当日下午,他们决定和三个内阁部长级的官僚对头,因为他们对上述文件负有责任。其中之一被学生殴打,另一人之房屋被放火焚烧。巡警出面弹压,学生32人被拘。

不久这消息即传遍中国。新闻界表示对学生同情,一时游行示威、罢工、罢市如野火之燎原。北京政府只好认错,被押学生开释,受指控之官员撤职,内阁也引咎解职。中国出席凡尔赛和会代表团则拒绝在和约上签字。这山东问题终在1921至1922年的华盛顿会议解决。美国总统哈定与国务卿休士召开这次会议,日本代表团取消战时的秘密协定。1922年签订九国公约,中国才算收回了山东主权。

今日学生示威已是家常便饭,电视荧幕上重见叠出,confrontation(对抗)也成了常用语,我们已难回味1919年现代通讯尚在婴儿时代期间五四事件之非常性格。读者可以想象中国是一只潜水艇夹肉面包。虽说皇帝这一职位已由 1912 年取消，科举考试也于 1905 年停止，社会之改造却仍未开始。迄 1919 年，新式工厂内之劳工估计只在一百万至二百五十万人之间。虽说两种估计间之差别大，总而言之，较诸中国庞大之人口，其数仍不过水桶中之一滴。这国家未曾多元化的经济可能提供的工作至为有限，尤其缺乏现代社会之不同部门。专业工作犹集中于通商口岸，通常由外人主持之市政府掌握。知识分子发现自己并非社会上之"不适分子"，很少人能心安理得把自己与任何现存社会经济集团视为一体。因为缺乏出路，知识分子常有归返以前社会习惯之趋势。纵为新学制的大学生，不少仍持昔日文士官僚形态。既为受有教育之精英，他们自认为昔日官僚集团之继承人，应当有资格获得同样的安全与特权。这样一来，五四事件超过了一场示威与抗议，它要各个人参与。如果这群年轻人觉得潜水艇夹肉面包内的莴苣叶和蛋黄酱缺乏构造的严密性，因之无从发挥应变能力，他们无可推诿，也无旁人可以责备，只能自己应声而出解决问题。这信息开始传布时，这上面的一块面包开始变化，打破两千年来的惯例，因此成为以后五十年长期革命之工具。

这种行动成为可能，因有后面之激扰与酝酿。把这背景更向后推，我们更要提及几十年来教士的工作和开通商口岸以来中外的接触，以及自强运动之遣派留学生。又有伟大的翻译工作人员，如严复与林纾，他们使孟德斯鸠、亚当·斯密、大小仲马、巴尔扎克、狄更斯和其他多人的作品和中国读者见面。只因为"五四事件"不过是学生运动，中国的作家和历史从业员认为另有"五四运动"，是为知识界准备工作,以激荡其行动。这运动由大学教授组织,在各学府构成,尤以北京大学为最。在历史上它可以看成以1917年为始点。经过五四事件之后,这运动传得更远大。只是行动上更增加动力的时候,五四运动之为一种知识界运动,只持续了约两年。大概到1921年夏天,它可说用尽了它的燃料。

知识气氛

在构成这知识气氛的工作中,贡献最多者为蔡元培。他自1917年以来是北京大学校长。以翰林编修的背景往德法两国留学,蔡元培在中国知识界有其独特地位。他也曾在民国政府里任教育部长。他在北大所聘的文学院长为陈独秀,陈也是前清获得举人地位以后才留学日本及法国。从事革命多年之后,陈在1915年创办《新青年》杂志(封面有标题:La Jeunesse)。虽任北大教职,陈继续着他的编辑工作。《新青年》行销达一万六千份,在当日可算杰出。蒋介石是这刊物的经常读者;毛泽东自称受这期刊影响,而且曾在《新青年》发表文稿一篇。

在此杂志最为人称道的1919年一月号,陈独秀宣称他的指南针无非"赛先生"及"德先生",亦即科学与民主。这篇论文在中国的反响远逾于执笔者想象。陈独秀所称科学,着重于社会科学,而非自然科学。他的科学方法坚持有组织而经恒的"不相信",与培根及笛卡尔的态度相近。中国的传统，认为道德标准持久不变，真理与威权同时由上流传至下，陈的论说因之有革命性格。即是民主这一观念，尚未用以发扬去支持代议政治，陈独秀先利用为打破偶像的工具，攻击的对象为传统习惯和儒家教条。陈使用"民主"这名词几乎与"个人主义"、"自我主义"可以互相交换。读者应注意，迄至当时（甚至今日）个人主义在中国社会里带一种被否定的含义，个人主义即系缺乏公众精神。

在这杂志里有好几个作家尽力抨击时人认为"国粹"之传统道德。当中讽刺最力者为周树人，笔名鲁迅。周树人早岁在日本学医，此时在教育部任佥事（科员）。当陈独秀以论文辩说时，鲁迅以短篇小说及短篇评论发挥他笔下专长。他的一段短篇小说，题为"弟兄"，数年之前发表于其他刊物，最能表现他观察之尖锐及他对传统道德所持之刻薄态度。据评论家研究，事实上此文有若干自传成分。其中提及一个公务人员平日以笃于手足情谊见重于人，有朝发现他弟弟病重。在夜晚等候着医生上门诊治的时候，他心头感到如辘轳似地上下不定。他以为症象是猩红热，也害怕弟弟突然死去，自己无力资送三个孩子再搭着两个侄儿上学。医生诊断发现并非猩红热，不过是疹症，他也松了一口气。不过，夜间的紧张仍不能使他梦寐之间忘却。那晚上他梦见弟弟死去，他让自己的孩子上学而不及于侄儿。一个侄子吵着要去的时候他伸手给一个耳光。他看着侄儿满面流血而从梦中惊醒，仍不免汗流浃背，喘息未定。第二天上班，同事都恭维他骨肉情深。

李大钊也是《新青年》编辑委员，与陈独秀工作时接近。在北大他是图书馆长。李早年留学日本早稻田大学，从日本作家的笔下得与马克思思想接近。在《新青年》里，他发表了若干关于马克思主义与俄国革命的文章。他的立场表现出当日中国知识分子所遇难关：虽有无数理论上的选择，却缺乏一个实际上的方针以解决面前的问题。李大钊于是集合中外思想予以裁剪选择，构成他自己的一种系统。不过其结果并非一种无光彩的妥协。不像陈独秀，他没有放弃民族主义或国家主义；他也预料到中国的革命会扯上一种强烈的农民运动。他不规避暴力，而认为引用暴力去推翻一个以暴力起家而且用暴力作行政根据的政权并无不合理之处。他提到民主与自由，却又用道德的名义强迫执行使之兑现，有如卢梭。在这些方面，他留给毛泽东的影响至为深重。在北大图书馆，他也雇用毛泽东为临时工作人员。

在这群思想家之间，代表美国的影响者为胡适。他毕业于康乃尔大学，获得哥伦比亚大学的博士学位，此时在北大为哲学教授。胡对五四运动主要的贡献为提倡白话文，以代替传统的文言。他的性格和思想上的立场与以上的同事相反，他主张实用，而不主张以"主义"作标榜，因此他没有被当时青年热烈拥戴。后者多为革命之浪漫主义者，企望找到一种意识形态的公式得到立即解放。胡的实验主义（也是主义?），一部分来自其美国老师杜威（John Dewey），可以用"一点一滴"的观念概括，因之他不与同时代人物的步调相符。在长远的眼光看来，胡适不能算是完全错误。中国的革命注定要采一种途径，甚至为革命家所无从预料。其问题之大超过当时已有之辞汇。如是看来,以前所用之"主义",全部都被歪曲或伸缩。

　　与以前几十年比较,中国在1919年已更向前进一步。鸦片战争结束,这国家未做任何调整。即在自强运动期间向外学习,其范围也不外科技,仍限于与军备有关部分。百日维新虽然失败,维新人士至少已提议将全部政府机构一并改组。现在,五四运动知识分子的行动愈为切实。他们主张将中国文化上的因素全盘托出重新审定,必要时不惜清算,达到了中国人所可能主张之极点。我们提及"西方之冲击"(Western impact)时,只有采取宏观的立场才可能看出,以上"全取或全弃"(all-or-nothing)的反应,表现了不到时间成熟以前,技术上执行的困难。

国民党与共产党

　　1919年5月4日之后,事实之衍进速度提高。中国共产党于1921年7月诞生。孙中山之政党前后曾用四种不同名目,至是改称中国国民党。1924年,国民党召开第一次全国党员代表大会时,决定改组,自此其机构仿效苏联形式。苏联及共产国际(第三国际)在中国革命的过程中一时扮演了重要角色。孙执行他的联俄政策,已让中共党员个别加入国民党。一时很多青年志士或直接参与北京五四示威,或间接被五四运动感化,都奔向南方,实践着革命的道路。

　　第一次国共合作维持了三年多。孙中山在1925年逝世,他在中国历史中最显赫的领导人地位，经过一段明暗斗争，为蒋介石所掌握。他的北伐即开始于次年。在消灭军阀的过程中，这军事行动甚为成功，但是自1927年4月开始，蒋发动"清党"，初行于上海，不久之后，举凡国民党所统辖的城市都在拘捕枪毙共产党员，蒋总司令和国民政府以自卫为解释。他们提及共产党人阴谋从内夺取政权。共产国际甚至鼓励中共对蒋作人身伤害。中共和一部分外国人士则指摘蒋介石背信，他有了上海金融界支持，已不需苏联援助。

美国新闻记者艾萨克（Harold Isaacs）称这段分裂为"中国革命之悲剧"。这"悲剧"也可以由五四运动领导人物之出处一眼看出。李大钊为中共发起人之一，被张作霖于1927年拘捕后绞死。陈独秀也是中共发起人，并且被选为第一任总书记，因为1927年所受的挫折，他首先被党中人士罢免总书记，次又开除党籍。以后他更被国民党政府拘获而判徒刑，1942年因癌症死于狱中。蔡元培利用他为国民党元老的身份保障人权，防止以学生运动遂行政治目的。直到1940年去世，他一直不受南京政府（后迁重庆）欢迎。鲁迅替上海一家报纸写专栏，也在左翼作家联盟和中国自由运动大同盟里活动，却终身不离开上海公共租界，最后死于1936年，享年五十五岁。胡适在国民党统治下任北京大学校长，日后他的著作极受马克思主义学者的无情批判。1958年后他在台北任中央研究院院长，1962年死在任上。此外尚有五四时代的学生领袖，如罗家伦和傅斯年，都在台湾以教育家的地位著称。但是20世纪中国一大哲学史家冯友兰留在大陆，受当局批判无数次。

从这剖面看来，即见问题之大非国民党或中共能全部掌握。1920

年间,这大问题构成相当的压力,逼迫着中国受过教育的精英与传统分离。倘非如此,这批人士也仍会依老例以文人而任职为官僚。可是纵然如是,这种运动也方才伊始。如果要使中国能以数目字管理,所有的改造还要达至下层,影响到所有农民。即是李大钊和毛泽东有了若干从何处动手的笼统观念,此刻也无人能写成计划按步实施,也决无人能在此时梦想整个衍变竟是要将一种"商业系统"加之于下面这巨大而且混同一致的面包上去。1927年,李大钊已被绞死,周恩来刚在上海逃脱,毛泽东决定上井冈山组织武装部队。这时候,当权的人和在野反叛的人同样不能了解他们自己的行动已是以前历史之所无。热烈的马克思主义者也只能想到从封建社会到资本主义社会,再进而为社会主义,然后完成共产主义。他们将"主义"翻来覆去,也不过希望模仿苏联或可将革命缩短,在以上程序里减省一两步。只是要从组织农民着手,这提议就已使陈独秀不能容忍。他想不开何以世界上最前进的计划可能在人类最冥顽落后的分子手中完成。这时候,即是疯狂的人也不敢预言,仅是要在中国全面行使以货币管制的方式,即先要经过蒋介石五次对红军的围剿,中共的突围长征,西安事变,八年抗战,接着又有四年内战,更还有称为"文化大革命"的十年乱局;即使是我们也不能想象这一切为必然,假使不把过去三个大帝国演变的程序摆在脑中的话。将一种新的组织之原则加在一个泱泱大国头上,确有愚公移山一样的困难,何况在改造过程之中这国家的人口又从当初的五亿左右增加了一倍。

第二十章 现代中国及其在世界上的地位

中国的长期革命,近百年来有了重大的发展。继自强运动、百日维新、辛亥革命及五四运动以后,蒋中正及其所领导的国民党建立了一个新的高层机构;毛泽东和中共则建立了新的低层机构。今后中国的重要课题,是如何在高低层机构中建立法制性的联系,使整体发展走向合理化。

严格说来，写一本成为定论的现代中国史，刻下时机尚未成熟。中国的长期革命有如一个大隧道，需要一百年时间才能摸索过去。当这隧道尚在被探索的时候，内外的人物都难于详细解说当中弯曲的进程。即是革命人物也会被当前困难的途径迷惑，而一时失去方向感。今日的原始资料充满着愤怒和焦躁的文字，强调事情之衍化不如理想。可是着眼于宏观历史，我们不能不以积极的目光视之。我们所说历史上的长期合理性有何意义？这就是说，纵使事实之衍化对我们个人不能如意，或者在短时看来为荒谬不合理，可是把这些情事前后连贯，又从超过人身经验的角度看去，则它们有其意义；最低限度，这些事迹使我们知道我们生命旅途之原委。

资本主义与中国的长期革命

一个无可否认的事实，是中国在20年代不能在数目字上管理，今日则走向可以在数目字上管理之途。现在各种征象显示中国的历史如以上各章所叙，本来与西方文化的进度互不相容，今日则已觅得共通之因素可以联结。在阐述这如何成为可能的时候，我们先要将眼光看宽看远，注意若干外界的事物，因为最能令人相信的证据不存在于刻下观察题材之本身，而在其外。

今日中外学者提及的一个问题乃是，中国将在资本主义的道路上试验多久。这与我们背景上的分析有关，此时也不妨从这问题说起。

资本主义是一个令人眩惑的名词。英国在第二次世界大战后经验，她可以立即施行社会主义再回头重新采取资本主义，当中也并无修改宪法的必要。迄至东西冷战开始，很少人会因被称与资本主义相连而引以为荣。现今这名词在西方的地位抬高，乃是基于政治上的原因。冷战和国际关系使西方民主国家觉得保卫资本主义是她们之间一个共通的目的。这样看来不仅这名词含义模糊，而且被引用远逾于以前的内涵。

实际上，资本主义能够施行无阻，无非一种以货币管理的安排。由以下三个条件做起。

信用广泛的展开，

经理不受人身关系限制，

和服务性质的事业全般活用。

更要附带申明的则是，资本主义施行时，这货币管理的制度务必延伸而包括全国经济各部门，即农业也和工商业相同。一种适当的司法制度必须在后扶持它。如是，通过以上三种条件所交换的价值才能确定，所定合约才能执行。资本有了保障，才能存聚。实行这种体制时，资本主义国家让私人企业占先，因此私人资本在公众生活上占着一个比重特大的地位。付出这代价之后，人民大众就用不着受政府机构很多不必要的管制，只让经济因素做主，在自由竞争的条件之下，使效率提至最高。社会主义给这体制以若干修正，它使公众的资本加入，并对私人资本加以较强之管制。其间之差别也是相对的。即今日美国的经济生活也不是全然不受社会主义影响。

资本主义的历史构成

要是我们检视资本主义在历史上构成的程序,则当中无此复杂的情形。在"资本主义"这一词出现之前,亚当·斯密只称之为"商业之系统"。创造这体系时,以文艺复兴期间的意大利为其诞生之摇篮,威尼斯又为这运动之先驱。

在实施资本主义之前,若干内外障碍必先排除。意大利此时在政治上做到这地步。因为罗马教廷与神圣罗马帝国争权,两不相让,意大利半岛上的很多城市得到实际上独立自主的地位。教会里不许放贷生利的禁规都置之不顾。在各城市之中,威尼斯又有它独具一格的体制,即其经济一元化。它在大陆上拥有的农业土地数量不重要。它赋闲的贵族有退休金。劳工不足成为问题,因有奴工及雇用之外人。城中咸水也不宜于制造。所以威尼斯避免了中世纪以来欧洲各国通有的纠纷,例如教会法庭、皇权神授说、寺院利益、贵族特权、同业公会的限制、劳工的要求,以及普通法的习惯等。整个城市社会等如一个大公司,民法即商法。这商人组成之民国只须随着她的本能构成她的海上威权以商业致富。14及15世纪初期,威尼斯达到她声望和威势的最高点,俨然为欧洲国家之一。可是也因为她的资本主义缺乏生产的基层支持,其发展的程度有限制。土耳其在地中海东部逞威,葡萄牙也在西方突起的时候,这城市很快失去了她的领导地位。

意大利文艺复兴的进度降低，北方文艺复兴代之而起的时候，荷兰民国成为资本主义的次一台柱。以前低地国（包括今日之荷兰、比利时和卢森堡）并无组织民族国家的经验。可是这地区封建领主的控制不紧凑，市的自治权力较其他地域为强。很多市镇由封建领主承认的特权已有了长久的历史。也有很多地方，一个村民只要在城市里居留四十天即可以摆脱隶农（villien）的身份而获得市民（burgher）的地位。乡村的织工和负贩商人涌入城市的时候，各城市里的司法机构已经经过调整，有对付因此产生各种问题的能力，以后不必走上阶级斗争的道路。同时，封建领主在市内所有者不过地租，地上房屋尚为市民所有。货币日趋普遍之际，地租无法增值，是以领主之控制及其影响只有愈为降低。在这些城市之中，尤以阿姆斯特丹一向被鼓励与其他汉撒同盟（Hanseatic League）的城市竞争（汉撒同盟一般以德境波罗的海沿岸的自由市组成，但阿姆斯特丹也是成员），而活跃于国际市场。

促使荷兰民国独立近因为西班牙之宗教狱。查理五世1550年颁布的诏令称凡是任何人将若干新教邪说印刷、抄写、保藏或传布，未经特准阅读、讲授或讨论圣经者一律处死。如果表示忏悔，则男子斩首，女子活埋。至死不悟，则以火烧死。任何教会的法官都有执行上述刑罚的权力，告官者可分得犯人十分之一财产。又准备成立新主教区以便将各地人民笼于更严格之管制。查理尚不能将诏令全部执行，嗣位的菲力二世变本加厉执行，一时引起低地国家叛变。他又在这地区抽收货物零售税10%以支持其军事行动，更引起当地民众抱怨，于是宗教自由、地方自治和经济上之龃龉各种问题纠成一团。

低地国对西班牙的抵抗成为一段绵长的历史事迹。首先即有菲力所派亚尔巴公爵（Alva）的来临，事在 1567 年。他所执行的"血腥法庭"所判一万八千件刑案是当中发展之一部。英国对叛徒的援助引起西班牙舰队全部出动征英，世称"无敌舰队"（Spanish Armada），不意为海风漂没。荷兰之宣告独立事在 1581 年。只是不到 1609 年的停战协定，新民国无从觉得她的安全已有相当保障。还要待到三十年战争结束，各国在威士特法里亚（Westphalia）签订和约，荷兰民国之成立才获普遍承认，事在 1648 年，去首先之军事冲突已八十一年。

各种演变互为因果一再触发，不免产生不少当初无从料及的后果。低地国家南部为首先发难抵抗西班牙的地方，事后却仍在哈布斯堡统治之下。独立者为北部。喀尔文教派初由弗兰德斯（Flanders）传入，日后成了荷兰人的宗教，而今日之比利时和卢森堡继续信天主教。另外一段意外的发展则是联合省（荷兰民国最初的称呼）得到大量资本和技工的注入，以后她的纺织业有飞速的发展，夺走南方的优势。

哈布斯堡的钳制既已推翻，罗马教廷的垄断也已解除。喀尔文派的改革教会（Reformed Church）并没有立即带来宗教上的和平。在解释"命定论"（Predestination）的时候，又构成所谓"抗议派"及"反抗议派"的冲突，可是两派都无力号召充足的社会力量发动内战。另外一段发展是，在抵抗西班牙的战争中，各地贵族站在人民这边，战后他们的产业大部丧失，虽然保有贵族头衔，实际上已成了市民阶级的雇员。在这情形之下,新国家除了一意在资本主义的道路上走之外,没有其他的逻辑足为建国的凭借了。所以这国家出生于北海之滨,从此专心注意贸易和海上的权威,认为这是立国的宗旨。它的民法经过一段提倡,特别注重私人财产权,与水上及国际间的施用。莱顿(Leyden)及尤特里特(Utrecht)两处大学也供给了智囊,解决了当中思想上和技术上的问题。在今后一个多世纪内,阿姆斯特丹成为西方最前进的海运中心、海上保险业中心、商品的交易所和货币市场。亚当·斯密曾在《原富》以整节篇幅介绍阿姆斯特丹银行的业务。这银行是当日推进资本主义最有效的工具。

只是这民国的内地乡村中各部分仍是出产奶油和乳酪的地区。各地根据过去之特许状组成,内中的习惯法互不相同,于是只能以联邦制维持。有了这两级政府的伸缩性,很多不合时宜的法律无须明文废止,以后就在用进废退的条件里被淘汰。同时新的管制方式也可因试验而生。所谓"联合省"不仅是由有独立主权的七个省组成,而且每一省内有些市镇尚保存若干独立性格。又如荷兰印度公司是由好几家公司合并而成,以后每一公司之后身自成一"厅",保持着各别的董事会、船只和航行的日期。荷兰的海军由五个不同的海上公署联合构成。阿姆斯特丹有它自身的邮政局,一直向外国收发邮件至1752年。当日荷兰省不过是荷兰民国七省之一,但它有全国三分之二的人口,也曾承办联邦四分之三的经费,甚至坚持它有独立的外交权,不受联邦拘束。

虽说如此纷纭,看来用货币管制的方式终能生效。资本主义最大的用场乃是"任之自然"的处置,遂能利用地理上不平衡的地方获得利润。显然在初期现代社会尤较今日有效。荷兰民国内部的紧张确实存在,但始终没有发展到破裂的程度。从商业上的财富能反馈农业的情形看来,当日之做法应算成功。各种海堤、人造草场、风力抽水机、牲口选择性的繁殖和排水的运河不久也使这个新国家整个改观。

英国之例

在17世纪,荷兰民国既为英国的对头,也是后者的好榜样。这两个国家交战不止一次。可是英国人也迎接一位荷兰王子为他们的国王。如果这令人感到惊异,尚有世纪中期的内战,一共两次。弑君之后,朝代为之中断。此时的英国也曾试验为民国,也接受了独裁制,回头又有王室复辟,复辟不已,再来一次革命。即至今日也难有两个历史家对以上情事的看法全部相同。也就是说,通常的解释很难说明为什么一个国家要在一种周期上巡行两圈才领悟了她本身的性格。

从宏观历史的角度来讲,此中情节并无神秘之处。17世纪初期,英国不能在数目字上管理,至世纪末期情形已有极大好转。当中的几十个年代里,这国家不定的情势引起很多不同解决问题的方案,一般都有各走极端的趋向,例如专制皇权和议会至上说、大主教劳德(Laud)的注重教会纪律和各教会的自创门户、从军事管制到共产主义。当时提倡这些办法的人没有省悟到,他们自己的立脚点已延伸到历史经验之外。从来没有像英国这样大小的国家也有适当的农业基础可以树立一种货币管制方式，从此她可以首尾相应如一座城大都邦之紧凑。

要从这国家内部与时代不合的情形看来，才可见得问题之大。英国的封建制度早已崩溃，即庄园制度作为一种制度也早不存在。中古以来土地占有的残迹既无从调整，也仍然没有扫除。最初封建体制之下土地不得买卖，实际上则买卖层见叠出已好几个世纪。当初卖主无妨"封"新业主为他的"陪臣"，成交之后有"每年夏天采办一朵蔷薇花"的义务。隶农在黑死病使人口减少时即已解放，事在14世纪。几百年来他们持有耕种土地，传之子孙，称"抄本产业人"。习惯法保障他们不被逼着交庄，而他们也仍对业主尽不同的义务，在各种情形之下千差万别。已改作现金付交之租费则因世纪的通货膨胀，贬值到近于零点。詹姆士一世在位时，王室卖出了一部分地产，时人以价格低廉，有如赠予。可是现在看来，其价格已是当日一百年的租金。在这段期间，租赁费的增加如果事属可能，只能改称为"罚金"。有心计而带侵略性的地主能在约十余年内将其地产租金增加至四倍；无法增加的则全部冻结。有些地主令抄本产业人及租赁人接价之后退田；也有地主始终找不到手下的佃农。

这样杂乱无章的局面使若干投机者旦夕成为巨富，也使很多人江河日下。所有佃农虽有对土地之使用权，但法律上的地位不明，惶惶不可终日。这显然不是保持社会安定的办法，更谈不上动员全国的资源去对付一个极端带竞争性的新世界。

如果英国此时集中于食品之生产，专门对付国内及内地的需要，问题就简单得多了。那样则商业可以归纳于沿海都市之中，不和内地关联。可是英国的出口大都在羊背上，羊毛及毛织品占输出物品75%至90%之间。牧羊业使英国农业与商业关系至深，对海外市场价格的变迁极度敏感，也与外交情势发生关系。更因国际贸易之展开，17世纪国内的贸易也有平行的发展。内战前夕，许多循行各地之商人经常来往于内地次级城市，负贩则及于各村镇。

司法制度缺少统一性，增加了全国的不安成分。所谓习惯法者，根本是农业社会之遗物。它的保守原则着重过去未曾做过之事现在也不能做，所以以各地之自给自足为依归。这已和17世纪的情形极不相容。所谓衡平法（equity）本身并非法律，只是它认为法律务要使两造感到公平（equitable），也受罗马法及寺院法的影响，此时只能行于国王直辖之特权法庭。

在以上情形之下，国王被迫增加新税以支持海陆军，因之以对付新问题并且扩大行政范围。全国意见分歧。很多的争执与不同的信仰至此集结在一处，也掀动了不同的情绪。教会内外的纠纷，源于都铎王朝执行宗教改革后迄未成定局，只有使争端愈为尖锐化。也就是说一切都已投入一个大熔炉里。

这样的情况不是上端有了变化，诸事即可解决。当社会下面各阶层仍无法管制，而且上下之间适当的联系尚未形成的时候，威士敏斯特的人物换班不足以构成任何突破。我们必须注意问题症结在整个国家组织，不仅是权力的分配或执政者的个性。

当1689年威廉和玛丽，亦即荷兰的王子和英国公主出身的王妃同为国家最高主权人时，重新构造全国的工作已大致完成。几十年来的混乱已使全国土地一般有了合理化的解决。陶尼（Tawney）所说土地换主以打仗的方式完成，要比法庭告状来得省费。一个实地上的测验来自1692年。当日土地所有权已经过如是之整体化，是以新收土地税用不着包税人。因为如此，新税以中央管制的办法征收，得款每年二百万镑，全部缴入财政部（Exchequer），此为前所未有，税收亦超过历年各项收入之总和。

自特权法庭被国会取消之后，习惯法法庭即以试验性质施用衡平原则作判案的一部分根据。最初不过是承乏的办法，不久衡平法也造成成例，脱离了凡事都是临时的观感。这两种法律的并合，已为日不远。1689年贺尔特（John Holt）为首席法官，他指示以后习惯法处置商人案件时概照商业习惯。这对一般人民的生活有极大影响，尤其是关于遗传典当、动产处置和不履行契约之赔偿等。

事实上奥伦治家的威廉对英国事物没有深厚的兴趣。玛丽承继斯图亚特王朝之名，不过是个凡事依从的妻子。他们可以被拥戴为国王与王后，无非表示下端的改组已大致妥定。这时，元首对国事缺乏成见反可视作一种长处。有了这样的改组，国会至上至此成为事实。私人财产权被确定，也成了新政权的施政逻辑。内阁制和两党制出现已指日可待。

1693年的皇家矿法（Mines Royal Act）取消了国王自所有矿砂内提取金银的特权。过去这规定阻碍着工矿的发展，新法案对新投资极有引导力。次年再有英伦银行诞生。新银行贷款于政府，使公债从此成为一种永久制度，国王个人再不对之负责。事实上威廉与玛丽尚为这银行首一首二的股东，可见得公私之界限已划分明白。有了这些举措，英国之现代化已具定型。毫无疑义，国事之决策从兹可以用商业原则处理。

1689年的革命以"光荣"称，不仅因为只有极少流血，也因为这革命将几十年来的成果一并收纳。这是一块新的里程碑。以后只用司法决定何者为合法何者为不合，即可将体制内不应产生的枝节铲除了。

自此我们再重新检讨以货币管制的三个条件，亦即信用之展开、经理与所有权分离、服务之全般活用，也可看出英国在18世纪初年已充分与之相符。自从1694年成立英伦银行，这国家经验到的信用膨胀有了现代尺度。1702至1714年国家岁出由五百万镑增至七百万镑，同时期内国债由一千三百万镑积至三千六百万镑。马波罗公爵（Duke of Marlborough，丘吉尔之祖先）能够打法军，得力于十多个欧洲大陆的城市贷款支持他的军事行动。贷款的人一听说伦敦商人全都支持英伦银行，不待劝说即解囊。这也可算得第一次"国际货币基金"所做的投机生意；现代战争之具商业性，自此更明显。读到这里，也可以欣赏鲍尔教授所说"资本主义之成功端在它与国家互为一体，它本身即是国家"的意思。

英国既已发展到这程度，她于是在国际财政界突出于荷兰之前。过去荷兰垄断了船舶的海上保险，即英国船只在17世纪也由荷兰保险,现在英国取而代之。一般看来,凡是荷兰能做的事,英国只有做得更好。其秘诀在于将国家经济的下层机构发展之后,以习惯法和衡平法结合用作新体制上下之间的联系,于是农业之财富和商业之利益有了交流的孔道。两种事业也可以彼此扶持。英国的乡绅与新兴市民阶级相得益彰。自詹姆士一世从苏格兰到英国践祚以来,宗教上的争端经常使国家处于动荡的局面里。可是在现代人的眼光里,这宗教争端已毫不相关了。当然,所有工作并未全部完成。更多圈地法案还待通过,农业土地才能极尽其用,付费公路才能修筑,农业剩余的劳工才能转用到城市。他们构成了城市间的无产阶级,为新兴工业廉价劳动力之来源。可是至此一种无可逆转之处业已到达。英国人一眼看回去,他们总可以视1689年为他们历史上一块重要的里程碑。其他行动或受调整或被逆转,而光荣革命的结果永在。

中西对照

以上所说与中国历史有何关系?

这些不是天方寓言。所述也并非偶然出现之事物,只在出现的国家里有效。人类需要自存的天性使他们不断屯集物资,终于在商业之间找到实践的满足。它所创造的式样,以后成为政治体系的施政原则。这些办法有好处,也有坏处;它们可以被歪曲,庸俗化,而且滥用。可是当中所有财货和各种服务都应当能互相交换,也能由法律监视的原则已不可磨灭。它已经打开了科学的探讨和技术的引用。它已经使人类的生活更为富丽；它已经被视作将世界各国分等级的标准。这种物质生活有马基维利、霍布斯与洛克等人所予意识形态的支持，已经成为西方思想的重要体系。在20世纪末期，世界历史成为一元之际，我们看不出在研究中国历史时如何能忽视资本主义产生的过程。威尼斯银行下接阿姆斯特丹银行，更有英伦银行，也和意大利之文艺复兴、北欧文艺复兴与英国文艺复兴印证。这已不是单独且分散的例子，而是前后互相贯通的史迹，业已摆在中国人应走的道路上。说来不怕粗略，从直率的眼光看来，中国自鸦片战争以来的历史也可以视作对这种挑战的各项反应。我们所能想象的结局，也无非大陆整块土地上产生的中国文明和这西方的海洋文化汇合。

过去历史之发展未达适当的纵深时，中国之改革者和历史家同有将中国应做的整备看轻的趋势。中国的革命通常被与明治维新相比。其实日本在德川幕府时期有带竞争性的诸藩，已有将他们的社会生活和经济生活按照商业条理处置之姿态。各封建领主之下有"藏元"，亦即营业经理。银行业称"两替屋"者，有的尚为幕府汇款，有了几百年历史。批发商叫"问屋"，也构成各种"组"。同业公会称"株仲间"。道路交通网称"五街道"者已将各大都会联结。"宿驿"遍及各地，通信则有"飞脚"。海船之定期航行者称"回船"，又兼理保险事业。所以，构成资本主义货币管理的主要因素大多已在事前存在。明治维新不过在这种种商业因素之上加了一个总揽一切的政治组织，资本主义的体制即此就绪。

中国历史也不能与俄国革命相比。中国缺乏彼得大帝以来种种西化基础，同时无隶农制度，他们在一百多年之前尚在帝俄里存在。严格说来，正统的马克思主义无从对中国人提供技术上解决问题的办法。《共产党宣言》一向被称为革命行动之指导，读时应当注重其实际上对问题着手之步骤。"革命之生产方式"仅能由经济组织最前进的国家执行。共产主义者不当另外组劳动阶级之党抗衡。这些都已写在《宣言》之内。

虽说美国对中国历来不乏好意的支持，美利坚却不能在历史上对中国提供历史上的向导。美国成立时衡平法与习惯法之结合虽未全部完成，两者交汇至少已有超过一百年的历史。美国人不能想象农场之管理和乡村之治理不能以金钱为主的情形；他们了解，立法虽接近现代化，后面没有社会上强迫执行的要求，则到头仍行不通。美国的商业效率，亚洲国家不能轻易照抄，因为它有环境上的优点，将一种业已证明有效的系统在长时间内逐渐加于一个大陆的广大地区之上。另一方面，她奋斗的特殊纪录，包括"塞家叛变"（Shays' Rebellion），威士吉叛变，各州否定联邦法律（Nullification），各州高持"州权"（Staterights）的例子，更有关于货币、银行、反对托拉斯、管制劳工与跨州商业的立法而产生的各种纠纷。这样一来，现下美国分工合作的办法，也是只此一家了。如果我们要从历史里得到教训，最好还是追根看清资本主义在西欧发展的原始形貌，才能为了解今日之中国提供一大有益借镜。

从宏观的立场看来，世界上从无一种全然相同的事物在历史上发生两次。每一事物都有它独特之基点。所以在提出因果关系时,我们也应当将历史事迹尽量前后连贯看去,而不应因一时一事偶尔相似即下定论。

高层机构:国民党与蒋介石

在上列例子里,可以看出所有国家都企图脱离以农业经验为主的管制方式,采取重商主义的办法,不论其结局称为资本主义或社会主义。这运动由小国波及大国,从海洋性的国家触及大陆性格的国家,从历史文化不十分巩固的国家到这种力量根深柢固的国家。不仅法国大革命和俄国的十月革命可视作这普遍趋向里所作的大型调整,即是今日多数国家的挣扎,包括"有钱的"和"没钱的"、可以在数目字上管理的和不能在数目字上管理的国家,也仍离不开这组织上的问题。

假使我们将这世界史的大框加在中国史之上,即可看出鸦片战争以来之事迹并非一连串做得无头无脑上下不得的错误。中国对西方之挑战的反应既强烈,也前后一贯。她起先拒绝改变,以后将改变限于若干方面,并企图振起传统的社会价值以为抵制。这和其他各国的经验比较起来也只算得合乎情理。如果与荷兰及英国旷日持久的纪录相较,也不能说中国已放弃了很多机会,坐费了不少宝贵光阴。读者可以再三考虑目下的一段隐喻:中国是一只大型的潜水艇夹肉面包。五四运动已经策划了上面这块长面包,昔日文士官僚今日已醒觉为革命的主使人。逻辑里下面这块长面包，亦即为数亿万无从区划的农民，则构成革命之动力。可是前者的自觉与后者之解放尚不是这群众运动之终点。最后之目的在使全国接近世界标准，能在数目上管理，扩大这国家功能上可活动的程度，也增进她结构上的实力。

以这样的眼光看来，中国的当代史可以简明地条列：国民党和蒋介石制造了一个新的高层机构。中共与毛泽东创造了一个新的低层机构，并将之突出于蒋之高层机构之前。现今领导人物继承者的任务则是在上下之间敷设法制性的联系，使整个系统发挥功效。

蒋曾受无数指摘。有人批评他缺乏系统，凡事临时凑合。也有人说他无从肃清内部的贪污不法。也有人指斥他全靠人身上的忠厚和感情上的激动驱使部下。更有人责备他不新不旧，既不全部维新，又不一意保守。每项批评都有相当真实的成分，可是批评的人自己就不能说明如何可以避免这些错处，此外他们也没有另辟途径地讲出应采取的路线。事实的发展表示着各种不如人意的地方无法避免。如果另有较好的方针，中国人不难另选贤能。一个现实的证据是周恩来1927年被蒋的部下拘捕于上海，生命几遭叵测。可是在1936年西安事变时周又周旋使蒋被释。

看来责骂蒋介石容易，表扬他的成就困难。我们也无从对蒋的言行一句一事无选择性地全部支持。可是蒋是一个历史人物，他的一生表彰着一个极为伟大的群众运动，有了这运动作基础，才可能有日后的人民共和国之产生。要是忽视他的作为的积极性格，则任何人无从以技术角度解释何以中国在80年代和20年代会有如是剧烈的差异。

为了保持历史上的连续性，我们尚且要承认中国帝制被取消之后军阀割据不可免。蒋收拾着留下来的残局，只能兼容并包，无从凭己意区分去留。他以黄埔毕业生造成部下主力，于是将各省区间的强人和政客拉拢过来，构成一种人事上的团结。此间应值得注意，这批强人也没有落地生根在下层获得选民支持。缺乏财政能力是蒋的另一弱点。中国在帝制时代向来无力动员全国上下一致成为一体和外强作战，或与类似的国家作经济上的全面竞争（在这条件下，中国在20世纪和英国在17世纪初期相似）。对日战争爆发前十年，国民党之南京政府获得关税自主，创立了一家中央银行（事实上由中央、中国、交通和农民银行分担应有的央行业务），利用关税、盐税和烟酒税支持整个新体系。再有收支间的不平衡，即靠国内发行的公债弥补。即算有了上述的举措，抗战前夕国家总预算尚只有十二亿五千万元。以当日三比一折合美金计算，为美金四亿元。虽说当日的购买力与今朝不同，这四亿是一个极为纤小的数目。

蒋介石全靠这组织上的能力得世界之公认，成为中国之希望。也因为如此，他刺激了日本军人，终有全面武装冲突。他也明知中国无力单独取胜，必须倚借外国援助。在采取这立场时他只是无可如何，批评者也不应就此指摘，因为他与当日同盟国家的领袖丘吉尔、戴高乐无异。只是战局结束后他没有将欢乐带及于援助他的人。相反的，与他结盟成为一种累赘，也成了一种羞愧不能告人之处，因此他一直没有被人宽恕。将情形弄得更糟的，尚有史迪威事件加在他的政府残暴、贪污和无能的罪名上。及至今日，很少美国人能想起，以每一援华之美元计,对中国国民政府的支持仍不失为一种廉价的买卖。如果将国民党奋斗的长期结果综合看来,观察者应有与杜鲁门和马歇尔在日不同的看法。蒋介石可以被认为首先给中国制造了一个原始型的统一政府。这政府纵有各色各样不是,它终究主持了自卫,且在图生存的关头里获得百余年来在国际战争中的第一次胜利。

  现代战争有一种特性通常尚为交战国忽视。全面动员极端讲求效率之际,战线之后方常产生一种重新改造社会的运动。一经掀起,这运动不必与双方宣战时之目的吻合。第一次世界大战爆发时,德皇及俄国沙皇彼此无从预悉此次战争之成果首在清算专制皇权,因其跨地过广牵涉过多,不符时代之需要。此与其位于何处、当初以何原因投入战斗无关。第二次世界大战爆发时,希特勒以争取日耳曼民族之"生存空间"(Lebensraum)为志,殊不知曾几何时此计失败,反动所及,各色人种之平等传遍各处,造成一种全球风尚,甚至出于张伯伦和丘吉尔预料之外。中国之内战与这种出处纵然不同,也产生了出人意外的后果。

低层机构:中共与毛泽东

  三十年或四十年前无人曾预料中国之土地革命将造成一种新的低层机构,它的用处在使中国能在数目字上管理。当时对共产主义有极端信仰之人士亦不过含糊提及要在农村"将生产力解放"。其他人即以为经济上的平等本身即是目的。这样的看法显然也是毛泽东的着眼，不然他日后不会再发起不合实用的文化大革命。只是从文化大革命及内战之后果看来，历史在长时间内所表现的合理性可能与组织这些情事者的初心相违。

这也不是说毛泽东在历史上的成就应当小视。四十或五十年前极少人能有长远的眼光看透中国的前途将从一只潜水艇夹肉面包的结构上改造着手。经济上的建设应当注重最前进的部门。与农民为伍，不无人道主义的吸引力；要假他们之手改造中国的命运，听来则不免荒唐。可是只因毛锲而不舍，事实之展开终如他之谋划。他的运动既要勇气，也要耐性；一方面出于机巧的计略，一方面也靠好运高照。这些条件汇集，才有人民解放军的成功。此中也有一种命运上的错安排：传统倾向于均一雷同，以争取动员时的简单，终能抵挡住对方使用科技的优势。这优势不能全面分配，在战场上反足为使用者之拖累（虽然稍有出入，这基本战略也被越共使用，日后使美军的优势无法施展）。并且在内战期间，毛之野战军有意避免高层机构。中共统治之下极少有大城市。都市文化故意不要。大部队只用无线电联络。在战场上军事人员和政工人员暨经理人员一般灵活互相调用。在双方互予彼此极大之损害后，这农民军的乡村性格使它元气容易恢复，为国民党军队所不及。

可是毛泽东的农村改造更有长远影响。中国的农业问题在战前已由贝克（John Lossing Buck）、陶尼（Richard H. Tawney）和费孝通等人提出。这问题的根源也可以从各种方志上看出，总之是耕地短细、人口过剩、农民负债。可是及至详细情形经过实地报告提出,当中问题之庞大与严重,仍足以使从事工作者惊讶。佃农问题并非一切不平的所在。耕地有时分割得如房间大小,耕牛无从转身。有时所谓地主与佃农只有大同小异,彼此距挨饿不过只两三步。放高利贷已是千篇一律,及于放贷者的亲戚与邻舍。所谓剥削也包括雇人工作而给予低过生活费之工资。在这种情形之下,即是要劫富济贫,也难划分界限。这种种现实是历史上遗留下来的事迹:当初农村问题本已严重,最少近几十年来又无人过问,只令之江河日下,况又内外煎逼,农村且还要承受战争与灾荒的后果。

毛泽东乃是古今一大宣传家,他认为"蒋介石与美帝"应对这情形负责。在他笔下,凡是中国传统内之事物全可称为"封建"。内战期间,凡是青年男女受过教育或只有几分教育的,都全部募来组织战线后面的工作。中国既已有了整个年轻的一代对现状不满,中共不愁召集不到充足的干部。

美国作家韩丁(William Hinton)已将山西省一个村庄里土地革命的情形写成专书《翻身》出版,也可视作一种古典型的纪录。斗争以恐怖政策起头。一批乡间的流氓地痞先进入乡村将这村庄制住,中共的干部也用威胁利诱的手段鼓动村民。村民因为过去文教的束缚不愿出头,几经怂恿才提到各人恩怨。等到情绪被激起,他们即将村中若干生活过得去者的家产没收,也有好几个过去为恶的人被当场打死。可是这一切也还不过是一段序幕。一到中共的控制稳定,整个地区也在掌握中,另有一批新干部进入。过度的行为被检点,对过去之事寻差报仇也不再继续。村民开始行使他们的选举权,整个地区内共产党员的名单也开始露白。所有党员都要一一在人民面前对账,称为"过关",凡是被村民否定者不得为共产党员,或也要改造学习。各干部将马克思的劳力价值说(一切价值出于劳力)教与村民。重新分配土地时固然视家庭内之需要,也顾及其已有之劳力。事无大小,共产党员均不厌其详地一一区分。其所作调查统计之细超过任何习惯之标准。用道德规劝的时候也贯穿各人良心。毛泽东与共产党人执行土地改革之精,确实令人惊讶。读《翻身》,一个读者可以体会到整个社会实际上已解散,一切重新做起。卢梭所谓"高尚的野蛮人"在此时出现,也开始组织他们的"社会契约"。主要的行动全经过协定,详细规划、初步试验、修订、付之实施、重新检讨,到第二次修正才能算数。在村庄之外,地区工作人员检讨他们的工作时,其扩大会议可以纠集到几百个代表讨论上好几个星期。韩丁提出,在1947年的一次会议,有一千七百个代表参加讨论了八十五天。

这样一来,中共与毛泽东替中国创造了一个新的低层机构。重分土地之后,不仅使以后组织农民合作社和公社相当容易,同时毛和中共也构成了一种发号施令之体制,由数以万计的村民大会一直向上结合而成。它们又有农民协会和贫农团体支持。某些单位等于选区。有了这样的力量摆在他们后边,中共从此对付国民党的军队已无实质上的困难。国民党军所辖疆土日蹙,防线也愈退近各市区的城垣。

1950年间的成功,加上与美军作战至少也打得一个平手,大为增进了毛的威信。经济方面的成功也不难道出:1949年以前中国可谓有三个不同的经济体系。在东北原来有"日满鲜"体系,东北的生产和分配只向日本与朝鲜的配合。沿海的城市经济大体向外,由国际力量支配。中国内地既为农民丛集之区,一向被遗弃如孤儿。人民共和国成立后才三位一体,全部经过共同管制。苏联援助数量极为有限,但是无耗费地放在有效之处实施,也发挥了功用。农地集体化,除去了当中的阡陌,减少了荒废,也节省了人工。中国的工业本来就级位低,又受多年战争损坏,所以经整顿培植,新状态就和以前豁然不同。只是以上的条件都只一次有效,而缺乏循环性。到1958年,所有有利条件或已用尽,或无从继续。

在这关头,毛泽东1958年提出的大跃进显示他以为,只要有意志力,任何问题都可解决。"后院炼钢"成为一时风尚。当各种事业缺乏资本的时候,毛认为,鼓足干劲,筋肉上的额外付出能创造资本。当经济内服务性质的事业用到尽头时,他认为即地生产可以省除必要的交通,并规避科技之需要。这样一来他创造了一种新的原始经济,凡他力所能及,所有因素都超过限度做到极端。他力之不及,则虽必需亦令其付诸阙如。自此,这些原始的细胞之间产生了各种不平衡,即使各自有成也无法利用。这和现代经济原则相违。后者抓住各地区和各因素间之不平衡,将一种互为协定的办法使一切整体化,而在更大的地区及更高的层次取得平衡。大跃进的灾害已经传遍。可是在这错误的后面仍有一种不同的人生哲学。1958年年底,刘少奇指摘毛泽东时以为他已创造了无阶级社会,平等取得日常生活之必需品即是"各尽所能各取所需"。这样就算得上共产主义,中国的社会也无须进入社会主义阶段了。这一切,刘综合称为"一个乌托邦的梦想"[1]。

经济企划失败,加上苏联收手及收成无起色,毛泽东的命运跌至最低点。可是他不甘心。他以1966年的文化大革命再度出场。这看来也奇怪:如何一个人会有这样的力量?而事后全国都认为这一切都是"错误"、"离奇谎言"、"恐怖空气"?这样,我们如何说明历史上长期的合理性?

简概说来,文革不能以参与者的言行解释,甚至不能因在其近旁观察者而获得适当解释。它在历史上的意义可能尚在毛泽东本人理解之外。毛做农民运动前后四十年,也解决了历来在中国历史里使每一代人都感棘手的大问题,他并作诗自为炫耀。在其过程中,他也有两弟一妹一妻一子惨死,他却觉得他的权力足以保全他创下的运动。同时,不要高层机构着手的广泛群众运动也是他的一贯作风。他既有人之弱点,也可能在给新兴官僚和一班文学艺术家打击时感到恶意的满足。很少人提及,毛所创的低层机构从未与上端构成组织结构上的联系,而只因事情不能以固定的意识形态为凭。一到实际的政治作风露出真相时,毛泽东即想不出自己为何必须放弃他做中国革命发言人的地位。这时候他只要和林彪联络,又动员红卫兵,就完成了重新夺取领导权的一切准备。

---

〔1〕 这批判由中共中央1958年12月10日的决议提出,原文载《人民日报》,英译见 Dan N. Jacobs and Hans H. Baerwald, ed.*Chinese Communism : Selected Documents* (NY: Harper & Row, 1963), pp.109—132。因为两人的立场既如此明显,本书作者即直接指出此系刘少奇对毛泽东的批判。读者也可参阅中共在1987年编印之《中共党史大事年表》页343以下各节,内中对毛泽东主动与间接参与文革有直率的批判。

毛泽东虽孜孜不倦读史，却想不到自己不过历史的工具，他，毛泽东，一生事业也不过是中国革命过程中的一环。他已经扫除了农村内放债收租的陋习，过去这习惯如癌症般影响到乡村里每一个细胞的健康，阻挡中国的现代化。可是要把因此而产生的均平主义当作最终目的，从今之后一切都维持原状，那他的土地革命也不过产生一种现代形式的"均田"。从过去的经验看来，这种制度纵有政府下令保护，亦无从防制日后的侵蚀。毛好像不是对此毫不知情。他是否确曾嘱咐江青不要搞"四人帮"，暂且不说。无可否认，最后几年他已与林彪疏远而决绝，而且让周恩来与尼克松及基辛格接触。至此看来，他已经在寻觅另外的对策。

经济成长与法制

只是中共如要和过去传统上的朝代形式隔绝，那它应当使这新的下层机构成为一个不受拖累，可能生长扩大的经济基础。因此经济也务必要多元化，尽力将互相交换的条件提高，做到高度分工合作。如此，中国解剖学上的型式——一个潜水艇夹肉面包的模样——才可一去不复还。要是能做到这田地，则文革没有白费。虽说十年离乱，它也供给了一个新改组的机会。况且它的摸索也产生不少教训。文革也显示中国在毛的布置之下虽执拗而不能稳定，它仍需要上下之间法制性的联系才能谈得上革命最后成功。

历史的经验告诉我们，很多国家一经现代化，总是随着有经济上的生长扩充。当中的步骤不能全部预先筹措，大致上只能因内外压力之逼而形成。只是一遇到突破阶段，这运动已替它自己选择了当前的大道。政府的扶助与督导仍然必要，却已处于次要。多元化的社会（plural society）必因着经济多元化而兴起。一种自然而然的现象使这运动加速。也就是说其要点在扫除当中之障碍，不是预作理想上的答案去解决假设的问题。从一切的情形看来，中国已突破这驻点。

中国缺乏西方式法制，既有好处也有坏处。西方人士经常提及的一个印象是，内中有多数安分守己的善良中国人民，又有一群贪污枉法之官吏，不外我们所说潜水艇夹肉面包之另一面，本书早已不厌再四提及。这是一个不合时代的体制。因为它的原故，中国上下在过去一百年内业蒙受重大牺牲。今日它被铲除，只有极少的人为它流泪。这样的背景使我们想见今后几十年内是从事中国法制生活人士的黄金时代。他们有极多机会接受挑战，尽量创造。针对物质生活的新范围，必有新法律产生。这种工作过去无从提前先做，有如汽车尚未发明之际无从预先构成高速的现代交通管制法案。英国17世纪的经验又使我们体会到，起先看来互不相容之观念，一旦被环境逼迫，到时也可能同时为法律容纳而调和。即是立法程序不及，也仍可以利用司法机关审案的机会补救。

再回到上面提及的一个问题：是否中国已在实验资本主义？我们看来，这问题的本身即应重新考虑。当一个十亿人口的国家以超过一世纪的时间完成了一段前所未有的革命，则以前的名词和词汇都有重新审订的必要。现在中国所产生的问题和她背景上几百年甚至几千年的生活条件攸关，因此也有不尽能由西方经验所产生的语词全部笼罩之事例。中国缘于地理上之要求，政治体系初期早熟，使各地方上之利益及地方上的组织无从充分发展先期构成多元社会，只好采用间架性的设计，构成中央集权的官僚体系。这种办法贯穿了中国历史。再则栽培扶植小自耕农，除了极少的例外情形，一直是君主时代君臣之一贯方针。施政缺乏纵深，也缺乏对一时一地一人一事之详细掌握。总之就是民法无从展开，私人财产权的各种奥妙也不能在法律面前发挥。反面言之，资本主义之展开必待政府参预。因为将资金广泛流通，雇用外界人士为经理，又构成交网通信和保险事业，无不需要信用，而信用需要法律保障才可能形成系统。中国传统政府无此技术能力，也不愿放弃其道德上的着眼为"为富不仁"的商人打算。所以，仅由它拒绝提供法律上的保障，就可以阻塞资本主义之展开了。这也就是以大陆的广泛土地为背景的国家与欧美日本体系主要差别所在。中国农村里的剩余既无门径远走高飞作有益的投资，小自耕农一般又胼手胝足缺乏资本（小自耕农实际上也是小本生意人，春种秋收间的生活费也是一种投资），则韩丁所叙"剥削"在客观条件上已无可避免。他们在亲戚邻舍间的抵当借贷有时只以口语为凭，不一定见文书，倒可以经乡间的强人如保甲长及缙绅强制执行，因为不如此则关系地方治安。有时候尚用不着麻烦衙门里的父母官。

中共已把这癌症式的复杂情形大刀阔斧肃清。有了以后历史之发展，才使我们了解其真意义在豁除社会组织上的含糊情形，并非将私人之存积资本全部禁绝。在经济发展的程序上讲，中国迄今在"原始存积资本阶段"，大多数人民尚没有享受到机器时代的生活方式。如果真的依从狂热分子之主张，将私人财产整个不要，只能使全面贫穷更恶化。这错误既已被认识，但在社会主义旗帜下廓清私人财产权仍无从避免，虽说这行动已算是姗姗来迟而且在解释其立场时中共已大为感到逻辑上之困难。

目前人民共和国的政策，以时下标语概括之，可谓"致富是一种光荣"。这趋势可以从两方面说明：一方面是扩张国民经济的运动，其规模如此庞大，不能不招致私人参加。譬如，即使美国的通用汽车公司全属国营，它也需要无数零件供应者，服务性质的行店更不可少，如卖汽车的特约经纪与加油站，更有供应快速食品的餐馆和车行取款的银行柜台，又有训练女速记员和汽车旅馆经理的学校。说国家经济计划都能将各节筹办得完满，不免是欺人之谈。19世纪中国的自强运动之所以失败，即是缺乏以上有纵深的准备。

招致私人企业也是承认个人财产权的办法。此事之重要尚未尽为人看出。这当中的关系有立法的意义。一种事业经过批准，其特权应当在法律面前有效。如政府不时将其撤销，则授权者应有权要求赔偿。在这种特权上存积之财富也不当受政治运动骚扰。如是，私人财产权逐渐巩固，也是良好政府之基础。

从王安石失败的故事，我们也可以获得当前的教训：除非下层有法制上的保护，上端无限制抽税的权力并非执政者之福。因为全国财政并没有实际上的结构，各级人员也各就自己的方式敷衍塞责，总之即无从考核。这样也落入一种离奇的局面里去，下端的人民感到税重而喘不过气来，上端国库的收入则不足预期数量。这也可由最近的一个情形看出：

东北的鞍山钢铁厂有好几十所厂房分散在一个广大的地区上。在最近之前，北京的钢铁部只拼死要它增加生产的吨数。财政部则以为它是一种财源。省政府与市政府也要求它将钢材拿出来贡献本地的建筑。如是各方争论不已。技术上的问题也可能牵扯一段思想上的问题和意识形态的问题。最后只有提出一段建议，这企业应当视为一种国营事业，让它自身决策牟利，不过同时向国家和辽宁省两头缴所得税（可是本书出版之日是否照这建议办理，不得而知）。增强私人财产的权利也无非同样地将一切合理化，因之各人有了自卫的权力，影响所及，各选区也可就本地的特殊情形强调它们的本色，回头作特殊的贡献。假如不如此，则照王安石失败的情形看来，中国只能仍然当作一个庞大的农村看待，农民也仍只能集体驱使。此中关键是政治之改革与经济之扩充必互相提携。要使中国能在数目字上管理，先就要提出真实的数字。世界上没有所谓"叫化子的民主"（Beggars' democracy；由魏复古〔Karl A.Wittfogel〕提出，文字上带讽刺之意）。

历史家从本身的爱憎去褒贬一个现存的政权，与自己身份不符。可是他必须具备能力判断这样一个政权，尤其在它有一种群众运动在后支持时，是否在长期的历史意义里与它前任的行动相衔接。在现在的情形下，我们没有理由作否定的答复。蒋介石、毛泽东和邓小平在人身方面或者互相敌视，在宏观历史的角度看来却代表着一种连续运动之三个段落。今日之人民共和国能自由行动之处,无非自它前任而得来。纵使功劳不加在领袖人物的个人头上,至少也要归功于他们所代表的群众运动。

再从中国整个历史看来,这长期革命的看法也和以前所分段落衔接。中国专制时代的第三帝国历时 543 年,它的特点是内向而无竞争性格。它的体制既如此地与新时代大相径庭,故改造起来不能避免极端的痛苦。这情形也和 17 世纪的英国大致相似。

资本主义体制

再回头提到中国是否已进入资本主义体制,我们必须郑重再三声明,这问题只能有条件地答复。要是不加思索,也可以直率说正是如此。如果时装广告牌出现于人民大会堂不过一箭之遥的地方,有冰箱和冷气的高贵汽车供私人使用,而且新企业以出售股票筹集资本,那就难于解说这些事物仍属社会主义范畴。可是从历史上看来,"资本主义"这名词从西方传来,到底有它欧洲之背景。如果将四周牵扯的事物一并拿来讨论,也可以从狭义的说资本主义只能由市民之特权(municipal franchise)作基点产生。不论从内从外看去,资本主义总是和自由城市结不解缘。因之市民阶级(bourgeoisie)有了他们的绝对优先权。也因此,私人之资本总是在公众生活中构成特殊影响。中国的革命,从毛泽东的故事看来,则主要的是由受过教育的年轻人领导农民发动。在后来建国过程之中，中国人发现西方和日本所创以货币为主的管制方式不能避免。从这一点上模仿过去，邓小平影响下之中国才有了一种所谓资本主义色彩。可是这色彩与内容之间仍有极大区别，不仅方面多而且内容深。

虽有最近的放松管制，但人民共和国的政府从未宣布它将放弃在很多事业上的专利，这专利及于冶金、炼油及化学工业、机械工程、造船业、交通事业、保险业、对外贸易、传播事业甚至旅游事业。这些事业是国民生产值中之极重要部分。目前的解放，仍只是管理的人员有行使职权之自由。私人企业还只限于小商店、食品供应零售业和若干政府本身不能生利的事业。并且很多事业尚且是拨归私人办理，不过是"承包到户"，出之以合同的关系。此外公办私营的范围已扩大。人民公社可以说是停止了本身的操作，因为食品生产已由农民自己做主。可是尚不能说公社已经废除，因为它们仍是原则上的土地所有人，将土地租与个人。政府也仍在收购食物，管理其分配并厘定其价格。这些都是社会主义性格。接受私人资本和采用先进国家管理的技术，并无肃清中国大陆社会主义形态的趋向。

矛盾与解决

不过，从西方眼光看来，中国自相矛盾的情形极多。此中的混淆也由于某些人士过度渲染，他们好像将经济合理化的运动牵扯到极端,不到局面破裂不止。另一方面,又有对意识形态死硬不肯放松的人,他们没有把"马克思主义"[1]当作革命过程中的一种工具,而是倚之为自身安全的保障,这样一来纠纷才多了。

中国人的平等观念和某些集体行动之性格有长久历史根据(详以上各节,尤其第二章所叙),因之由西方产生的原始型资本主义可说和中国文教传统相违。这原始型色彩造成城市里的无产阶级,在海外建立殖民地和参加商业战争等等,在20世纪已不能照办;开头如此的国家也早将这些办法革除。要是中国还将它们之所遗弃当作出发点,也是不可思议了。

这样看来,今后中国可能继续保持其典型的矛盾而避免极端。这种办法也是环境逼然。实际上,一方面既要扶植私人资本,一方面又要防止其过度发展,也是孙中山在《三民主义》里揭橥的宗旨,已在半个世纪之前宣布流传。很可能这也是发展较迟的国家今后通用的办

---

[1] 马克思主义之本身为由知识界所掀起的各种左倾思想组成的一大集团,缺乏固定轮廓。马克思自己所作政治小册子不如他经济方面著述之详尽。《共产党宣言》内中条列的各项步骤在19世纪中期看来带革命性格,以后却供很多西方国采纳,连美国在内。此外,《资本论》则由罗宾生教授(Joan Robinson)与熊彼德教授(Josegh Schumpeter)指出,内有不少不合实际的地方,如机器只能传达价值,不能产生价值,如大学教授不事生产,只是社会上游手好闲的人物,如娼妓,如资本家承担风险不能算是对社会或经济的一种贡献。殊不知现代高等科技如计算机等即全由他所不承认的三个因素产生。总之则20世纪末期没有人能说他全部遵守马克思主义,更不用说整个国家。

人民共和国里有一位书评家指出本书作者"不是马克思主义者,观点有可商之处"(见《读书》1983年5月号)。这点我完全承认。可是另一方面,认为经济之组织对法律和文教有决定性的影响,作者也和其他非马克思主义的作家一样无法否认受有马氏的影响,刻下将历史视作冗长,互相继续而作梯度前进的观察时尤然。

法。只是在中国一切还未成定型之前，这种两端讨好的办法免不了产生一种照片上双重曝光的印象。以一个国家追求两种"主义"，也使人猜想它们所代表的力量必将斗争得你死我活。

可是事实之发展显示，任何国家在革命行程中通过突破后都有将两种体系结合归并的形势。荷兰民国即以联邦制解决内陆部分与海洋部分之不同。英国即以司法审判的方式使两种不同的法律观念融合，亦即将衡平的观念注入到习惯法里去。其方法不同，而目的只在使全国能用数目字管理，能适用货币管制之方式。中国也无可例外。有了这种突破，我们可以断言中国的历史从此将和西方现代史汇合。亦如以前留下来的成例，过去官方所坚持的正统教条，不论是伊丽莎白以来的圣公会《祈祷书》，或者喀尔文派的定命论，或是马列主义、《毛主席语录》，都可以在背景里退去，成为文教上的影响力量，而不致成为令人畏惧之鞭策。对中国人和世界，这是一段良好时光。数以百万计观光者就此也可以往西安始皇陵寝去看陶制兵马俑，或在北京天安门广场前散步，都可以体会到中国长期革命之确实情形，而同时欣赏它之圆满结束。

可是有思想的观察者不会忽视当前问题之存在。耕地不足、人口过剩，以及如工业化和保护环境之冲突等基本问题绝不会因革命成功而扫除。自然之灾害仍将不断发生，虽说救灾的能力已较前加强。中国经济完全由货币操纵之后，先进国家繁荣及市场不景气之周期也会随着发生。虽说在今后几十年内中国应有一个极好机会在"已有的"和"尚无的"国家之间做和事佬，调节折冲，可是它也可能在两方之间同被排挤。工业先进的国家可找到很多借口抵挡人民共和国廉价而有技能之劳动力;而尚不能在数目上管理的国家,则用各种教条,指责北京之侵略性。这侵略性之趋向与中国文教传统无关。从一个以农立国国家的观点看来,一个以商业为主的经济体系总好像是具侵略性的。

没有人能缕叙其间之全部可能性。我们说中国已经过一种突破,不过指出先前若干无力伸展的地方今日已不存在,以前若干掣肘的障碍现已克服。一个新国家之行动自由必会展开一长列的可能机缘。一般而论,历史家之职责限于叙述过去。习惯也要求他对现状保持起码的距离,以防备事体可能之逆转。只是在这特殊情形之下,用宏观的眼光看去,我们觉得这样的谨慎已无必要。我们背后已有好几十年从未间断的运动逻辑。又有很多先进国家留下来的痕迹,其用途有如道路上的指路碑,则我们应当能下今日之结论了。如果我们写历史的人再含糊推诿,即是没有尽到应尽的责任。

第二十一章
台湾、香港与澳门

台湾、香港、澳门与大陆的分合,是中国大历史未来发展的最大课题。但人类的行动在大范围内展开,只循着若干因果关系,不能被各个人的意愿所左右,更难因着他道德上的希望而迁就。

为了保存本书题材的完整，势必再提到台湾香港与澳门的特别情形。理论上，今后台湾的出处很可以改变上章的结论。今日海峡两岸领导人对台湾问题的专注，主要的也是由于这原因。

台湾的成长

台湾是中国之一省。岛上的土著从来即未有充足之人数成为政治上或经济上特别的问题。因为说福建或客家方言的移民来临，台湾产生了一种中国大陆文化的分枝，家族间之凝聚力强。日据时代，台湾的农产品以向日本输出稻米、蔗糖、茶叶、樟脑为大宗。可是农业生产未曾构成大规模农场，仍然有如大陆，一般以一家一室耕耘门前屋后的田土为主。只是地理上较为优越，岛上从未有大陆般贫困的情形，例如中国之西北。

国民党在对日胜利接收之后，已将台湾佃农数大为减低。1953年的"耕者有其田"以麦克阿瑟在日本的土地改革为蓝本，一家的所有地大致以中等地七英亩半为最高限额，多余的由政府接收重新分配，其代价只有两年半的收成数。实际的付出以30%将自日本接收的工商业股票作数，其余以农产证券用稻米甘薯付给，预计二十年偿清，内带4%的利息。这种强制接收、强制重新分配的办法能够执行，乃因当日台湾仍在军政时期，而大陆上中共军队来犯的威胁迄未解除。

工业紧随着土地改革展开。有了充实之美援，台湾的工业政策首先避免过度投资于有高度声望却无立即效用的企业，着重于以劳力为主体的产品，以出口着眼，因此这国民党控制之地取得了第二次世界大战后国际市场的便宜。当日工业先进国一意向最前进的部门发展，将很多次要商品之市场空前开放。台湾的出口遇到极小的阻力。因着这政策之成功，美援自1965年停止。最近约十余年内，台湾才致力于钢铁的生产、高级科技及汽车之制造。

台湾之独立运动虽然吸引相当注意，但迄至最近不能算作有力左右台湾今后出处的挑战者。他们既无从说服大多数受过教育之人士，也不能争取广大群众，因此台独成为无结构而只带着乡土气息的运动。可是这运动引出一个潜在有动力的问题，既有情绪上之煽动性，也在某些方面具有实质，如果处理不善，即不能担保以上情形不会迅速改变。

虽说人民共和国不满，但美国不能算是有意阻挠台湾与大陆间的统一。如果两岸人民找到了适当的方式趋向统一，美国绝不可能节外生枝提出异议，可是美国政府也没有做中介人的义务去提前促成统一。

两岸关系

说到意识形态，两方面的差异并没有一般想象之大。中国国民党是孙中山的政党，至今尚雇用大批人士编纂它自身的革命纪录。官方文件里并没有认为"社会主义"是一个不当的名词。"天下为公"的标语可在台北很多的地方看到。在这岛上，政府也对银行业和对外贸易有确实的掌握。它也经营铁路与公共汽车。在教育和传播媒体方面，政府的影响尤大。在这许多方面的结构及管理，台湾与大陆中共并非如水火之不相容。

在文教方面，国民党之政策行使已逾四十年，更不容分裂运动之展开。不仅儿童自幼受教为中国人，而且博物馆图书馆和各处之档案处尤以大陆上之根源作号召。即使工程师与技术人员在受训时也不觉得此生事业应当全在岛上省内，教师与公务员更无论。最近几年来已有"台湾文学"出现，可是绝大多数出版品显示一种广泛的眼光，而且往往较大陆作家的范围尤为宽阔。

因内战而在1945年及1949年来留下来的恶劣情绪亦不足为永久的仇恨。中国国民党和中共都曾与日本作战，不仅两方都已与日本采取和平方式，而且在很多方面两方都已从事善意合作。宽大之美德，也为两方所重视。蒋介石生前即已原宥一打以上和他作对的军阀，毛泽东有一个儿子在韩战中殒身，可是他开怀接待尼克松。如果年轻一代并未实际参战，倒要将双方的仇恨永久化，则是不可思议了。

可是因为几十年来的武装对垒，双方都以不承认对方之合法地位为本身立足之逻辑。突然放弃这立场，可能引起内部争执，也可能授柄于分裂运动。在本书成稿之日，有很多迹象显示人民共和国的领导人准备给蒋介石恢复名誉。他在浙江之故居据说已经修整。一座抗战史迹博物馆将开设于卢沟桥畔。在北京和汉口，街道已改用国民党抗日殒身的将领为名。黄埔军校校友会已成立,此中值得注意,这军校只有蒋介石曾任校长,人民解放军元帅徐向前则为现任校友会会长。这一连串事情,逻辑上的结论将是在历史里重新树立蒋介石和国民党的地位。

香港

香港是一个岛屿,连着九龙半岛,更附有大陆上一片领土。以面积言,她的四百平方英里不算极小(如与澳门的六平方英里比较)。并且香港的摩天楼面对着石山作背景的自然港口,以她直立之价值超越她横卧着的价值。多年以来这自由港口因物产荟萃,成为采办中心和旅游者下榻之胜地。即使悬英国旗,也替中国挣得不少外汇,近年来以本身经济成长著称,是亚洲地区成长最快的地区之一。

除了以银行业和船舶业为世界上重要中心之一以外,香港也是纺织品和塑胶品、电气设备、电子、机器与化学物品的制造场所。她的印刷业、食品处理和电影业也甚为称著,这三项对海外华人特别有吸引力。

本书整备付印之前,作者得到一份香港特区的基本法草案。这文件使我得有机会证实我不久以前的想法:一个国家在现代经历了一段主要的突破时,连国家这一观念也可能变更,如四百年前荷兰民国诞生时的情形。这基本法给我们一个机会想见 1997 年重返中国以后的情形。这特区将保持其独特的税收制度和货币制度。它将有特别的旗帜，它的行政首长将由选举产生，他也和被选的立法员一样，至少已在本地居留二十年。现有司法机关将全部保留。香港所立的法律将报告于北京的人民代表大会登记作为纪录，可是特区不隶属中央政府任何机构之下。而且特区有权处理仅与本地有关的外交事宜。起草委员会完成了上述初稿，正在与咨询委员会商议，两者都在广泛征集公众意见。工作表现地方自治的精神，将各处有价值的地方尽量保存，和对1984年中英两国协定的尊重。这不是容易的工作，它的成功应当为澳门造成前例。来日这动力之所致，不难渡过台湾海峡，使突破历史的中国一统成为事实。

本书命意

在结束本书时，我乘机解释写这书的哲学立场。初看之下，宏观历史好像与道德全不相关。人类之行动在大范围内展开，只循着若干因果关系，不能由各个人意愿左右，更难因着他道德上的希望而迁就。在写作以上各章时，我更将前一时代所留下来的影响昭然指出，就和以前的史书不同。传统的史学家通常将每朝代之初当作一段有创造性的时代，当日的人口和社会都带着可塑性，可以由一代伟人照着他的理想转折成器。我自信我的叙述比较近乎实情，可是也会造成一种定命的印象，亦即注定将发生的事物总会发生，道德与否和事实之来往无关。这样无人性的立论很可能扰乱读者的心情，更可能冒犯有些敏感的读者，然则这不是作者之本意。

　　下图里面，实线部分表示我想象中历史之形成。它也是人类不断向前推进所留下来的纪录。为简明起见，我们以三个较大的段落代表当中无数短程的进展。我们的路程连亘不断，朝以继夕，有如印度思想家所谓"羯磨"（或因果报应，karma）或如西方神学家所谓"定命"（predestination）。即从一个读史者的眼光看来，我们的自由，无论如何也只能始自我们祖先撒手的地点。自此向空伸出的箭头表示我们理想主义之倾向。道德也在这时候成为一种有力量的因素。大凡人类全体性的动作既有群众运动之参与，必带牺牲自我的决心，也包含着公平合理的性格。可是和这种倾向作对的有向心的力量，以较短的箭头表示。后者或称为"原罪"，或者如宋儒所提的"人欲"。弧线上的历史进程总是以上两种力量之总和，也就是阴与阳之合力。

　　历史之总意义，也如这图所示，在其整个的美感。人类整部历史不过约一万年，在宇宙的生命里不过是极为短促的一部分。而我们所能理解的宇宙生命尚且可能是更大事物当中的又一小部分。如康德所说，"事物自身"（things in themselves 或 noumena）非人力可得而知。在弧线的前后,我以虚线画出,此不过根据人类历史,推想其来踪去迹。如此看来,实线的真实性也靠虚线之陪衬而得,并且也只有相对的意义。

人类历史之大块文章,以长远的距离视之,属于神学领域。作者的经验识量有限,只好像鹦鹉学舌一样将大哲学家康德提出作为交代。除此之外我不能将我个人有限度的观测去推论无可知之数。同时,历史家的眼光总是以回顾为主,在广大空间划出几条短线,并无预言的意义。

现在有不少教科书作者在叙述西方事物时,乘空插入一两段有关中国琐碎之事而称之为世界史。在我看来,人类四分之一的生活历程不容如是草率处理,尤其在我们已临到一个紧要关头之时。所以我提出中国历史的全部历程,注重它内部的节奏和特性,然后才提到它与现代西方冲突与接触的全部经过。这样的安排也确能使我们观察世事时带着一种前所未有的眼光。以前很多人认为中国人全不合情理之处即可因此冰释。我们也可以从中看出地理环境在历史上的重要,而人类长期忍耐力之伟大也因之而显然。各人对以上的反应不同,可是能将一个古老国家的维新以及她重新振作的态势笔之于书,作者已有一股愉快的感觉,并且希望读者有此同感。